本书为国家社科基金社科学术社团主题学术活动"中国共产党百年城市经济发展思想：理论与实践总结"（项目批准号：21STB079）的阶段性成果

新中国城市发展研究丛书   总 编 潘家华   副总编 单菁菁 陈洪波

新中国城市发展

安徽卷

ANHUI

URBAN DEVELOPMENT
IN THE PEOPLE'S REPUBLIC OF CHINA

孙自铎 张亨明 储昭斌 等 著

社会科学文献出版社
SOCIAL SCIENCES ACADEMIC PRESS (CHINA)

丛书编委会

总编单位　中国城市经济学会

总　　编　潘家华

副 总 编　单菁菁　陈洪波

委　　员（按照姓氏笔画）

　　　　　王　谋　毛其智　文传浩　白卫国　丛晓男

　　　　　庄　立　刘传江　刘治彦　齐国占　张车伟

　　　　　张道根　武占云　周　丽　秦尊文　倪鹏飞

　　　　　黄　鸣　盛　毅　梁本凡　魏后凯

总编单位简介

中国城市经济学会成立于 1986 年 5 月，是由中国社会科学院主管（生态文明研究所代管）、在民政部登记注册的国家一级学会和全国性、开放性学术平台，旨在开展城市发展和城市经济前瞻性理论研究，总结城市发展经验，推动产、学、研交流，促进城市可持续发展。

学会第一、二、三届会长汪道涵，第四届会长周道炯，第五届会长晋保平。第一届名誉会长王任重，第二届名誉会长费孝通，第三届名誉会长李铁映，第四届名誉会长李铁映、汪道涵。历任顾问包括江泽民、费孝通、顾秀莲、刘国光、王洛林、陈佳贵、吴树青等，历任副会长包括王茂林、汪光焘、周干峙、龙永枢、李京文等。目前，会长由中国社会科学院学部委员、中国社会科学院生态文明研究所（原城市发展与环境研究所）原所长潘家华担任。在第一届学会成立年会上，时任上海市市长的江泽民同志出任了学会顾问。在 1991 年第二届年会上，时任国务院副总理的朱镕基同志到会接见与会代表并做了"关于城市经济发展与城市建设"的重要讲话。经过 30 余年发展，学会积累了大量的专家、学者资源，包括 36 位院士、学部委员，200 余位教授、研究员，300 多位副教授、副研究员，共计 1000 多位来自全国高等院校、科研院所、城市管理部门和相关企业的高级人才会员。

作为全国性的国家一级学会，中国城市经济学会一贯秉承发展城市、服务城市的宗旨，针对城市经济改革和发展中的重大理论和实践问题，特别是热点、难点问题，动员和组织会员及相关专家、学者进行深入的研究，提出研究报告、政策建议或出版专著，促进政、产、学、研开展广泛的学术研讨和交流。学会凭借雄厚的智力资源优势和健全的组织网络，在服务国家战略的同时，还为各地市提供发展战略、产业规划、土地利用、功能定位、环境治理等项目的研究和咨询，为推动中国城市改革和经济高质量发展提供智力支持。

网址：http：//www.zgcsj.net

公众号：

总编简介

  潘家华 中国社会科学院学部委员，中国社会科学院生态文明研究所（原城市发展与环境研究所）研究员，博士生导师。研究领域为世界经济、气候变化经济学、城市发展、能源与环境政策等。担任国家气候变化专家委员会委员，国家外交政策咨询委员会委员，中国城市经济学会会长，中国生态文明研究与促进会副会长，中国生态经济学会副会长。先后发表学术（会议）论文 300 余篇，撰写专著 8 部，译著 1 部，主编大型国际综合评估报告和论文集 8 部；获中国社会科学院优秀成果奖一等奖（2004 年）、二等奖（2002 年），孙冶方经济科学奖（2011 年）。

  单菁菁 中国社会科学院生态文明研究所研究员、博士生导师，中国城市经济学会常务副秘书长。先后主持国家社科基金课题、国家高端智库课题、中国社会科学院创新课题、国际合作课题、省部委及地方委托课题 56 项，出版专著 3 部，主编著作 12 部，参与了 14 部学术著作和《城市学概论》《环境经济学》等研究生重点教材的撰写工作，先后在国内外发表学术（会议）论文 100 多篇，向党中央、国务院提交的政策建议多次得到国家领导人的批示，获得各类科研成果奖 13 项。

  陈洪波 中国社会科学院生态文明研究所研究员、中国城市经济学会秘书长、中国社会科学院可持续发展研究中心副主任。2004～2005年国家公派赴英国剑桥大学经济系研修能源－环境－经济模型。主要研究领域为气候变化经济分析与政策研究（包括碳交易、低碳建筑、国际气候治理和城市节能减排等）、生态经济理论及生态城市规划。先后发表论文50余篇，出版著作5部，主持国际国内课题40余项，获得国家科技进步奖二等奖等省部级以上奖励5项。

新中国城市的跨越式发展

（总序）

  无论东方还是西方，城市都是社会文明的高地、引领社会进步的重镇。中华文明传承 5000 年，直到近代工业文明进入华夏，我们的城市基本上只是"城池"和"集市"的组合，没有工业革命后现代意义上的城市发展。新中国成立后，尤其是改革开放以后，我们的城市发展可谓波澜壮阔、日新月异，实现了历史性的跨越，也推动着世界城市化进程加速发展。新中国城市发展的辉煌成就，有着鲜明的特点，成功的经验需要总结，未来的发展也需要谋划。

  新中国成立以前，农耕文明占据主导地位，虽有一些民族工业和有限的现代产业，但总体上属于典型的农业社会，城市人口占总人口的比例只有 10.6%。从生产率水平上讲，传统农业社会能够供养的非农业人口比例，大抵也就在这一水平。新中国成立以后，经过社会主义改造和国民经济发展，城市发展虽有所提速，但由于资金的匮乏和技术的落后，也只是有限点状布局，整体规模和水平不高，历时 30 年，仍然只有不到 20% 的人口居住在城市。其间几经波折，从 20 世纪 60 年代初的三年困难时期大批城市居民返乡和 20 世纪 60 年代后期持续长达十年的数千万知识青年因缺乏就业岗位而离开城市"上山下乡"的"逆"城市化，表明改革开放前城市化进程的缓慢与艰辛。为了控制城市规模，保障城市的"有序"发展，20 世纪 50 年代末期行政管制分割城乡，在

1

制度上形成城乡"二元"的固化格局。

1978 年，改革使得城乡分割的坚实藩篱逐渐松动，开放注入城市发展的资金、技术和市场活力。改革开放后的 40 年，中国的城市化率以平均每年高于 1 个百分点的速度，稳步而快速推进。对于一个十多亿人口的大国，1 个百分点意味着每年新增的城市人口超过 1000 万，比丹麦、挪威两个国家的人口总和还多。2010 年，中国的城市化水平与世界同步，超过 50% 的人口居住到城市。随后，中国以平均每年超过世界城市化速度 0.5 个百分点的速度，领先于世界城市化进程。2019 年，我国城市化水平超过 60%，达到 60.6%，东部沿海和部分经济较为发达的省区，超过 65%，有的例如上海、北京等地区，城市化水平已经达到甚至超越一些发达国家的水平。

中国人口众多，地貌多样，经济多元。历史上的"城池"尽管在新中国得以继续发展，但许多在工业化进程中地位被相对弱化。比较典型的例如河南开封、洛阳，河北张家口、保定，或由于偏离于现代交通的铁路干线，或因"城池"或行政层级地位的变化而相对地位下降。而一些资源型城市，例如黑龙江鸡西、辽宁抚顺、内蒙古鄂尔多斯等，因煤而兴，但随着资源的耗减和经济转型而发展乏力。一些投资驱动的制造业城市，例如湖北十堰、四川攀枝花、甘肃酒泉等，因国家定点的汽车、钢铁等战略投资拔地而起。就教育和科技创新主导的城市发展而言，福建厦门和广东深圳是比较典型和成功的。传统的流通型城市，教育和科技也比较发达，多附有行政功能，而规模扩张迅速，成为大城市、特大城市的发展范例，包括直辖市、省会城市、副省级城市等。许多城市的扩张和新兴城市的崛起，也具有行政指令的特色。大城市和特大城市的外延扩张，多以兼并周边县域的方式拓展；建成区的外延，也多将市辖县更名为城区；也有许多地、州、县，直接撤地（州、县）建地级市、县级市；一些县级市和新建城区，也将撤乡建镇、建街道，撤村建居民委员会。如此通过行政区划的调整而拓展城市规模，使得城市化快速推进。

　　尽管各地城市化路径多元，但城市发展成本相对低廉，是中国城市得以快速跨越发展的条件；相对低廉的城市建设成本，源自制度上的土地公有制和城乡户籍管控。城市发展必须要有土地空间作为载体。社会主义的土地国有和集体所有的公有制度安排，使得城市规划得以根据需要开展、土地征用可以非常低廉的价格获取。不仅如此，城市扩张过程中，从村集体农民手中获取的低成本土地，政府通过"招拍挂"的方式出让，获取巨额的资金来源，可用于城市基础设施建设和弥补城市财政资金的短缺。以至于许多城市的财政实际上在相当程度上成为依赖于土地出让收益的"土地财政"。城市发展需要劳动力，而劳动力的生产和供给又需要大量的城市公共服务和设施保障。但是，新中国的城市化有效地避免或大幅降低了这一部分成本。改革开放前，许多"半边户"（即夫妻一方是城市居民、另一方是农村居民）中，农村居民不能享受城市公共服务；改革开放后，数以亿计的农民工，付出劳动，发展工业、建设城市，但是由于没有城市户籍，他们往往不能平等享有城市居民的权益，例如子女教育、医疗、失业、退休、住房等保障。以至于常住人口统计意义上的城市化率远高于户籍城市化率。直至 2019 年，这一差额尚高达 16 个百分点，也就是说，尚有 2.25 亿生活工作在城市的农业转移人口没有被纳入城市社会保障体系。

　　应该说，中国的城市化是成功的，但这并不意味着快速城市化的"低成本"认知是完全准确的。改革开放前，通过高考、参军、招工等方式，农村的优质智力资源可以低价转移到城市；通过工农产品剪刀差和统购统销方式，筹集工业和城市发展的资金。改革开放后，农民工在城市非农部门就业但依旧受到农村户籍待遇，农村土地征用后的市场溢价也基本上与村集体和农民没有直接关系。也就是说，中国快速城市化的成本，为农业（工农产品剪刀差）、农民（农民工）、农村（土地）所负担，使得城市化以低成本高速度推进。也正是因为这样，城镇化的中国经验，在土地私有和市场较为发育的资本主义国家，不具有可比性和可复制性。但是，我们也要看到，从福利经济学的视角，不论是智力资源流向城市，还是农民工不享受社保的城市非农就业，对于户籍为农业人口的农民来说，是一种福利改进；对于城市，则是更为直接和更大的受益者。这也是为什么中国的城市化的部分成本为农民所负担，但城市化进程平稳有序的原因。另一个代价，就是乡村的相对衰落，使得城乡鸿沟难以弥合。尽管已采取减免农业税、农业补贴、新农村建设投入等政策措施，但农村发展活力仍不足，城乡一体融合发展成为城市化发展的新命题。

中国城市经济学会成立于城镇化快速启动的 20 世纪 80 年代中期，作为全国学术性社团，其不仅见证而且一直服务于中国的城市化进程。学会的会员既有专注城市发展研究的学者，也有从事城市建设和管理的决策实践者。第六届学会理事会讨论研究，认为有必要梳理总结中国城市发展的辉煌成就，合理吸取城市化进程中的教训，分析探讨未来城市发展的方向和路径。学会作为学术平台，组织会员单位和学者就各省区、市的城市化进程进行总结梳理，就城市建设的各种专题进行分析探讨，形成系列丛书。这是一项巨大的工程，不是一朝一夕、一蹴而就的工程。我们希望，在学会会员的共同努力下，我们可以为新中国的城市发展留下一些记录、记忆和分析，助力中国城市的高质量发展、城乡融合发展。

潘家华

2020 年 8 月

序　言

　　新中国成立 70 多年来，在党的领导下，安徽各级党委、政府砥砺前行、艰苦奋斗，勇当改革先锋，坚持开放发展，以人民为中心，实施创新驱动，促进经济转型，实现了从"百废待兴"到"百业兴旺"、从传统农业大省到新兴工业大省、从"创新追赶"到"创新引领"的历史性变革，发展成就引人瞩目，人民群众有了空前的获得感和幸福感。安徽取得的巨大成就，离不开新型城镇化的推动，离不开安徽城市的发展。全面回顾安徽的城市与城镇、城乡一体化与开发区等的发展历程，归纳发展措施，总结发展经验，对加速安徽崛起、全面推进安徽经济社会高质量发展，以及建设现代化"五大发展"美好安徽等均具有十分重要的意义。

　　70 多年蝶变，安徽走出一条具有显著特色的新型城镇化建设道路。70 多年来，安徽经历了历史上规模最大、速度最快的城镇化进程。城镇化水平显著提高，城乡面貌发生了日新月异的变化。截至 2018 年底，全省城镇化率提高到 53.5%。在推进城镇化进程中，安徽城市发展质量、城市功能也全面改善提升，既有效化解了各种"城市病"，又科学提高了城市管理水平，走出了一条具有显著特色的新型城镇化道路。城市的发展支撑了安徽工业化的快速推进，支撑了现代文明在安徽的快速发展，也支撑了安徽综合实力的快速提升。安徽从一个中部省份发展成为长三角区域重要成员，是长三角一体化的重要组成部分。

　　70多年发展，安徽涌现出许多优秀的城市。70多年来，安徽的发展波澜壮阔，其中最引人注目的现象是城市化快速推进，一大批现代城市崛起和转型，伴随着经济、社会、技术的变革，引发了城市从内到外、从上到下、从结构到形态布局的重大转变，逐渐形成了现代化大城市的空间、经济、社会、政治发展框架。2019年10月，《经济日报》刊发《城市70年改变中国影响世界》，在中国社会科学院财经战略研究院的研究成果——《中国城市竞争力报告》上，安徽的合肥、芜湖、马鞍山三市上榜新中国成立70多年来经济社会发展最成功城市。新中国成立以来，合肥从江淮首郡迈向了综合性国家科学中心。2018年，合肥市GDP增长达到了新中国成立初期的5588倍，人均GDP为全国平均水平的1.49倍；以经济总量来说，合肥市在全国省会城市中的位次已经由1978年第19位、2005年第18位，前移至第11位。人均GDP由1949年的49元，增加到1978年的408元，2018年达到97470元。芜湖从江东名邑走向华东重要制造业基地。2018年，芜湖市GDP增长到了新中国成立初期的4098倍，人均GDP为全国平均水平的1.35倍。马鞍山从皖江小城走向了钢铁之都。2018年，马鞍山市GDP增长到新中国成立初期的6850倍，人均GDP为全国平均水平的1.26倍。

　　70多年投入，安徽城市基础设施水平巨大提升。截至2019年9月，全省城市基础设施年投资930亿元，是新中国成立初期的26842倍。全省城市基础设施水平和人均拥有量接近或略超全国平均水平。在国家发展和改革委员会办公厅下发的《关于印发第一批国家新型城镇化综合试点经验的通知》中，安徽有8条试点经验被列为典型经验向全国推广，是被推广经验最多的省份之一。这些试点较好地满足了城市经济、社会发展和人民生活需求，为推动安徽工业化、城镇化发展做出了积极贡献。园林绿化是唯一有生命力的城市基础设施，也是体现城市品质的重要内容。70多年来，安徽的园林绿化经历了从无到有、从量变到质变、从单一到多样、从荒芜到茂盛的美丽嬗变，一批设计新颖、施工精细、艺术价值高的园林绿化精品工程相继建成。截至2018年末，全省共成功创建 13 个国家园林城市、13 个国家园林县城、1 个国家园林城镇。全省城镇绿地面积达到 164544 公顷，有公园 989 个。与此同时，园林绿化还辐射带动了一批城市公园、道路、绿道、立体绿化等不断建成。如今，安徽市民推窗见绿，在家门口便可享受绿色福利。城镇发展中绿化也比较均衡，架构系统比较合理，"500 米见园、300 米见绿"的城市格局，让老百姓真正感受到园林绿化在变化，也使城市生态发生了变化。

70 多年来，城市让老百姓的获得感和幸福感不断提升。水是城市赖以生存的生命线，也是彰显城市特色的重要元素。70 多年前，安徽只有芜湖、安庆两地有水厂，城市居民主要饮用井水和浑浊的河塘水。20 世纪 80 年代起，安徽开始创建节水型城市。到 2001 年，全省城市节约用水量达到 27.48 亿立方米，人均生活用水量与全国平均水平持平。截至 2018 年底，全省城市供水厂已增加至 133 座，是新中国成立初期的 66.5 倍。当前，以城市雨污分流改造、海绵城市建设、城市黑臭水体治理为代表的一系列补短板工作，继续为百姓的饮水安全保驾护航。安徽推进城市排水防涝三年行动，着力打好城市黑臭水体治理攻坚战，积极推进"控源截污""内源治理""生态修复""补水活水""污水处理"五大工程，确保城市黑臭水体消除比例达到 90% 以上。在城镇化的过程中，老旧小区治理一直是城市建设的薄弱环节，也是保障民生的关键举措。截至 2018 年底，全省省级民生工程共完成整治改造老旧小区 1529 个，惠及住户 60.6 万户。2019 年 3 月，省住建厅专门对《老旧小区整治改造技术导则》进行修订，增加了加装电梯、"适老化"改造、节能改造等政策内容，并要求所有的城市改造项目，必须按照不低于基本型改造的标准进行规划设计。在这个基础上，安徽还鼓励有条件的市开展一些提升型改造，对老旧小区的道路、绿化、给排水进行改造，新增一套垃圾分类回收自动兑换机，不仅大大提升了小区"颜值"，更提高了居民的生活品质。

新中国成立 70 多年来，安徽城市与城镇发展的巨大而深刻的变化，从一个侧面充分印证了我国 70 多年快速发展形成的伟大成就，全面而生动地诠释了党和国家"为人民谋幸福、为民族谋复兴"的"初心使命"。在未来的发展过程中，安徽将高举习近平新时代中国特色社会主义思想伟大旗帜，不忘初心、牢记使命，务实进取、奋发图强、勇闯新路、自我革命，实现新作为、开创新局面，奋力谱写中华民族伟大复兴中国梦的安徽新篇章。

郭万清

安徽省人大常委会原副主任

安徽省城市研究中心主任

安徽省社会科学院兼职研究员

2021 年 8 月

目　录

第一章
总论：安徽城市发展的脉络与走向

新中国成立 70 多年来，安徽经济的快速发展带动了安徽大中小城市与城镇的快速发展，城市的快速发展又反过来对经济社会发展起到了巨大的推动作用。安徽城市发展取得的巨大成就，均是基于旧城改造与再造新城、撤销郊区和内依外联等多种模式展开和推进的，它们形成了安徽城市发展与改革的脉络，也是其基本经验。随着安徽城市的快速发展，安徽城市与城镇发展中一些诸如工业化带动城镇化不足、人口板块与经济板块不匹配、土地城镇化快于人口城镇化、城镇化水平还有待进一步提高等问题也开始显现。今后应紧紧抓住安徽作为全国城镇化试点省的机遇，努力建设安徽城市与城镇，全面实现新突破。

第一节　城市发展对安徽具有十分重要的意义

美国经济学家、诺贝尔经济学奖获得者约瑟夫·斯蒂格利茨曾指出："21 世纪对全人类最具影响力的两件大事，除了新技术革命以外，就是中国的城镇化"。对全人类来说，中国的城镇化发展已成为 21 世纪最具影响力的事件之一。可以说，安徽的城镇化推进与各类城市城镇的快速发展对安徽经济、社会、文化的全面整体提升具有十分重要的意义。

一 城市发展加快安徽从农业大省向工业大省的跨越

新中国成立后的很长一段时期，安徽一直是个农业大省，农业人口在安徽有绝对大的比重，农业总产值在三次产业中的比重也比较大，安徽经济社会的发展处于一个低速的发展阶段。一直以来，农业劳动者的劳动生产率相比工业和服务业劳动者的劳动生产率较低。安徽从 20 世纪 80 年代开始积极推进城镇化，到 2006 年安徽全省城镇化水平才达到 37.1%，虽然比 1990 年高出了 19.2 个百分点，比 2016 年全国城镇化率高出 0.2 个百分点，但安徽同期仍比全国城镇化水平低 5.8 个百分点。2006 年，安徽一次产业占地区生产总值的比重为 16.7%，而其中的农林牧渔等产业的从业人员占农业总从业人员的比重达 67.96%，传统农业领域仍是安徽农业人口最重要的吸纳之所，传统农业的劳动生产率低下决定着农业的产出效率不高。从这个层面上说，要推进安徽的快速发展，提高劳动者的劳动生产率是最为直接的途径，需要把农业比重较大的从业人员转移到工业与三产服务业领域中来。因此，安徽全省全面推进城镇化进程，不断加快大中小城市和各类小城镇的建设，在城市积极兴建工业经济开发区，大力发展第三产业，推进农业从业人员向工业、服务业转移，全面提升劳动生产率，从而在推进安徽城市发展的进程中加快了从农业大省向工业大省的跨越发展。

二 城市发展提高安徽城乡居民生产效率与生活水平

安徽城镇化、工业化的快速发展，有效地推进了一产从业人员向二产、三产的有效集聚，二产与三产的快速发展，最直接的效果是生产力获得巨大解放，劳动生产率也快速提升，产业工人的劳动创造了更多的价值。直接表现为，安徽全省社会创造的财富快速增加，人民生活水平提升，同时也带动了安徽城市的快速发展。具体表现为：一是城市化进程不断加速，城市人口集聚进一步增强。二是在安徽农村人口不断涌向周边城市或城镇的同时，各级城市和城镇的建成区面积快速扩大。三是各级城市的经济总量快速增长，尤其是合肥、芜湖等大中城市经济总量增长更为迅速，城市产业结构也得到不断调整与升级。城市经济总量的显著增长和产业结构的调整升级，使得城市的综合实力明显提高，反过来又对全省经济社会发展的拉动作用变得更为强劲。四是安徽全省财政收入大幅增长，城市财政收入的比重也在大幅提高。五是城市固定资产投入快速增长，城市商品流通更为活跃，消费市场更加繁荣，尤其是随着城市居民收入的快速增长和居民生活水平的不断提高，城市商业蓬勃发展，城市消费进一步推进城市的快速发展。反过来，安徽城市的发展又进一步提高了安徽城乡居民的生产效率和生活水平。城市的发展直接带动的是基础设施水平的大幅提升，如道路、水、电、气、环保、供热、通信、绿地、公园、公共交通等城市基础设施得到了更多的建设，直接提升了城乡居民的生产效率与生活水平。城市的发展又加大了社会事业的投资与建设，也直接增加了文化、教育、卫生、休闲、娱乐等公共服务设施的投入，这些不仅提升了安徽全省城乡居民的生活水平，还有效提高了城乡居民的基本素质，也为新型城镇化的推进打下了坚实的基础。

三 城市发展实现引领地方经济社会文化的发展

自新中国成立后的很长一段时间，安徽城市发展严重滞后，"严格控制城市发展尤其是特大城市的发展"曾是我国城市发展的方针。安徽城市发展走了不少弯路，表现为安徽城市化进程前 30 年发展不快，城镇人口增长缓慢。长期以来，安徽经济、社会、文化的发展缺乏城市的带动，尤其缺乏若干特大城市、大城市等区域有影响力的龙头城市的带动。到 2000 年，安徽的省会合肥市，虽然在集聚人口数量和经济规模等方面均达到了全省最大，但合肥市在安徽的首位度并不高，仅为 10.7%，与全国的省会城市相比，列全国省会城市最后一位。在全省范围内的城市体系方面，普遍表现为城市规模小、城镇布局相对分散、区域人口分布不合理、要素聚集功能相对较弱，这使得区域经济社会发展的承载能力受城镇体系结构不合理的严重制约。这种经济承载力的不足，集中表现为安徽每年都有 1000 万名左右的剩余劳动力流向省外务工半年以上。安徽没有区域大城市的引领已成为安徽经济社会发展的一大痛点。为从根本上解决这一关键问题，21 世纪以来，安徽在加快城市发展的同时，不断积极推进区域城市群发展。因此，结合具体实际情况，安徽提出了构建合肥都市圈、皖江城市带、皖北城市群的三大城市群发展框架。合肥都市圈旨在构建一个千万人口规模的区域中心特大城市增长极；皖江城市带则是通过基础设施共建共享、产业紧密联系、社会协调发展，形成一个区域城市联动发展带；皖北城市群则通过推进皖北资源的进一步整合与新型城镇体系的建立，促成区域城市组团发展带动皖北地区的快速崛起。三大城市群的建设，有效引领了地方经济、社会、文化的发展。随着安徽入围长三角城市群，以及长三角一体化国家战略的不断推进，安徽城市将在更大的空间范围内快速地发展与提升，也将引领安徽的经济、社会、文化在更大范围与更高层次得以发展。

四 城市发展推进安徽城镇体系的完善与优化

城镇体系又称城市体系，它作为一个城市系统，是在一定的空间区域范围内由不同等级与规模、不同职能与分工的具体城市形成的联系密切、互相依存、相互促进的城市与城镇集合体，表现为一定的空间地域范围内的城镇网络与结构，它有一个或两个主要的，居中心地位大城市和其他城市与城镇形成的，规模不等、职能不同、层次各异的多方面互相联系、互为依存、互有制约的体系。从生态系统角度来看，城镇体系也是一种生态系统，它们之间将进行有序的物质与能量交换，从而在一定区域范围内形成合理分布社会生产力、合理安排人口和城镇布局，最终达到充分开发利用国土资源，以及实现最佳经济战略部署的目标。改革开放40多年来，安徽城市发展极大地推进了安徽城市体系的完善与优化。具体表现为以下三个方面：一是安徽城镇发展速度明显加快。安徽全省常住人口城镇化率由1978年的12.62%提高到2018年的54.69%，年均提高1.05个百分点，城镇化水平与全国平均水平的差距由5.3个百分点缩小到4.89个百分点。二是城镇功能明显提升。尤其是城市承载能力和服务功能显著增强，城镇发展的空间进一步扩大，所有的地级市、县级市和大部分的县城已经开展了多轮的"城市总体规划"或"县城总体规划"的修编，还有部分城市适时进行了行政区划的调整，城镇的基础设施建设力度也不断加大，人居环境明显改善，社会保障基本实现全覆盖，城市供水率、燃气普及率、城市污水处理率、生活垃圾无害化处理率均超过90%。三是城镇体系不断优化。安徽省域的城市群体系初步显现，基本形成了以合肥都市圈、皖江城市带和皖北城市群为核心的"一圈、一带、一群"协同发展的城镇化战略格局。中心城市合肥和区域重要城市芜湖快速崛起，其他沿江城市发展势头强劲，皖北、皖西城市发展普遍提速，皖南城市功能不断增强，县城和小城镇也显现了快速的发展。四是城乡一体化发展取得明显成效。安徽提出大中小城市和县城与小城镇协同发展的城乡一体化发展道路，不仅形成了都市圈、城市群、经济带、卫星（中心）县城、特色城镇等一体化的城镇空间体系，还有效加速了农村人口的城镇化转移，有效推进了城乡基础设施的一体化和公共服务的均等化，同时还在城乡一体化的发展框架下，有效加强了农村的美丽乡村建设，全面提升了农村社会服务与管理水平，有效地减少了城乡差别，全方位深化了安徽的城乡一体化发展。

第二节　安徽城市建设取得的巨大成就

　　安徽原先是个人口众多的农业大省，1949 年之前没有一个大中城市，唯一的建制市蚌埠人口不足 20 万人。1948 年底，全省 63 个县城除怀宁、合肥、芜湖县城人口 5 万~7 万人外，其余均为 1 万~2 万人，且城镇内的市政设施十分简陋，街道狭窄，房屋低矮，道路不平而弯曲，自来水和照明灯十分紧缺，公用事业多是空白。当时，全省城市道路总长 2141 公里，省内最大城市蚌埠市道路总长 13.8 公里，道路面积 7.52 万平方米。雨天道路泥泞，晴天尘土飞扬，高级路面仅 16 公里。城市公用产业供给短缺。安庆、芜湖两城市的自来水厂日供应量仅有 2900 立方米，市民多吃井水、塘水。全省城市都没有公交汽车和民用燃气。城镇房屋除部分商业、重要厂矿和少数机关、学校等企事业单位外，多是土墙草屋，破旧不堪。卫生条件恶劣，居民住房低矮破旧。市内交通全是人力车。对外交通只有少量土公路，全省仅有蚌埠、淮南两地对外通火车。1949 年 5 月安徽全境解放，开始着手经济恢复和建设。20 世纪 50 年代的工业化促进了全省城镇发展。1952 年全省城市建成区 37 平方公里，工业总产值不过 3000 万元，此后得到了快速发展，当然也经历了曲折的历程。

一　城市数量增多、规模不断扩大

　　新中国成立之初，安徽设市 13 个，在全国 28 个省区（市）中与山东并列首位，接近当时全国 136 个城市的 1/10。1950~1957 年，按照中央人民政府提出的"把消费城市改造为生产城市"的城市建设方针，阜阳、亳州、三河、大通、当涂、宣城、界首和宿城先后被撤销，撤销数量居全国之首，占撤销总数（23 个市）的 1/3 左右，同时新建了淮南、马鞍山、铜官山3个新型工业城市，新建市数占全国新建市总数（63个市）的1/21。20世纪50年代初期的安徽城市均是小城市，随着社会经济的发展，城市数量增加，规模扩大，尤其是改革开放后的近40年，特别是自党的十八大以来城市化进程加快，城市发展迅猛，经历了一个跨越式的发展过程。20世纪50年代中后期一批小城市上升为中等城市，80年代中期出现大城市。到2002年全省共有22个城市，其中特大城市1个、大城市4个、中等城市7个、小城市10个，近年来小城市又增加了2个。一座座富有现代气息、充满勃勃生机的城市，如一颗颗璀璨明珠散落在江淮大地，成为推动安徽奋力崛起的重要增长极。1952年安徽省的设市数量为5个，到2019年为24个，增长了近4倍；全省城市建成区面积从新中国成立初期的36.9平方公里增加到2017年的1858平方公里，增长了49倍之多。

二　城市人居环境显著改善

全省通过有序推进棚户区和危房改造工程、国家康居示范工程、绿色生态住宅小区工程、城市环境综合整治工程、住宅小区建设工程等项目，大幅度提高了住宅的工程质量、功能质量和环境质量。低收入家庭住房保障切实加强，广大居民住房得到改善，人民生活和谐安康。1952年全省城市人均居住面积2.5平方米，2008年全省城市人均住房面积29.9平方米，2017年人均住房面积增加到37.4平方米，比1952年增长了近14倍。

三　城市基础设施建设突飞猛进

新中国成立后，全省城市基础设施建设从无到有，从少到多。新中国成立之初，全省城市基础设施基本上是一片空白，经过70多年辛勤的城市建设，全省有一大批城市道路、桥梁、污水和垃圾处理、公交、天然气、园林绿化等市政基础设施和环境项目相继建成投入使用，城镇的综合承载能力和集聚辐射功能有显著的提升，促进了全省经济社会事业发展。从1978年至2008年的30年间，全省城市基础设施建设累计完成投资1677亿元，2008年全省城市建设投资达272亿元，是1952年城市建设投入256万元的10625倍。近年来，安徽更加注重民生，投资城市基础设施建设。到2017年，全省自来水普及率达99.43%，燃气普及率达98.57%，人均公园绿化面积14.32平方米，全省公共汽车总数22413辆，城市道路总长度13997公里，道路面积34207万平方米，建成区排水管道密度12.78公里/平方公里，出租车55810辆，生活垃圾无害化处理率达99.94%。当年全省新建14座污水处理厂，新增污水处理能力30.25万吨/日，新建污水管网300公里，日处理污水626.24万吨，全省新建成运行生活垃圾焚烧厂6座，新增垃圾处理能力370吨/日。而且城市基础设施建设向更高方面发展。当年池州作为全国首批海绵城市试点，确定18.5平方公里的试点面积。随后合肥、滁州、黄山、铜陵、宣城等市建成一批市政基础设施项目，全省超过120平方公里的建成区达到海绵城市要求。当年全省实施城市基础设施PPP项目146个，总投资1471.2亿元。合肥市建成地铁1、2、3号线，在建4、5号线。芜湖市开工建设地铁1、2号线。

四 城市经济快速发展

城市作为区域工业生产、商品流通、交通运输、金融、贸易、信息、科学技术、文化教育等中心，经济与文化发展日趋活跃，经济实力增强，并以其经济活动的聚集性、扩散性、市场性、高效性和开放性等特点，对产业规模扩大、社会投资增长、消费热点培育、社会就业增加、拉动经济增长、促进产业结构升级、提高人民群众生活水平发挥了主导作用。2008年全省市区实现地区生产总值4798.28亿元，占全省生产总值的52%；实现地方财政收入430.8亿元，占全省财政收入的

64%；实现工业生产总值 6924.86 亿元，占全省工业生产总值的 64%；实现社会消费品零售总额 1693.83 亿元，占全省社会消费品零售总额的 57%；完成固定资产投资 3755.93 亿元，占全省固定资产投资的 57%。到 2017 年又有新的发展，地区生产总值即达 14844.65 亿元，财政收入达 1569.82 亿元，社会消费品零售总额达 6513.43 亿元。

五　城市社会事业全面进步

全省城市建设和发展中更加注重科技进步，更加注重文化建设，更加注重节能减排，更加关注社会民生，更加注重城乡统筹。全省城市迈上了又好又快发展新征程。到 2008 年末全省城市共有普通高等学校 96 所，占全省的 96%；体育场馆 95 个，占全省的 54%；剧场、电影院 42 个，占全省总数的 37%；公共图书馆图书总量 6169 千册（件），是全省总数的 61%；医院、卫生院 815 个，占全省的 32%。到了 2017 年，全省医院及卫生院已达到 24484 个，床位 289851 个，医生 120857 人；高等院校 109 所，体育场 260 个。

六　城镇化加快

1952 年全省城镇人口 227 万人，占全省人口的 2.5%。13 年后的 1965 年全省城镇人口 388 万人，占全省人口的 11.6%，城镇化缓慢推进。而到了 1978 年全省城镇人口 581 万人，占全省人口的 12.3%，后几年几乎没有变化。这期间由于粮油供给不足以及就业困难，两度出现职工与市民下放、学生下乡的逆城市化现象，城镇化波动较大。据 1961 年统计，全省城镇人口比 1957 年增加了 150 万人左右，城镇人口的增加超过了农业承载，根据中央关于减少城镇人口和精简职工的决定，1961 年全省精简城镇人口 82.2 万人，精简国家职工 30.8 万人。以后又有两次城镇人口减少，如 1969 年开始，安徽全省机关干部和居民下放农村 42 万多人，1968 年全省先后有 20 万名城镇知青下放农村。一直到 1978 年改革开放后，安徽省城镇化才有快速发展，城镇人口稳步增加，2017 年安徽省人口城镇化达到 54.6%。

七 城市文化保护和文明创建意识增强

文化反映一个城市的特色，也是城市的精神所在，同时文化也能形成巨大的产业满足人们的消费需求。安徽尽管拥有一批具有两三千年建城史的城镇，但除了个别地方外，传承城市文脉的历史建筑、文化遗迹和完整的历史街区，由于历史战争、朝代更替以及新中国成立后几次运动冲击所剩无几。随着城市发展逐步回归理性，人们逐渐认识到，保护历史文化遗产正是保存地区与民族个性、构成世界多样性的基础。安徽人也逐步认识到文化保护的重要。黄山市率先加以保护，1985 年聘请清华大学编制保护规划，开创了黄山市历史街区保护规划编制的先河，在全国也产生了积极的影响。此后这种保护规划推向全省，截至 2021 年 8 月，全省已有世界文化遗产 3 处，国家历史文化名城 6 座，中国历史文化名镇 11 个，省级文化名城 10 座，省级文化名镇 15 个，省级历史文化街区 6 个。

文化不仅与经济相互融合、共同发展，而且对人的精神层面起到扬善弃恶的作用，对帮助人们树立正确的价值观发挥巨大作用。许多城市都把文明创建列入城市管理，建立目标，列入考核。合肥市明确提出要打造"君子之城""道德之都"，以此作为文明创建的预期目标。通过创建，2012 年合肥被中央文明委评为全国省会、副省级城市文明程度第四名。芜湖市通过城市文明建设，构建科学发展、率先崛起新高地，把芜湖努力建设成"四个芜湖"（创新芜湖、优美芜湖、和谐芜湖、幸福芜湖），使创新成为芜湖别具一格的城市特色。2011 年，芜湖位列《福布斯》杂志对中国内地 129 座城市的创新能力进行综合排名的第 18 位，居中部城市第一。芜湖市文明创建硕果累累，经济社会发展取得长足进步，两次荣获中国人居环境范例奖，荣获第三批全国文明城市提名资格城市、国家科技进步先进市、国家园林城市以及全国文化体制改革先进地区等多项荣誉称号。合肥、芜湖仅仅是安徽城市文明创建的代表，其他城市都有各种各样的做法和荣誉。

八　城市管理走向成熟

城市发展的每一步都离不开城市管理。有所谓城市三分建设、七分管理之说。城市管理有广义和狭义之分。狭义的城市管理主要是有关城市建设规划和公共设施的管理，广义的管理是一个综合概念，主要包含城市社会管理、经济管理等各个方面。规划是建设的龙头，是城市发展的蓝图。1979~1984年，安徽省17个市、53个县先后编制了城市总体规划。其后，根据国民经济和社会发展的变化，并依据1984年国务院颁布实施的《城市规划条例》，对原规划进行了必要调整和修编。各地在编制完成城市总体规划以后，随即开展了详细规划和专项规划的编制工作。1990~2000年，城市规划的相关法律法规进一步健全，安徽省总体规划得到全面而系统的修编。2000年以后，规划综合指导作用进一步增强。此间，安徽省经济社会发生巨大变化，2008年，芜湖、宣城、滁州等7市总体规划编制和审批工作已经完成。在此之前，六安、黄山、安庆等10市总体规划的修改和修编工作已经启动，进展顺利。《安徽省城镇体系规划（1995—2010年）》是建设部批准实施的全国第二个省域城镇体系规划。该规划明确了"东向发展、奋力崛起"的省域城镇发展战略，调整的规划经2005年10月省政府第18次省长办公会议审议通过。2006年3月21日，建设部与安徽省建立会商制度，搭建了安徽省全面融入长三角的工作协商平台。2010年后又编制了《安徽省城镇体系规划（2011—2030年）》。在规划的指导下，安徽省城镇进入有序发展阶段。

创新城市管理模式。1992年，邓小平南方谈话和中共十四大确立了社会主义市场经济体制，安徽城市管理进入全新发展时期，管理主体多元化、管理方法科学化等现代城市管理理念逐渐成为主流。2000年以前，安徽省同全国一样，城市社会管理基本延续改革探索期的模式，改革的力度不是很大。2000年11月，国务院办公厅转发《民政部关于在全国推进城市社区建设的意见》，城市社区制改革全面推开。自此，社区管理的理念和形式均获得更新，彻底抛弃"单位"制，走向社区管理模式。与此同时，城市公共事业管理朝着现代化方向迈进。一是城市公共事业市场化改革初见成效。改革使得约有40%的城市公交产权、50%的城市供水产权、80%的城市燃气产权已经转让给民营企业或外资企业。二是城市管理信息化建设开始启动。2003年，"数字安徽"建设在全省启动。2006年10月，合肥试点数字化管理城市10套系统建成。2007年4月，合肥、铜陵、芜湖、马鞍山、黄山为全省第一批、国家第三批数字化城市管理试建城市。2009年6月底，铜陵数字化城市管理系统开始运行，标志着该市管理工作正式进入数字化管理新阶段。三是城市管理法律法规日趋完善。有关房屋拆迁、市容和环境卫生、物业管理、公共客运交通、污水处理收费、城市规划管理等，都出台了相关法律法规及规范性文件，全省城市管理工作全面步入法制化轨道。

第三节　安徽城市发展与改革的基本脉络

安徽城市建设与发展，主要是通过旧城改造与再造新城、撤销郊区和内依外联等多种模式展开和推进的。这是安徽城市发展与改革的脉络，也是其基本经验。

一　再造新城

安徽城市规模小，出于大城市建设的需要，在实施旧城改造的同时，向外扩张成为必然选择。如合肥早在 20 世纪 80 年代开始旧城改造，2010 年又进一步进行大拆违，正是在这种情况下，合肥市提出建设现代化大城市，20 世纪 90 年代开始了"再造新合肥"，提出在合肥城南部建设一个新合肥的建设目标。1990 年 10 月，合肥高新技术产业开发区建设正式启动，随后合肥经济技术开发区，新站综合开发试验区，龙岗综合开发区，双凤、桃花、蜀山等工业园区相继建立。通过开发区建设，安徽实现在经济发展上 GDP 千亿元、城市人口容量上达到 300 万人、市区面积拓展到 280 平方公里的目标。

在此基础上，合肥市开始大发展、大建设、大环境的三大工程，全面拉开"141"的城市空间发展规划："第一个 1"即是原城区，指在原有淮南铁路和合九铁路以内，312 国道以北，包括老城区、政务文化新区等城市建设区；"4"即主城向东北、西、西南方向建设 4 个城市副中心；"第二个 1"即沿巢湖逐步兴建 1 个生态型、现代化的滨湖新区。4 个外围组团分别是由店埠、撮镇为主的东部组团，由双墩、新站试验区，庐阳工业园区构成的北部组团，由高新技术开发区、蜀山产业园、科技创新示范基地组成的西部组团，以及包括经济技术开发区、上派镇及滨湖新区组成的西南部组团。

合肥仅是安徽城市拓展的一个代表。从 20 世纪 90 年代开始，省内的芜湖、安庆、蚌埠、铜陵等市先后建立各种不同的开发园区，这些园区的建设为城市经济发展做出贡献，同时也为城市的拓展提供路径。到 2005 年合肥城扩大到 225 平方公里，城区常住人口增加到 225 万人，城市综合实力从全国的第 39 位提升到第 31 位。建设开发区是再造新城的重要措施。截至 2010 年底，全省有 149 个省级以上各类开发区，其中国家级 9 个，省级 81 个，省政府批准筹建的 59 个，实现每个县（市、区）都有省级开发区或筹建的省级开发区的目标。全省开发区占地面积 2932 平方公里，建成区 1259 平方公里。其中，国家级开发区面积 229.8 平方公里，建成区面积 163.9 平方公里，分别占安徽全部开发区的 7.8% 和 13%。开发区总人口 325.6 万人。当年全省省级以上开发区实现销售收入 1.1 万亿元，财政收入 370 亿元，其中，国家级开发区实现销售收入 4977 亿元，财政收入 184.4 亿元，分别占全省省级以上开发区的 45.2% 和 49.8%。规模工业增加值 2849 亿元，占全省的 50.8%，其中国家级开发区工业增加值 1077 亿元，占 37.8%。进出口总额 119.6 亿美元，占全省进出口总额的 50.7%。按建成区面积计算，开发区每平方公里实现销售收入 10.18 亿元，工业总产值 8.4 亿元，财政收入 3500 万元。其中，国家级开发区每平方公里销售收入、工业总产值、财政收入分别达 30.3 亿、24.5 亿和 1.1 亿元，分别是全省平均水平的 3 倍、2.9 倍和 3.1 倍。开发区就业人员 168.7 万人。

二 旧城改造

对旧城进行更新改造，或通过集中城区成片改造，迅速改变城区面貌；或通过重要街区、水域、道路改造，提升城市功能。这方面工作也为安徽的城镇建设和发展做出贡献。

安徽省最早开展旧城改造的是合肥市，1983 年 8 月合肥市的城市总体规划中，针对当时道路狭窄、房屋低矮破旧、交通拥挤、市容景观差的状况制定了"收缩布局、控制征地、合理填补充实、分段改造旧城"的城内翻新、城外连片的城市建设方针，当年 10 月从社会筹集 180 万元资金，拉开了旧城改造的序幕，当时主要是对长江路西段和金寨路北段进行改造，探索并试行了"统一规划、合理布局、综合开发、配套建设"，工作重点是对交通进行改善，调整网点，美化市容。实践表明，以这些内容为重点的综合改造工程，对旧城改造与建设起到投石问路的作用，获得城乡建设环境保护部的充分肯定。此后，经过 10 年的连续作战，吸引社会资金 5.8 亿元，开发面积 101.7 万平方米，相继改造了长江路西段、金寨路北段、安庆路西段、寿春路中段、淮河路西段 5 条路线，新建了明光、益民、团结巷、龚大塘、蒙城路、公园新村、桐城路、二里街、花园巷、安庆路、大西门、义仓巷、大庆巷、梅山路14个住宅小区和建筑组团，开发了城隍庙、七桂塘两个大型步行商业街，建成了金融大厦、九州大厦、天都大厦、黄山大厦、供电大楼、省保险公司大楼、省建行营业楼7座高层建筑，以及青云楼、十字街食品商业楼等，同时市政建设也有大量投入。合肥的旧城改造被作为经验向全国推广。

合肥市两路改造成为全省城市更新改造的先行者，带动了一些城市进行改造，各具特色，创造出新的模式。马鞍山雨山湖综合整治工程以水系整治为突破口，集引水、排水、绿化及游览为一体，先后对南北湖水系进行综合整治，开展了清淤、截污等工程，有效地实行了雨污分流，改变了昔日淤泥沉积、沼泽腐臭的问题。同时对周边违章建筑进行拆除，让地变绿，大面积营造绿地，对面积达3.14公顷的花雨园林文化广场进行改造建设，加强湖区周边山体绿化建设，完善环湖绿地系统，为广大市民开辟了新的园林绿地空间，极大地改善了城市居住环境。此外，芜湖市镜湖、安庆市菱湖公园建设以及六安市淠史杭综合整治工程也都取得了明显效果。

三　棚户区改造

由早期的旧城改造转变到21世纪大规模棚户区的改造，后者同样促进了城市发展。近年，城市棚户区改造成为旧城改造的重点。如淮南市煤矿棚户区改造工程，规划建设49个小区，搬迁居民73628户共24万人，彻底解决了采煤沉陷区、老矿区居民的居住和环境问题。为此，淮南市曾先后获得"中国煤矿康居建设小康奖""中国煤矿康居建设特殊贡献奖""安徽省绿色生态家园"等荣誉称号。

对旧城改造，还打造出一些有特色的街区，彰显了城市风采。在旧城改造中，一些城市不仅强化城市功能、改善城市生活环境，同时也传承历史文化、提升城市品位。芜湖市通过旧城改造，把中山路步行商业街打造成该市的标志性街区之一。黄山市对屯溪老街实行保护、整治、更新相结合的改造方式，保持了明清时期的传统风貌，又增添了时代的特征，使之成为具有鲜明个性价值的老街。

由旧城改造走向"大拆违""大建设"。合肥市在总结借鉴旧城改造的基础上，进行"大拆违""大建设"，使城市得到前所未有的拓展和发展。2005年7月，合肥市痛下决心，在全市开展"大拆违"行动，在不到4个月的时间中，共拆除违法建筑1275.9万平方米，受到市民的高度认同和热情支持。集中整治"大环境"奏响序曲，也为全省城市"大建设"拉开大幕。在合肥市的带动下，全省各市纷纷效仿。

总之，从旧城改造到"大拆违"，安徽加快了城市建设步伐，拓展了城市发展空间，提升了城市品位，赢得了社会的广泛赞誉。

四　撤销城市郊区

在过去安徽城市都设有郊区，围绕着城市四周，形成一种农村对城市的包围圈。设置城市郊区的目的是在农产品供给不足的情况下保障城市居民的副食品供应。在以粮为纲的年代，城市郊区农民可以不种粮食，郊区人口的粮食由国家供给，主要从事蔬菜生产。尽管郊区农民可以吃到国家的供应粮，但社会保障方面仍然与市民有着区别。城市郊区仍然是农村，郊区的就业者本质上是农民。改革开放后，农产品供给丰富，农民也有了按市场需要进行自由生产的决策权，远郊农民也开始生产蔬菜供给城市，郊区作为专门的蔬菜生产基地的作用逐步弱化。在农村工业化中，近郊农村乡镇企业迅速发展，利益的驱使也影响了近郊农民专业从事蔬菜生产的积极性。郊区的设置成为城市向四周拓展的一堵墙，影响着城市的向外扩张。特别是对于合肥等迫切需要扩大的中等城市来说，撤销郊区成为必然选择。从另外的角度而言，撤销郊区将其并入市区，成为扩大城市规模的重要举措。正是在这种情况下，合肥、马鞍山、芜湖、安庆等市先后撤销城市郊区。

从城市化发展实践来看，随着城市经济社会的进一步发展，郊区俨然已成为城市中的一部分，但城市对这些地区仍然沿用农村的管理方法，郊区居民被视作农民，这就阻碍了郊区居民向市民的融入。同时，改革中，郊区农民虽然不再从事农业生产，但与土地仍保持着千丝万缕的联系，仍然无法割断与土地的关联。另外，农民进城的门槛很高，需要交纳大量费用。因此，无论从城市发展需要来看，还是从郊区及农民自身的诉求来看，撤销郊区势在必行。

五 外融内联

安徽大城市建设路径的另一特点是采取外融内联方式。外融即加强对省外大城市的融入，依靠外省大城市的辐射带动促进本省城市的发展。内联是指省内一些城市与率先崛起的大城市进行城际协作，带动当地城市发展。前者的代表是滁州、马鞍山与南京共同形成的都市圈。历史上滁州、芜湖、巢湖、马鞍山等市都与南京有密切的人流物流联系，但在计划经济体制下，这种自然联系被人为切断。改革开放后，在20世纪80年代中期，通过共同建设都市圈，加强与这些地方的合作及联系重新被提到议事日程。但开始时由于旧体制的惯性，也由于南京市的经济实力还不够强，辐射带动能力还较弱，南京都市圈内的相互关联性和影响力还不大。随着市场经济的深入发展，随着南京及其周边地区经济的活跃和壮大，特别是由于科技及人才在经济发展中的地位和作用的提升，拥有较多的科研、大学机构和人才优势的南京市对周边地区的带动作用逐步显现。同时，安徽靠近南京市的地区经济活跃，与南京的发展差距开始缩小，过去单纯的原料供给和处于下游的分工状况得到改善，相互之间的地位有所变化，交流的平等性逐步体现，加之交通通信便利，使得地区间的人流、物流和信息流联系渠道扩大，流量增加，南京都市圈由此真正意义上形成，且在城市建设和发展方面表现得尤为突出。如滁州的建设方向即向南京靠拢，把加强与南京的便利通达、扩大两地间的联系作为城市建设的一个重要取向。马鞍山城市也在向东发展。以后逐步扩大到沿江城市，与南京高速公路和城际铁路已经在沟通。从南京方面来看，南京也在积极对安徽扩大开放，仅原省辖巢湖市境内就有 20 万人在南京从事工商业等不同工作。沿宁周边城市的许多企业都与南京发生着多种联系。

后者的典型代表是淮南与合肥的同城市化建设。合肥将长丰县北部的三和、孔店、曹庵、杨公等乡镇划归淮南后，淮南城市穿山向南延伸有了空间，而合肥建设向北延伸及合淮高速公路的建成，使合肥、淮南两大城市联为一体，淮南煤城的优势和合肥科教城的优势得以互补，且各自优势得到了充分的发挥，有力地促进了城市发展。

六　县改市

工业化的模式决定着城镇化模式。在计划经济体制下，由于城乡分离，体制上的障碍使得城乡要素不能充分自由流动，城乡资源配置不能自主组合，被人为地分割。改革开放中，乡镇企业异军突起，发展迅速，农村工业成为与城市工业并行发展的一种势力，可是二者在管理上分属不同体制，在空间上相互隔离。工业发展的内在规律，客观上要求空间上的集中，农村工业实力的增强也为农村城镇的崛起提供了经济基础，正是为适应这样一种社会需要，县改市成为一种必然选择。从 20 世纪 90 年代开始，安徽境内一些乡镇企业、县域经济发展比较好的县，如宁国、桐城、天长、界首、明光进行了县改市。2018 年后，又有潜山、广德两县改为市，至此安徽城市已达 24 个。

七　建设各类开发区和新区

一是建设开发区。1991 年 3 月，国务院批准合肥科技工业园等 27 个高新技术产业开发区为首批国家级高新技术产业开发区，随后更名为合肥高新技术产业开发区。芜湖经济技术开发区也于 1993 年 4 月由国务院批准设立，是安徽省第一个国家级经济技术开发区。此后，安徽省开发区开始蓬勃发展，马鞍山经济技术开发区于 1995 年被安徽省政府批准为全省首批省级开发区。2003 年后国务院部署了清理整顿开发区工作。安徽省开发区数目由 333 个减为 111 个，规划用地由 1715 平方公里降为 525.5 平方公里，开发区发展建设进入了良性循环的轨道。2009 年国务院批准皖江城市带承接产业转移示范区后，全省加大了承接产业转移的载体建设，加快开发区扩区升级，开发区迎来了快速发展时期。截至 2014 年底，安徽省共有大小各类开发区 175 家，其中国家级开发区 19 家，省级正式开发区 72 家，省级筹建开发区 63 家，新型园区 21 家；占地面积总共 4288 平方公里，已建成面积为 1709 平方公里，其中工业用地为 1062.4 平方公里，工业用地占建成区面积的62.17%。开发区已成为全省城市发展的重要力量。二是建设大学城。随着高等院校扩大招生，一些大学原校区已满足不了发展需要，一些城市都建有专门供大学发展的新校区。如合肥市的中国科学技术大学、合肥工业大学、安徽大学、安徽建筑大学都建有新校区，面积比原来的校区都增大了。其他如安徽师范大学（芜湖）、安徽财经大学（蚌埠）、安庆师范大学（安庆）都有新校区。这些新校区建设扩大了城市市区范围。三是政务中心的兴建带动了城市产业布局的调整。由于历史的原因，城市的行政机关多设在老市区，不仅面积小而且影响城市商业区的发展。政务区搬迁到城市的边缘地区，腾出商业区，既改变了城市的商业布局，又带动了新区的发展。如合肥市的政务区选择在该市的西南，占地 12.6 平方公里。这里原先是城市中的农村，政务区搬迁进入后，迅速成为市区，带动了房地产业和商业的发展。又如安徽省省政府于 2017 年由合肥市长江路搬到合肥滨湖新区，带动了滨湖新区的发展。又如芜湖、蚌埠、六安等市市政府都是从闹市区中心向周边搬迁，置换出原有的稀缺资源，对促进城市发展、改变城市布局无疑起到了重要作用。

八 工矿城市建设

在安徽城市建设历史上，工业矿山建设对城市的发展曾起到过重要作用。新中国成立之初，国家为加快工业发展，对一些矿山的开发加大力度，淮南市依靠煤矿开采而建立。20世纪50年代，马鞍山在一个小村庄的基础上建立起钢铁厂，逐步形成一个城市。同样，铜陵市也是依托当地的铜矿而建设成为一个城市。淮北市虽然建市较晚，但大体也是这种情况。这些城市仍然是安徽重要的城市和工业基地。铜陵市的有色金属公司成为世界工业500强之一。这些城市为安徽工业和城市的发展做出了巨大贡献。如今当地以上资源逐渐枯竭，这些城市又在产业升级、调整产业结构等方面做出了新贡献。

第四节 安徽城市发展的未来走向

新中国成立以后，尤其是改革开放以来，中国取得了举世瞩目的经济成就，彻底改变了以往贫穷落后的面貌。处于江淮大地的安徽，也发生了翻天覆地的变化。70多年来，安徽的社会生产力、综合省力和人民生活水平都发生了历史性飞跃。特别是进入21世纪以来，随着经济社会的发展，国家中部崛起战略的提出及安徽省东向发展战略的实施，安徽城镇发展水平不断提高，安徽由此进入了以推进新型城市化为目标的全面发展时期。但安徽城镇建设和城市化中也存在不足，需要今后加以注意解决。

一 安徽城镇建设和城镇化中存在的不足

2000年，中共安徽省委、省政府将城镇化列入安徽发展四大战略之一。2001 年 11 月 5 日，为尽快适应经济和社会快速发展的需求，更好地推进城镇化战略，不断提高全省城镇化水平，根据《安徽省国民经济和社会发展第十个五年计划纲要》和《安徽省城镇体系规划》，安徽省政府颁布了《安徽省城镇化发展纲要（2001 – 2010 年）》。21 世纪以来，安徽省政府先后颁布了《安徽省城镇体系规划纲要（2011 – 2030年）》和《安徽省城镇体系规划（2011 – 2030 年）》。安徽城镇进入全面扩展时期，城市内部基础设施不断提高，但也存在不少问题。

1. 工业化未能有效带动城镇化

早期安徽省与浙江省、江苏省和全国在经济发展平均水平上相接近，但城镇化率显著偏低，大约低于全国平均水平 8 个百分点。2001 ~ 2011 年全省工业增加值保持年均 26.73% 的增长，而与此相对应的工业就业增长率仅为 4.89%，与逐年提高的工业增加值增长率不成正比。同时，以开发区为代表的产业空间与城市空间统筹协调不够，开发区的空间占用率与其对城市经济和就业的贡献率之间存在一定差距。截至 2019 年底，安徽城镇化水平仍低于全国平均水平 4.79 个百分点。

2. 人口板块与经济板块不匹配

安徽省南北差异显著。对近年来安徽省各市的总人口分布和人均 GDP 的数据进行对比分析可知，省内人口的分布情况与经济发展水平存在较大差异，尤其是对皖北地区与皖江、皖南地区而言。皖北地区虽然人口众多，但经济发展水平较低；皖江、皖南地区人口相对较少，但经济发展水平相对较高。这就形成了安徽地区南北差异明显的特征。

3. 行政板块与经济板块不匹配

安徽省各市行政区划面积与经济发展水平仍存在较大的错位。经济总量较高的地级市，包括铜陵市、淮北市、淮南市，其行政区划面积相对较小，经济水平较高；其他地级市行政区划面积总量大，但对应的经济总量偏低。因此行政区面积并未对经济发展提供有利的支撑，这一矛盾也将影响未来安徽中心城市的成长。

4. 土地城镇化快于人口城镇化

安徽省 2008～2010 年城镇建成区面积由 3912.82 平方公里增加到 4262.20 平方公里，同期城镇人口由 2484 万人增加到 2573 万人，新城城镇人口人均建设用地约 506 平方米，远超 100 平方米的国家标准。现实人口城镇化率与土地城镇化率相比，大概小了 6 个百分点，表明城镇化建设中仍然存在"拼土地、拼资源、拼成本"等城市发展不可持续的问题，土地城镇化与人口城镇化不匹配。

5. 城市特色彰显不足

安徽省文化积淀深厚、地域文化突出，但城市发展建设中未能有效挖掘这些文化要素和地域特征，对传统徽派建筑特色保护和传承重视不够，"千城一面"的现象普遍存在，导致"城市大了、生活难了，建筑洋了、特色没了"。目前安徽省已初步形成大中小城镇发展体系，但总体来说小城镇特色不明显，对农民吸引力不足。由于小城镇基础设施建设不足，产业特色不明显，文化教育等供给水平较低，且农民进入后对自身的工作、生活等帮助不大，不具备吸引农民进入的各种条件。这是安徽省的一个短板，要力求改变。

二 安徽城市发展的未来设想

相对而言，安徽省城镇化水平还不高，今后应紧紧抓住作为全国城镇化试点省的机遇，努力建设城镇，实现新突破。

1. 重视中小城市的建设

无论是现实和历史，还是国外和国内，城市化中人口不可能都进入大城市，大城市人口过多会带来环境、社会、交通等问题，由此城镇化需要一个合理的体系，中小城市在城镇体系中具有重要地位，是可以接纳农民进入最多的一个城镇层次。安徽全省 61 个县，如果每个县城都建成中小城市，平均增加人口 20 万人，全省就是 1200 多万人，约占全省总人口的 20%。若以安徽省城镇化率的终极目标为 70% 计，现有的城镇化率为 46%，建设好县城镇可以为全省提供 15 个百分点以上的城市化率，是城镇化的主体。同时，县城镇处于城乡之间，亦城亦乡，农民对县城比对城市无论是人际关系还是城镇街道设施、生活习惯等都要熟悉得多，农民愿意进入，进入后也能融入城镇生活和原住民人群之中，有利于完成由农民向市民的转变。还有，农民进入县城，与农村之间既可彻底分离又可保持密切的关系，进可以成为城镇永久居民，退可以返回农村从事农业，不即不离又可照顾到农业生产和留居农村的家庭其他成员，有安全感，是现阶段一种稳妥的城镇化模式。正是为了适应这样一种发展趋势，县城镇向中小城市建设的转型被现实地提出来，大多数县域都已做出规划，并开始建设。

一是规模扩大。这表现在城镇的空间和人口两个方面，现在县城一般规划都是在 20 平方公里以上，人口 20 万人以上，已是中小城市的规模和框架。

二是建设的标准档次提高。许多县城已经规划或建成城市休闲公园、体育场、文化馆、博物馆等文化体育设施，阜南县建成的体育馆可以容纳几千人，馆内有配套的体育设施。寿县、灵璧、界首、金寨等县（市）的博物馆、纪念馆等可与城市相关设施相媲美。自来水、城市道路、燃气供给、居民住宅、公交汽车等市政公用建设也在向城市看齐，县城逐步成为宜居宜业之地。

三是在县城镇建设中，各地都重视统筹考虑县内小城镇和新农村建设，一般都是与县城发展同时规划和建设。可以说，在县城这个节点上，真正把统筹城乡发展、缩小城乡差别的理念和原则加以贯彻。

四是上升到全省城镇发展的战略层次上。1993 年 7 月 10 日安徽省第八届人民代表大会第四次会议通过的《安徽省国民经济和社会发展"九五"计划和 2010 年远景目标纲要》中，明确提出了"加快发展大中城市""积极发展小城市""大力发展小城镇，加速推进农村城镇化进程"。之所以要提出重视中小城市的另一原因是，大城市已具有较强的经济实力，有自我积累、自我发展之能力，而中小城市目前尚无这种能力，所以要在政策与财力上加以支持。

2. 城市形态布局建设与管理要有利于宜居宜业

城市的形态布局是为城市功能服务的，是确保城市作用发挥的重要体现。随着20世纪90年代城市普遍实行的"退二进三"的产业结构变化，以及开发区、政务区的建设，各城市的布局也发生着重大变化，特别是大规模房地产的开发，成为引领城市崛起的发展极，也改变着城市的形态与布局。过去那种工厂建在城市中心区的状况发生了根本性改变，出现了不同类型的功能区，不仅改变了城市布局，也改变了城市的经济结构。

城市形态的变化要利于促进城市产业结构的调整。过去安徽省是典型农业省，城市工业规模小，工业基础薄弱。新中国成立后大力推行工业化，城市的主旋律是大力发展工业，在全省形成以马鞍山、铜陵、淮南、淮北为代表的资源型城市和以合肥、芜湖、蚌埠为代表的综合型城市。但是在重工业优先发展战略指导下不少城市经济结构失衡，轻工业发展缓慢，高新技术产业缺乏、服务业发展不足、新建城镇工业结构单一，弱化了工业化对城市化的带动力。

改革开放以来，安徽省随着各种开发园区的发展，城市的产业结构有了很大的改观。一是城市的三次产业结构发展变化，三产比重提升，二产比重迅速增加，一产比重稳步下降。二是服务业得到长足发展。特别是合肥、芜湖、蚌埠这类综合性城市的金融、保险、物流、旅游、设计、咨询等现代服务业有了长足的发展。金融、商业、服务业的业态日益多样化，各类连锁店、专卖店、加盟店纷纷兴起，各种超市蓬勃发展。城市中心区工厂、行政中心的搬迁为这些新兴产业腾出具有商业价值的发展空间。三是资源型城市转型取得明显成效。马鞍山、淮南、淮北、铜陵等资源型城市的工业结构向多元化结构方向发展。如马鞍山市原"一钢独大"逐步转变为其他产业占到50%。四是工业中高新技术产业比重在提升，特别是合肥、芜湖、蚌埠等市在电子信息、生物医药、工程材料、动漫制作等领域涌现出许多新型企业，对优化城市产业结构发挥了积极作用。这在很大程度上归功于高新技术开发区的建设与发展。

城市布局的变化要有利于打造宜居宜业城市。城市布局的优化促进了宜居宜业城市的发展。通过房地产的开发兴建了一大批住宅区。全省通过危房改造、康居示范工程、生态住宅小区、城市环境综合整治等项目建设，住宅的工程质量、功能质量都有了大幅度提高。首先是面积增加。2008年安徽城市人均住房建筑面积29.9平方米，比1952年增加了11倍。2007年底，全省所有城市（含县城）人均住房建筑面积低于10平方米的低保家庭实现廉租住房应保尽保。在此基础上，2008年住房保障范围进一步向低收入家庭拓展达9.1万户。城市居民实现了由"忧居"到"有居"再到"优居"的转变。

在宜居的同时也做到宜业。芜湖的中山路商业街，通过改造形成了集购物、旅游、休闲、文化、餐饮等功能为一体的步行商业街。经改造后中山路商业街共有各类商业网点236个、全街营业面积20万平方米。2006年全街社会商品零售总额占全市的20%以上，是建街前销售收入的12倍，累计新增就业岗位1.2万个。该项目的实施，显著改善了市中心的城市环境，繁荣了市场，美化了城市，带动了芜湖的经济发展。

总之，安徽城市形态布局的变化，已表明安徽城市正在从传统城市向现代城市转型。

3. 城市要有特色

城市作为人类生活的高级形态，自进入现代化城市阶段以来，人类社会的方方面面都呈现出快速发展的趋势。城市文化是城市社会必不可少的重要构成要素之一，是城市区别于乡村的重要内涵，对城市化和城市现代化有着重要的推动作用。城市文化反映了一个城市的主题特色，也是城市的精气神所在，同时依托城市文化所形成的巨大产业，将满足人们的生活、精神消费需求。

一是要重视保护城市文化遗产。安徽城市建设已经重视文化保护，今后要继续加强。城市的文化保护分为城市自然资源和历史文化资源两个方面，严格依法保护各类物质文化遗产和非物质文化遗产，将城市形象和人文因素相结合，将城市建设与城市文化特别是主题文化相结合，传承历史，塑造特色。借鉴国外城市建设成果，吸收先进科学建设理念，博采众长，不断创新。重视城市文化遗产保护主要体现在三个方面：保护规划的编制、城市建设中注重保护，以及对文化遗产的保护传承。

二是文化要逐步融入其他产业。文化的大发展渗透到各行各业，成为城市不可缺少的元素，相互的融合也是城市经济增长的重要动力。文化产业不仅自身得到迅猛发展，尤其难能可贵的是文化与其他产业相互融合，促进了旅游等产业的加快发展。安徽是全国文化自然资源丰富、地域特色突出的省份之一，旅游业与文化产业的结合使旅游业得到超乎寻常的快速发展。如宣城市利用其地域文化特色鲜明，以敬亭山为标志的宣城诗歌文化，以宣纸、宣笔为代表的宣城书画文化，既扩大了"徽文化"和"文房四宝文化"的影响，又促进了该市的经济发展。芜湖市投资18亿元建成的"方特欢乐世界"，是中国人自主设计、当今世界规模最大的第四代高科技主题公园，2008年接待游客180万人次，享有"天造黄山、佛造九华、人造方特"的美誉，是典型的文化融入旅游业的案例。

4. 城镇要向农民开放

走新型城镇化道路的关键之一，是要把农民进入城镇作为首要任务来对待，城镇化就是农民的市民化。当前之所以出现土地城镇化超前于人口城镇化，不积极支持农民进城是其主要原因。由于长期的二元结构及当前的财政体制，农民进入城镇要承担几万元乃至十几万元的财政负担，是一笔不小的支出。但这一步必须走。要坚持农民的市民化改革，一方面在城市要让农民享受到廉租房、廉价房的福利，另一方面要在农村让农民带着土地等财产进城；除此之外，还要重视对农民的培训，让农民能就业并就好业。只有让农民进入城市能居住并能就业，农民才能安下心来做个市民。安徽在这方面有许多举措，如进行户籍制度改革，为鼓励农民进城，允许租房也可有城市户口、农民工的子女就近上学等，全省向中心城市转移的人口比例高达45%，进入县级城市人口占40%，进入小城镇仅占10%。今后还应有更多措施，促进农民进入城镇，以加速安徽省城镇化发展。

5. 把提高管理水平与加快城市建设放在同等位置上

从现代世界城市发展的历史进程中我们可以看到，城市发展一般可分为前后两个阶段：前一个阶段的重点是侧重于城市的建设，后一个阶段的重点是注重于城市的管理。亚当斯定律指出：当城市发展到一定阶段后，交通问题不可能靠修路来解决。也就是说，仅依靠建设不可能根本解决城市运行过程中产生的各类问题。原因在于任何一个城市都要受到空间上的限制，不可能靠"摊大饼"式的无止境发展。城市越发展，城市的土地资源将会变得越稀缺，老旧区域改造带来的拆迁成本也会越来越高，造成的社会损失也会越来越大，因而城市发展的空间也将进一步受限。这时，就需要更好的城市管理，通过城市管理来保持城市的有序运作和满足城市发展的部分需求。因此，安徽城市发展需要吸取其他城市发展经验，在注重城市建设的同时还要十分注重城市的管理。长期以来，交通不畅或长期拥堵、社会治安严重恶化、贫民区或贫民窟出现、能源供给不足、生活污染和环境恶化等问题被认为是现代的"大城市病"，为了防止这种"大城市病"的出现，很多人认为这些是严控大城市发展规模或限制农民进城定居的理由。但事实上，"大城市病"的出现，只是反映了很多地方城市管理水平低下。要真正解决"大城市病"，关键不在于限制城市发展规模和农民进城，而在于全面优化城市职能结构、完善城市的功能分区、提高城市的管理水平，要把提高城市的管理水平与加快城市的建设放在同等位置上。

在城市发展的初期，做到"建管相同"，待发展到一定阶段后，再逐步向"以管理为主、建设为辅"的方向转移，后期甚至要做到"三分建设，七分管理"，积极提高城市的运行管理效率，健全城市管理体制，实施"建管分离，监管分开"，全面建立信息化、法治化、社会化的城市管理新机制。

6. 以特色品牌提高城市知名度

优秀的城市形成优质的城市品牌。一个城市的品牌高度凝练了一座城市的自然资源和人文精华。城市品牌将城市体现出的独特精神生动形象地展现了出来，并传导给广大的市民与旅客，从而更加有利于一个城市的凝聚与发展。最终，城市的品牌将大大提升城市的品位与价值，将成为城市经济发展的重要推力和一个特色城市的重要标志，品牌同时也是一个城市重要的无形资产。城市品牌为城市创造出最宝贵的、最有价值的社会财富，它所形成的形象、信誉、声望和价值为城市的发展提供不竭的动力。一个城市品牌好，意味着它更能吸引外来的社会投资，城市的投资增加将快速拉动一个城市的发展。城市品牌的形成需要从合理的城市定位开始，通过整合城市的各种资源，持续不断地投入与营销推广，从而建立起一个城市独特的城市品牌。

当前，安徽城市处在一个快速发展阶段，在发展过程中也要注意城市定位与建立品牌的关系。目前，安徽城市缺乏竞争力和知名度，除了经济落后的原因外，更多的是城市发展定位不清，不注重塑造品牌。城市品牌打造好了，知名度高了，发展就快了，经济也就带动起来了，因此，城市发展要根据当地的资源、历史、文化、潜力等实际情况，准确定位，找出特色，朝着品牌城市努力。

7. 经营城市过程中的政府行为和市场机制要有机结合

一个城市的发展，也需要"经营"。"经营城市"是一个城市管理和发展的重要方面，它是政府运用政府行为与运用市场机制相互配合的一种运营方式。运用市场手段对城市可支配的各类资源或资本进行运作与管理，同时在市场失灵的地方，运用行政手段来调节各种资源的分配，运营过程的"两只手"进行相互影响，相互补充，共同推进城市的可持续发展，这就是经营城市的主要内容。具体主要包括四个方面的资源：自然资源，主要包含土地资源、山水资源、动物资源等；投入形成的设施资源，主要包含电力、道路、桥梁、市政公用设施等；人文资源，主要包含人力资源、文化资源、科技资源等；延伸性派生资源，主要包含信息资源、品牌资源等。

目前，国家推出新一轮宏观调控手段，出台了土地调控的三项措施，包括调整利益机制、完善责任制度、健全法律机制等。经国务院批准，已正式建立国家土地督察制度，向地方派驻 9 个国家土地督察局。严厉的调控政策预示"卖地生财"经营城市思路是走不通的，安徽的未来城市发展必然要向更高级城市经营之路迈进，如建立多元化城市投融资渠道、建立基础设施项目投资回报补偿机制、大力推行无形资产的"有形化"运作等等。

8. 以利于城市空间拓展来进行行政区划调整

一个地区经济得到了快速发展，就有可能会出现空间的约束。在区域一体化发展的大背景下，从经济发展的规律出发，突破行政区划体制的空间约束，更大范围内拓展区域发展的空间限制，全面理顺城市与乡村、中心城市与周边卫星城市以及城市与周边的大城市之间的关系，需要进行行政区划的调整。行政区划的调整一般分为三类：第一类是提升发展成效的区划调整，第二类是解决城区空间布局或划分不合理问题的调整，第三类是撤县（市）设立市辖区的调整。

安徽在 20 世纪 90 年代后，也进行了多轮城市行政区划的调整，目前仍然存在的问题有以下几点。一是撤地设市引起的结构不合理。安徽省 8 个地改市中，宿州、亳州、宣城、池州 4 个城市为 1 市 1 区，这些市在地改市时将原地区所在地县（市）直接翻版为市辖区，区的行政区域偏大，人口较多。二是部分城市仍存在郊县（区）包围城区，市、县同城的问题。三是全省 16 个地级市，与别的省相比，城市多、规模小，各城市之间发展严重不平衡，差别太大。

针对上述问题，需要积极改进的有以下两方面。一是积极调整一些郊区（郊县）包围城区的市或市、县同城的市，如安庆、铜陵、马鞍山、淮北等市，打破郊区（郊县）包围城区或市、县同城的格局，拓展城市发展空间。二是科学规划调整地级市。在未来一段时间里，拟按优化资源配置、沿江城市跨江发展以及做大中心城市的原则和战略，重新规划，调整减少地级市，解决行政区规模大小悬殊的问题，其中尤其要解决好沿江城市跨江分割的矛盾，还应为合肥市的发展提供足够空间。同时，安徽推进一批具备条件、基础较好、发展潜力较大的县和中心镇，积极争取设立县级市，以优化完善全省的城镇体系空间格局。

第二章
安徽三大城市群建设与长三角一体化发展

新中国成立70多年来，特别是党的十一届三中全会以来，安徽在城市规划、建设、管理各个方面，进行深入的改革和探索，不断加大建设投入，推动安徽城市建设快速发展。各类大中小城市及特色城镇规模不断扩大、功能逐步增强、环境显著改善，城市面貌发生了翻天覆地的变化，安徽城市间的空间发展格局也发生了巨大变化。通过全面对接国家城镇化空间布局，融合"一带一路"、长三角城市群一体化等国家发展战略，安徽部分区域中心城市发挥了其核心驱动和辐射带动作用，培育形成了多级多类发展轴线，着力构建"一圈一群一带"三大城市群，同时积极向东发展，加速推进长三角一体化发展。

第一节　安徽城市空间格局演变

新中国成立时，安徽是一个"人口多、底子薄"的传统农业大省，30年的农业发展，曾一度让改革开放之初的安徽成为全国经济发展较好的省份之一。但随着改革开放的全面深入推进，安徽开始面临发展不足的巨大压力，因而一直在寻求能够支撑安徽经济腾飞的战略支点，不断调整和完善区域城市发展战略，突破了单个城市的发展空间。安徽城市空间格局的演变，主要经历了以下四个阶段。

一　20 世纪 80 年代：从"三区一中心"到"六大经济区"

安徽对城市间空间格局的研究与探索，是在党的十一届三中全会后改革开放过程中进行的。随着安徽改革开放的不断推进，城市间的空间格局开始演变，并在 20 世纪 80 年代中后期形成了一次变化的热潮。

十一届三中全会后，安徽再次掀起了农村改革的热潮。在农业大包干推进农村发展的新形势下，城市怎么办的问题被提到了安徽决策者的面前。20 世纪 80 年代初期，安徽没有一个大城市。而城市的发展又与区域空间格局有关，有关区域布局及战略问题先在学术界引起了热烈讨论，很快就引起安徽省委、省政府的重视。1983 年，安徽省委、省政府接受学界的建议，重点发展中等城市与小城镇，并制定了若干政策措施。

随着各个中等城市的发展，不同区域的城市需要进一步明确其在安徽城市整体发展过程中的定位。1985 年 3 月，安徽举行了一次较大规模的全省发展战略讨论会，会上提出了安徽全省区域发展战略构想——"三区、一中心"。这个"三区、一中心"构想是指安徽的长江经济区、两淮经济区、皖南旅游区和合肥科教中心的战略布局。这一构想的提出，明晰了安徽不同区域城市的各自功能定位，对优化安徽区域城市发展空间布局产生了相当大的影响。

1986 年，安徽省七届人大常委会第三次会议原则通过了《安徽省经济社会发展战略纲要（1986－2000 年）》，在纲要中，"三区、一中心"扩充为"六大经济区"。纲要提出，由于安徽省的城市经济力量薄弱，城市的经济凝聚力和扩散力都比较小，必须把合肥市、芜湖市和蚌埠市3个综合性中心城市的建设作为战略重点，再有计划、有步骤地建设阜阳、安庆、黄山3个省内区域性的中心城市，到20世纪末，逐步形成以蚌埠为中心的皖东北经济区、以阜阳市为中心的皖西北经济区、以合肥为中心的皖中经济区、以芜湖为中心的皖东南经济区、以安庆为中心的皖西南经济区、以黄山市为中心的皖南经济区。纲要还提出安徽区域经济发展战略：提高沿江区，发展皖北区，强化皖中区，开发皖南区和大别山区。"六大经济区"的提出，确定了不同区域空间发展格局，并赋予各个地区同等的发展机会。

二 20世纪90年代：从"皖江开发"到"一线两点"

进入20世纪90年代之后，国家确定以浦东开发开放来带动整个长江流域经济腾飞战略，安徽在"六大经济区"共同发展的战略基础上，进一步提出了"开发皖江，呼应浦东"的区域空间发展新战略。因此，1992年安徽批准实施了"'八五'计划纲要"，对区域空间布局做出了一定的调整，将沿江地区作为全省发展的重中之重，明确提出实施以芜湖为突破口的皖江开发开放战略，大力发展外向型经济，力争经过五到十年的努力，在沿江地区建立对外贸易占相当比重的产业密集带，使之成为联结本省与长江三角洲和国际市场的纽带。对合肥，当时的提法是建设成为具有较强辐射力的机电轻纺工业基地和高新技术产业基地。

到了20世纪90年代中后期的"九五"计划期间，借鉴沿海省份出口导向的外向型经济发展模式的经验，安徽开始确立将发展外向型经济作为推动全省经济发展的突破口，并提出了"一线、两点"对外开放战略。其中"一线"指马芜铜宜的沿江地区，"两点"指合肥、黄山两市。"一线、两点"发展战略延续了皖江开发开放战略的主要思路，同时也赋予了合肥、黄山两市更为重要的经济地位。

三 21世纪前十年："中心城市带动"

进入21世纪以来，城市化加速推进的趋势更加强劲，即城市及城市群在全国区域经济发展中形成快速兴起的格局，而20世纪"一线、两点"战略最大的不足在于不仅对皖北与沿淮城市没有合适的定位，还对中心城市发展与培育支持不足。因此，安徽省委、省政府提出了"中心城市带动"战略，积极推进中心城市在发展的过程中带动周边城镇发展。

2001年，在《安徽省国民经济和社会发展第十个五年计划纲要》中，安徽第一次提出"实施城镇化战略"，主要是"积极推进省会城市建设，重点发展区域性中心城市，加快发展重点小城镇，初步形成功能明确、布局合理、发展协调的城镇体系"。针对本省城镇化率低的问题，安徽提出"十五"末全省市镇人口达到2000万人以上。2005年全省城镇化率为35.5%，城镇人口达2310万人，实现了既定目标。

2006年通过的《安徽省国民经济和社会发展第十一个五年规划纲要》，第一次提出"实施中心城市带动战略"，明确提出加快建设合肥现代化大城市、加快皖江大发展、促进皖北大开发和皖西快发展、促进皖南大开放的区域发展总体战略，强调每个区域都要培育与发展中心城市，带动区域协调发展。

四 21世纪第二个十年：区域城市群与长三角一体化发展

2011年通过的《安徽省国民经济和社会发展第十二个五年规划纲要》，第一次提出城市群（圈、带）发展战略，即在发挥中心城市对区域带动作用的基础上，重点培育和发展皖江城市带、合肥经济圈和皖北城市群，形成"一带一圈一群"的城镇化发展布局；也第一次明确了主体功能区布局，提出主体功能区建设的三大战略格局，即"一带一圈一群"的城镇化格局,以及农业发展和生态安全的战略格局。

2012 年 2 月,安徽省政府通过了《安徽省"十二五"城镇化发展规划》,提出了完善城市功能、结构和形态,强调城市的组团式发展,强调城市新区和开发区的融合发展,强调老城区的改造,构建现代城镇基础设施体系,建设城际和城市交通设施,提高城镇信息化水平等城镇化发展的七大重点任务。七大任务的实施,推进了全省城市空间格局的新发展。

为更好地实施《安徽省"十二五"城镇化发展规划》,2012 年 5 月,安徽省人民政府又进一步印发了《安徽省新型城镇化"11221"工程实施方案》。方案提出重点组织实施"11221"工程,推动合肥建设成为全国有较大影响力的区域性特大城市,建设以芜湖为中心的滨江城市组群,发展 20 个以上县级中等城市,培育 200 个左右特色镇,实施万村规划综合整治工程。到 2015 年,全省形成 6 个城镇人口 100 万人以上的特大城市、8 个城镇人口 50 万人以上的大城市;加快县级市发展为中等城市,并按照城市的标准规划建设县城,推动 20 个以上具有较强实力的县城加快发展成为县级中等城市;积极培育中心镇,在 150 个省级扩权强镇试点镇的基础上,再选择 50 个左右中心镇重点培育,一些大镇、强镇发展成为小城市;把新农村建设纳入新型城镇化发展规划,大力开展村庄整治,在全省范围组织开展"万村整治"工作。

2016 年 4 月,《安徽省国民经济和社会发展第十三个五年规划纲要》提出,在主动参与"一带一路"建设、积极打造长江经济带重要战略支撑、加快对接京津冀协同发展的基础上,深化长三角一体化发展。在长三角城市间构建长三角一体化综合交通网络,推进区域内重大能源项目和市场建设,加强区域标准和信息基础设施互联互通建设、生态环境保护和联防联控,促进区域信用信息的共享互认等。

为进一步决战决胜全面小康、建设五大发展美好安徽,根据《安徽省国民经济和社会发展第十三个五年规划纲要》《国家新型城镇化规划(2014—2020 年)》《长江三角洲城市群发展规划》《国家新型城镇化试点省安徽总体方案》等规划方案的要求，2017年5月审议并通过了《安徽省新型城镇化发展规划（2016—2025年）》，让安徽省城市空间呈现出新的格局。规划将合肥都市圈定义为全省发展核心增长极和长三角城市群有较大影响力的区域增长极。合肥市作为长三角世界级城市群副中心，城市地位将更加突出，区域中心城市竞争力显著提高，中小城市数量不断增加。合肥都市圈、皖江城市带和皖北城市群竞相发展的城镇化战略格局基本形成，在全国"两横三纵"城镇化战略格局中的枢纽地位显著上升。城市功能定位和产业布局更加科学，形成相互补充、协调发展的城镇体系。

2018年6月1日，长三角区域各省市主要领导座谈会在上海召开。会议审议并原则同意通过《长三角地区一体化发展三年行动计划（2018—2020年）》，沪苏浙皖对长三角更高质量一体化发展进行了再谋划、再深化。2018年11月5日，习近平总书记在首届中国国际进口博览会开幕式上发表主旨演讲时指出，支持长江三角洲区域一体化发展并上升为国家战略，因此，2018年成为长三角更高质量一体化发展的启动之年，为安徽城市空间格局的进一步深化提供了全新机遇。

第二节　安徽三大城市群的形成与建设

进入21世纪，随着"11221"工程和安徽新型城镇化战略的实施，安徽城镇发展速度很快，形成大、中、小城市与小城镇共同发展的网络化立体格局。安徽的城市空间格局出现两种变化：一是中心城市与其周边城镇之间的联系逐步拓展，在交通更加便捷的基础上，就近形成城镇集群与产业集群，城镇之间的产业分工协作关系进一步加深；二是由于区位、资源与产业基础的区域差异，城镇集群与产业集群更具有区域特点，全省形成若干局域性的城市经济圈、城镇带或城镇群。具体表现为安徽城市规模不断扩大，城际交通条件不断改善，尤其是高速公路发展迅速，中心城市辐射能力不断增强和辐射区域不断扩大，城市之间的经济联系越来越密切，相互影响越来越大，形成了初级的城市群。城市群是城市发展到成熟阶段的最高空间组织形式，是指在特定地域范围内，一般以1个以上特大城市为核心，由至少3个以上大城市为构成单元，依托发达的交通、通信等基础设施网络所形成的空间组织紧凑、经济联系紧密，并最终实现高度同城化和高度一体化的城市群体。城市群是在地域上集中分布的若干特大城市和大城市集聚而成的庞大的、多核心、多层次的城市体系，亦即大都市区的联合体。合肥作为全省经济增长的重要极核作用逐步增强，在合肥及周边的淮南市、六安市、滁州市等形成了一个都市圈；合肥市、芜湖市、马鞍山市、铜陵市、安庆市、池州市、滁州市、宣城市八市，以及六安市的金安区和舒城县等，以长江为轴线，逐步形成带状的皖江城市群经济发展带；同时，在长期的发展过程中，蚌埠市、淮北市、阜阳市、亳州市、宿州市等皖北城市，形成了一定的产业基础和各具特色的优势产业，在全省和皖北地区的产业分工格局中，也承担相应的功能。因此，伴随着城市化不断推进，在区域经济一体化的时代大潮中，进一步加强区域合作，培育、构建带动全省发展的"圈带群"，已成为安徽加快发展的战略选择。立足于安徽省情与社会经济发展现状，2006年10月召开的安徽省第八次党代会提出逐步形成以省会经济圈（后改为合肥都市圈）为中心，以皖江城市带和皖北城市群为支撑的三大城市群发展战略。

一 合肥都市圈

合肥都市圈由"省会经济圈"和"合肥经济圈"演变而来，位于长江中下游沿江长三角西端，包括安徽省合肥市、淮南市、六安市、滁州市、芜湖市、马鞍山市、蚌埠市、桐城市（县级市）等地区，土地面积5.7万平方公里，覆盖人口约2751万人。合肥都市圈土地面积占全省的40.6%，人口占全省的43.2%，区域经济总量占全省的比重接近59%。

2016 年，合肥都市圈实现地区生产总值 14206.3 亿元，财政收入 2434.0 亿元，规模以上工业增加值 5887.5 亿元，全社会固定资产投资 15598.0 亿元，占全省比重分别为 58.9%、55.7%、58.4%、58.3%。

根据相关规划，到 2020 年，合肥都市圈总人口约为 1500 万人，其中合肥 800 万人、芜湖 420 万人、马鞍山 280 万人，城镇人口约为 1300 万人。2030 年，合肥都市圈总人口约为 1800 万人，城镇人口约为 1700 万人。同时，城镇化水平在 2020 年达到 80%~85%，2030 年达到 90%~95%；城市化率、人均收入达到长三角平均水平。产业上以合肥为中心，打造合滁宁、合芜马、合淮、合六、合安产业发展带，推动创新链和产业链融合发展，逐步建立和完善产业链合作体系，推动圈内城市合作构建高水平、多功能、国际化的对外开放平台，建设具有较强影响力的国际化都市圈。未来十年，合肥都市圈将形成"一区、五轴、三带、多组团"的城镇空间布局结构体系，远景由"点－轴"模式向"网络化"模式发展。

合肥都市圈发展的历程是：2006 年，安徽省委、省政府在全省第八次党代会上明确提出合肥要"提高经济首位度，形成具有较强辐射带动力的省会经济圈"；2007 年初，安徽省十届人大五次会议上进一步确定了"规划建设以合肥为中心，以六安、巢湖为两翼"的省会经济圈；2008 年 5 月，安徽省政府颁布实施《安徽省会经济圈发展规划纲要（2007—2015 年）》；2009 年 8 月，安徽省委、省政府下发《关于加快合肥经济圈建设的若干意见》，正式将"省会经济圈"更名为"合肥经济圈"，同时把淮南市和桐城市纳入经济圈范畴；2011 年 8 月，因巢湖市行政区划调整和定远县加入，合肥经济圈的范围发生了变化，包括合肥市、淮南市、六安市、桐城市和定远县；2013 年底，合肥经济圈建设领导小组办公室会议研究决定，同意滁州市整体加入合肥经济圈。

2016 年 2 月，安徽省十二届人大六次会议提出了推动合肥都市圈一体化发展战略，加快合肥经济圈向合肥都市圈战略升级，努力成为全省核心增长极乃至全国有重要影响力的区域增长极；2016 年 5 月 11 日，国务院常务会议审议通过《长江三角洲城市群发展规划》，将合肥都市圈纳入该发展规划中，标志着合肥都市圈上升为国家发展战略；2016年12月3日，安徽省人民政府办公厅印发《长江三角洲城市群发展规划安徽实施方案》，合肥经济圈升级为合肥都市圈，包括合肥、芜湖、马鞍山等市，完善都市圈协调推进机制，建设合肥都市圈，形成区域增长新引擎；2019年9月5日，蚌埠市加入合肥都市圈。

近年来，合肥都市圈已经逐渐建立和形成产业链合作体系。自2010年以来，合肥都市圈已经形成高层领导沟通协商、市长协调会调度推进、牵头部门具体落实、市县共同配合的联动运行机制，建立了部门联席会议制度，联合编制了《合肥都市圈中长期发展规划（2014—2030年）》《合肥都市圈城镇体系规划（2015—2030年）》《交通基础设施合作框架协议》等规划和协作方案，大力实施基础设施一体化，协力推进公路、铁路、航空、水利四个方面的交通基础设施建设，通过共建共享、互联互通，初步形成覆盖圈内主要城镇、产业集聚区、重点风景区的轨道交通"1小时通勤圈"，推动水利、能源、信息基础设施共建共享。合肥都市圈，充分发挥其承东启西的区位优势以及创新创造的资源富集优势，大幅提升了区域辐射带动能力和城乡一体化发展水平，打造长三角区域增长新引擎和引领全省发展的核心增长极。合肥都市圈已经构建了以政府为主导的区域合作机制，在产业、供电、供水、交通、生态环境保护、蔬菜生产与供应等方面推进分工合作，有些领域已进入规划层面。合肥也分别与淮南市、六安市签订了战略合作协议，还与淮南市共同编制了《合淮一体化工业走廊建设规划》。在安徽省政府及有关部门的支持下，合肥都市圈的分工合作正在向区域一体化推进。

根据区域特色和全省发展趋向，合肥经济圈在全省的战略定位是全省经济、文化、科技、教育高地和综合交通枢纽，推进安徽崛起的核心区域。经过长期发展，合肥都市圈各主要城市已形成各具特色的优势产业，在全省产业分工格局中的功能定位也逐步清晰（见表2-1）。

表 2 - 1　合肥都市圈主要城市优势产业及区域功能定位

主要城市	优势产业	区域功能定位
合肥市	装备制造、家电、汽车、电子信息、节能环保、生物医药、公共安全	全国重要的现代产业基地和综合交通枢纽，全国具有较大影响力的区域性特大城市
淮南市	煤炭、火电、煤化工、矿山机械	全国重要的能源基地、煤化工基地和矿山机械制造基地，淮河流域现代化大城市
六安市	机械制造、电子器材、农副产品加工、旅游	全省重要的农副产品、矿产资源加工基地和旅游目的地，大别山区域中心城市，连接合肥都市圈与武汉城市圈的纽带
滁州市	机械制造、家电、盐化工、农副产品加工	全国重要的盐化工基地，全省重要的机械制造、家电生产基地，连接合肥都市圈与南京都市圈的新兴中心城市

资料来源：程必定等《安徽与长三角："双城战略"》，安徽人民出版社，2015。

二　皖江城市带

2010 年 1 月 12 日，国务院正式批复《皖江城市带承接产业转移示范区规划》，安徽省沿江城市带承接产业转移示范区建设被正式纳入国家发展战略。皖江城市带包括合肥市、芜湖市、马鞍山市、铜陵市、安庆市、池州市、滁州市、宣城市八市全境，以及六安市的金安区和舒城县，共59 个县（市、区），2010 年土地面积 7.6 万平方公里，人口 3079 万人，分别占全省的 54.5%、45.1%，地区生产总值 8408.8 亿元，到 2016 年提升至 16385.4 亿元，翻了一番，经济总量占全省经济总量的 68.0%。

皖江城市带处于安徽境内 416 公里的长江干流两岸，是中国人口密集、消费需求较大的最靠近东部的中部地区，以合肥为中心，半径 500公里，覆盖上海、江苏、浙江、河南、江西、湖北、山东、安徽七省一市，这一区域经济发展水平高，消费潜力巨大。无论是地区生产总值，还是社会消费额，占全国的比重都接近 1/2，皖江城市带无疑是拓展国内市场、启动内需的关键区。皖江城市带是实施促进中部地区崛起战略的重点开发区域，是长三角地区的重要组成部分，在中西部承接产业转移中具有重要的战略地位。

皖江城市带发展历程：1990 年 7 月，安徽省做出了"开发皖江，呼应浦东"的重大决策；1995 年、1996 年、2002 年和 2005 年先后四次召开会议，研究进一步推动沿江城市群发展问题；2006 年 6 月底《安徽省沿江城市群"十一五"经济社会发展规划纲要》正式出台。包括沿江的马鞍山、芜湖、铜陵、池州、安庆、巢湖、宣城、滁州 8 市及所辖 29 县（市），面积占全省总面积的 40.3%；2006 年末，人口 2360.5 万人，占全省总人口的 35.8%；生产总值 2781.13 亿元，占全省生产总值的 44%；2009 年，安徽省委、省政府决定在皖江城市群基础上建设皖江城市带承接产业转移示范区，将合肥、六安市的金安区和舒城县纳入其中。

2010 年 1 月 12 日国务院正式批复《皖江城市带承接产业转移示范区规划》（以下简称《规划》），安徽皖江城市带承接产业转移示范区建设被纳入国家发展战略，《规划》确立了以长江一线为"发展轴"、合肥和芜湖为"双核"、滁州和宣城为"两翼"的"一轴双核两翼"发展布局，大力振兴发展装备制造业、原材料产业、轻纺产业、现代服务业和现代农业，着力培育高技术产业，构建具有较强竞争力的现代产业体系，真正在承接中调整产业结构，在转移中发挥示范作用。这是迄今全国唯一以产业转移为主题的区域发展规划，是促进区域协调发展的重大举措，为推进安徽参与长三角区域发展分工、探索中西部地区承接产业转移新模式，也为中部地区加速崛起点燃了助推器。

在长期的发展过程中，皖江城市带各主要城市都形成了各具特色的优势产业，2010 年以后通过承接沿海地区的产业转移，产业发展势头很好，在全省产业分工格局中形成了较为明晰的功能定位（见表 2-2）。

表 2－2 皖江城市带主要城市优势产业及区域功能定位

主要城市	优势产业	区域功能定位
合肥市	装备制造、家电、汽车、电子信息、节能环保、生物医药、公共安全	全国重要的现代产业基地和综合交通枢纽，全国具有较大影响力的区域性特大城市
芜湖市	装备制造、汽车及零部件、材料、电子电器、电线电缆	全国重要的先进制造业基地，安徽省现代物流中心和区域性交通枢纽，长江流域具有重要影响的滨江大城市
马鞍山市	钢铁、汽车、高端装备、服务外包业、刀磨具	全国重要的铁基新材料和专用汽车生产基地，新型工业和山水园林跨江大城市
铜陵市	铜加工、精细化工和新兴产业	世界铜都，国家电子材料产业基地，安徽省重要的精细化工产业基地，现代化滨江城市
安庆市	石油化工、纺织服装、机械制造	全国重要的石油化工产业基地，全省重要的纺织服装、机械制造和文化产业基地，连接长三角城镇群与武汉城市圈的重要枢纽
滁州市	机械制造、家电、盐化工、农副产品加工	全国重要的盐化工基地，全省重要的机械制造、家电生产基地，连接合肥都市圈与南京都市圈的新兴中心城市
池州市	电子信息、高端制造、文化产业	全国重要的佛教旅游胜地和世界级旅游目的地，全省重要的集成电路产业基地和高精密高速冲床生产基地，生态型滨江新兴城市
宣城市	机械装备、汽车零部件、农副产品加工业	面向长三角的现代制造业基地、出口加工替代基地、优质农副产品供应基地、旅游休闲目的地，全省重要的汽车零部件生产基地，苏浙皖交会区域的中心城市

资料来源：程必定等《安徽与长三角："双城战略"》，安徽人民出版社，2015。

　　根据区域特色和全省发展趋向，皖江城市带在全省的战略定位是：全国重要的钢铁和有色工业基地，全省工业走廊，安徽与长三角联系的黄金水道，推进安徽崛起的核心发展带。皖江城市带区位优越，承东启西，融合"一带一路"、长江经济带等发展战略，对接融入长三角城市群的重大机遇，完善自身"拥江发展、两岸联动"机制，优化城镇空间布局，协调发展沿江两岸城镇居民"三生"（生产、生活、生态）之间的关系，依托黄金水道，以城市聚合为导向，充分发挥芜湖、马鞍山在皖江城市带快速发展中的带头作用，积极推进跨江联动和港产城一体化发展，打造引领全省转型发展的支撑带。合理统筹发展长江水资源综合利用，强化沿江污染治理与生态保护机制，建设沿江生态廊道。提升承接产业转移的综合水平，加快建设特色现代产业示范基地。积极与沪、苏、浙合作共建生态环境联防联治、市场体系统一开放、基础设施共建共享、流域管理统筹协调等沿江城市协调发展新机制。形成以芜湖、马鞍山城市组群为核心，以安庆、池州、铜陵城市组群为轴线，以滁州和宣城增长极为节点的现代化滨江组团式城市发展带。

随着城市化的发展和城市的成长，相邻城市间会形成同城化趋势。由于皖江城市带呈带状的分布格局，相邻城市间的同城化会分东西两段实现：东段是芜湖、马鞍山、宣城三市的同城化趋势，会形成芜马宣城市组团；西段是安庆、池州、铜陵三市的同城化趋势，会形成安池铜城市带。在市场机制的作用下，芜马宣城市组团和安池铜城市带的发展，将进一步优化城市间的产业分工与协作，同城化会进入新的发展阶段。

三 皖北城市群

皖北城市群包括淮北、亳州、宿州、阜阳、蚌埠 5 座省辖市，位于黄淮海大平原的南缘，是我国重要的农产品主产区和煤炭基地。地域广阔、人口密集，但城镇化水平低，经济发展相对滞后。据统计，2017年皖北地区面积 3.73 万平方公里，常住人口 2452.3 万人，地区生产总值 6662.1 亿元，分别占全省的 26.7%、39.2% 和 24.29%；人均 GDP 27167 元，只相当于全省平均水平的 62.6%；人口密度 657 人/平方公里，比全省平均水平高 211 人/平方公里。2016 年城镇化率 43.63%，比全省平均水平低 8.36 个百分点。作为农产品主产区，2017 年粮食总产 1876.9万吨，肉类总产 197.7 万吨，分别占全省的 54.00% 和 49.88%。

皖北地区与皖中、皖南地区的差异较大，是独立的自然与经济地区，5个省辖市的产业发展也不平衡。蚌埠市是老工业基地和皖北地区的物资集散地，淮北市是新兴煤炭工业城市，亳州、宿州、阜阳三市都是十多年前由县改市并很快升格为地级市的，但作为县城历史悠久。由于5市的成长特征不同，产业结构差异大，相互之间的产业联系较少。2010年以来，安徽省委、省政府将皖北振兴作为全省的一个大战略，并组织合肥、芜湖、马鞍山等沿江城市与阜阳、亳州、宿州结对合作，支持皖北地区的工业化、城镇化发展。

皖北城市群以推进工业化、信息化、城镇化、农业现代化为基本方向，力争把皖北地区打造成支撑全省发展的新兴增长极。以建设淮河生态经济带、推动淮河流域综合治理和绿色发展为统领，以资源环境承载力为基础，推进皖北地区城镇集聚化布局，促进各设区城市继续加快发展，适度扩大新的节点城市规模，适时调整行政区划，做大做强中心城市；加强各城市间分工合作和协同发展，推进交通链接、产业融合、功能互补、生态共建，加快蚌淮（南）城市组群、宿淮（北）城市组群、阜阳都市区、亳州都市区建设，带动县城发展，加强合蚌淮（北）、沿淮、淮（南）阜亳等发展轴带建设，构筑以大带小、协调发展城镇空间格局。提升开放型经济水平，培育一批跨省域的城市组团，加快形成与长三角、中原经济区、淮河生态经济带等区域联动发展格局，推进南北结对帮扶和园区合作共建，促进就地城镇化和省内异地城镇化，构建有序竞争、联动发展的皖北城市群。

根据区域特色和全省发展趋向，皖北城市群在全省的战略定位是：全国重要的农产品主产区，长三角地区的能源供应基地，安徽新兴工业化地区和最大的农副产品加工基地。在长期发展的过程中，皖北城市带5市都形成了一定的产业基础和各具特色的优势产业，在全省和皖北地区的产业分工格局中，也承担相应的功能，有不同的功能定位（见表2-3）。

表2-3　皖北城市群主要城市优势产业及区域功能定位

主要城市	优势产业	区域功能定位
蚌埠市	装备制造、纺织、生物、精细化工、光伏产业	安徽省乃至全国重要的光伏、生物、精细化工、装备制造基地和现代商贸物流中心，皖北地区中心城市
淮北市	煤电化、矿山机械、纺织、食品工业	长三角地区重要的煤电化产业基地，全省重要的矿山机械制造和食品工业基地，宜居宜业的山水生态园林城市
阜阳市	煤炭、化工、农副产品加工业、废旧资源再利用	全省重要的新兴能源、煤化工产业和农副产品加工基地，皖豫接壤地带的商贸物流中心，皖西北中心城市
亳州市	中药材贸易与加工、采煤及煤化工、汽车及零部件、农副产品加工	全国重要的现代中药产业和养生文化旅游基地，安徽省重要的农副产品加工基地，皖豫接壤地带中心城市
宿州市	制鞋业、纺织服装业、农副产品加工	全国重要的鞋产业基地和"智慧云计算"中心，安徽省重要的农副产品加工基地，皖苏豫鲁接壤地带中心城市

资料来源：程必定等《安徽与长三角："双城战略"》，安徽人民出版社，2015。

第三节　长三角一体化推进下的安徽城市发展

安徽居中靠东，连南接北，承东启西，受自然、地理、历史、人文与经济发展等因素影响，安徽省与周边区域的联系以"向东"为主要方向，受长三角中心城市的影响较大，与长三角地区的重要城市建立了广泛的经济文化联系，现已成为长三角区域的重要组成部分，参与长三角城市之间的分工与协作，安徽城市发展与长三角城市一体化发展正在不断地推进。

一 安徽融入长三角的过程

改革开放以来，安徽为了扩大对经济发达地区的对接，提出了东向发展战略，积极做好与长三角地区的开放与衔接，承接长三角的产业转移，参与区域分工与合作。东向发展融入长三角，推进了长三角的一体化进程，促进了安徽城市群的崛起，实现了安徽对外开放的新跨越。安徽从向东发展到融入长三角再到长三角一体化的过程可分为以下几个阶段。

1. 起始阶段（20 世纪 90 年代初至 2004 年）："开发皖江、呼应浦东"战略

"开发皖江、呼应浦东"战略的提出，开创了安徽向东加入长三角区域发展的先河。20 世纪 90 年代初，沿海地区大力发展外向型经济，"两头在外""大进大出"，沿海省份实行出口导向的外向型经济发展，安徽省将发展外向型经济作为推动发展的突破口，抓住沿海开放的机遇，提出皖江地区、合肥与黄山"一线两点"对外开放战略。1990 年中央决定开发开放上海浦东新区，沿海地区成为我国实施开放战略的前沿地带，1992 年以上海浦东为龙头，开放长江沿岸地区，长江沿江地区成为继沿海地区后的第二个开放带。

1992 年 7 月，安徽省委、省政府做出了"开发皖江，强化自身，呼应浦东，迎接辐射"的重要战略决策，安徽省成为全国第一个响应浦东开发的省份，由企业集资在上海浦东购地兴建"裕安大厦"，作为全省对外开放的"窗口"。"开发皖江、呼应浦东"的区域发展新战略被提出来，芜湖成为全省首批 6 个沿江城市之一，实行沿海开放城市和地区的经济政策。

20 世纪 90 年代中期，沿海地区结构调整升级步伐加快，内陆地区逐步开放，沿海地区一些产业开始向中西部梯次转移，辐射安徽毗邻长三角的各市县。1998 年宣城市率先提出"融入苏浙沪"，2001 年春，安徽省宣城市委、市政府正式通过决定，率先提出经济要"全面融入苏浙沪经济圈"；宁国市提出"融入苏浙沪、重返百强县"。与此同时，长三角城市化与工业化步伐加快，经济快速增长，对安徽的辐射带动效果开始显现。之后不久，南京都市圈将安徽省滁州市、马鞍山市、芜湖市划入。2003年4月，在安徽省委七届四次会议上，正式将"融入长三角"上升为全省性的发展战略。2003年夏，根据事先签署的协议，安徽在自己拉闸限电的同时，仍如约向长三角地区供电。

2. 探索阶段（2005～2007年）："东向发展"战略

2005年6月1日，安徽在与浙江接壤的宁国市召开了"加快毗邻苏浙地区发展座谈会"。面对与会的安徽23个"沿边"县市领导，时任安徽省委书记郭金龙指出："东向发展，加速融入长三角是安徽奋力崛起的必然选择。"会后不久，安徽省发改委就下发了《关于支持毗邻苏浙地区加快发展的意见》，推进安徽沿边地区与苏浙沪的交通、产业和资本对接，促进安徽沿边地区在区域分工中找准定位，服务长三角，主动当"配角"，全面融入苏浙沪，隆起沿边经济带。时隔一个月，在马鞍山、芜湖、铜陵、安庆等沿江城市加快发展座谈会上，郭金龙再次强调："沿江城市群在安徽的东向发展中要发挥排头兵作用。"很快，沿江和沿"东"地区舞动起来了。至此，安徽明晰了其发展方向上的定位，东向战略——引领安徽走进长三角。

2005年9月，在一周内，安徽省人民政府两次组团东行走访沪、苏。其中合肥、淮北、马鞍山等9市与江苏南京、徐州等6市达成行动要领，进一步打破行政区划的限制，支持和鼓励城市经济圈的形成。同时，马鞍山市、滁州市等城市开始申请加入长三角城市经济协调会，其他城市也相继产生了这种想法。最典型的事例是，南京都市圈划定的范围并不包括铜陵，铜陵还是主动参加了当年召开的南京都市圈核心城市市长峰会。"泛长三角"图景开始出现，继呼应浦东之后，安徽的"东进运动"又迎来了一次新高潮。

2005年，安徽省委、省政府提出"实施东向发展战略，加快融入长三角"。东向发展既有明确的目标，又是切合实际的举措，目的就是要以融入长三角的经济圈来获得发展，举措就是向东部地区学习，求得合作，引进资本、技术等稀缺资源。东向发展、加速融入长三角，指明了安徽奋力崛起的主线，是推进安徽崛起的重要战略。东向发展战略是安徽人民根据经济发展的多年实践经验总结出来的，符合安徽实际、引导安徽快速崛起的最高战略，对安徽发展进行了有益的探索。

3. 深入阶段（2008～2013年）：参与泛长三角的分工与合作

2008年1月，胡锦涛总书记在安徽视察工作时指出："安徽要充分发挥区位优势、自然资源优势、劳动力资源优势，积极参与泛长三角区域发展分工，主动承接沿海地区产业转移，不断加强同兄弟省份的横向经济联合和协作。"胡锦涛总书记站在区域协调发展的战略高度，提出了安徽要积极参与泛长三角分工合作的重大课题，推进安徽积极融入长三角。在胡锦涛总书记安徽讲话后，安徽全面对接长三角，参与泛长三角的分工与合作，最大限度地承接长三角地区产业转移，全面推进东向战略。充分发挥独具的地理区位、自然资源、劳动力和产业等优势，全面参与长三角的分工合作，构建区域大交通体系，大规模地承接东部沿海地区的产业转移，提出了安徽拟打造泛长三角优质农产品、泛长三角能源原材料、泛长三角现代加工制造业、泛长三角交通物流、泛长三角旅游休闲五大基地。安徽融入长三角，参与泛长三角的分工合作后，安徽省省外投资的55%来自长三角区域，劳务输出的60%都集中在长三角区域，省际物流和通信的70%以上都面向长三角区域，每年向长三角区域输出电力100亿千瓦时以上。面对长三角区域对能源的迫切需求，安徽省更是主动配合，以丰富的两淮煤矿资源，打造"皖电东送"工程来支援长三角区域建设。

安徽在承接长三角等发达地区的产业转移方面具有独特优势，为进一步加快安徽融入长三角，推进安徽城市发展，2010年1月12日，国务院正式批复了全国首个以承接产业转移为主的区域发展规划——《皖江城市带承接产业转移示范区规划》（以下简称《规划》），这也是安徽省第一个上升至国家战略层面的发展规划，为皖江城市带承接产业转移示范区建设指明了方向。《规划》要求示范区建设要"立足安徽，融入长三角，联结中西部，积极承接产业转移，不断探索科学发展新途径，努力构建区域分工合作、互动发展新格局，加快建设长三角拓展发展空间的优选区、长江经济带协调发展的战略支点，引领中部地区崛起的重要增长极"。2010年兴建了江北产业集中区与江南产业集中区，2012年建设了8个产业集中转移示范区以及苏滁现代产业园、郑蒲港新区现代产业园，2014年新增宣城承接产业转移示范区。2016年省政府印发《皖江城市带承接产业转移示范区规划（修订）》，同意将规划展期至2020年，政策延续。皖江示范区不仅是全省经济发展高地，也是全省对外开放的高地。"十二五"期间示范区累计引进亿元以上省外投资项目资金23817.5亿元，年均增长25.4%。2016年皖江示范区实际利用省外资金6405亿元，占全省64.68%；利用外商直接投资102亿美元，占全省69%。2017年进出口额3241亿元，增长25.8%，快于全省2.1个百分点，占全省89.2%。可见，皖江示范区既是全省经济发展的主战场，又是全省对外开放的重要平台与窗口。

4. 融入阶段（2014~2017年）：整体融入长三角

无论是2008年9月国务院印发的《关于进一步推进长三角地区改革开放和经济社会发展的指导意见》，还是2010年国务院批准的《长三角地区区域规划》，都将长三角的范围明确为苏浙沪，安徽不在其列。直到2014年9月，国务院发布了《关于依托黄金水道推进长江经济带发展的指导意见》，安徽省才作为长江经济带的重要组成部分，正式加入长三角地区，长三角地区由两省一市改变为三省一市。合肥成为与南京、杭州比肩的长三角城市群副中心，合肥、芜湖、安庆、马鞍山、滁州、宣城、铜陵、池州8市加入长三角城市群，由苏浙沪皖26个城市组成新的长三角城市群阵列。安徽从地理的无缝对接发展到多面无缝对接，使得安徽在资源开发、产业发展、市场开拓等方面，走进了更加广阔的空间。2015年12月3日，新长三角地区三省一市主要领导座谈会在合肥如期举行。会议就深度融入国家战略、推动经济产业转型升级、深化重点专题合作、完善合作发展机制等重要事项进行了深入讨论。2016 年 5 月 11 日，国务院常务会议通过，国家发展和改革委员会、住房和城乡建设部印发《长江三角洲城市群发展规划（2016—2020 年）》，提出培育更高水平的经济增长极，到 2030 年，将长三角城市群全面建成具有全球影响力的世界级城市群，并着力打造改革新高地、争当开放新尖兵、带头发展新经济、构筑生态环境新支撑、创造联动发展新模式，打造世界级第六大城市群。安徽被纳入长三角城市群，扩大了城市规模，形成了一个更大区域、分工合作的发达经济区，同时安徽将承担长三角城市群对周边及中部城市的带动作用，成为长江经济带重要战略支点，从此，安徽的对外开放站上一个全新的起点。合肥、芜湖、安庆、马鞍山、滁州、宣城、铜陵、池州 8 市所在的皖江城市带作为安徽省经济最为发达、产业基础最为雄厚、创新能力最强、商业氛围最浓、开放程度最高、基础设施条件最好的区域，被纳入长三角城市群，这是一次重大历史机遇。

5. 一体化阶段（2018 年至今）：长三角更高质量一体化发展

2018 年 6 月 1 日，长三角地区主要领导座谈会在上海召开。会议审议并原则同意《长三角地区一体化发展三年行动计划（2018—2020 年）》，沪苏浙皖对长三角更高质量一体化发展进行了再谋划、再深化，同时对长三角一体化发展也进一步明确了任务书、时间表和路线图。计划到 2020 年，长三角区域要基本形成以世界级城市群为框架，建成枢纽型、功能性、网络化的基础设施体系，基本形成创新引领的区域产业体系和协同创新体系，绿色美丽长三角建设取得重大进展，区域公共服务供给便利化程度明显提升；在此基础上，该计划将长三角地区建设目标定位为"全国贯彻新发展理念的引领示范区，成为全球资源配置的亚太门户，成为具有全球竞争力的世界级城市群"。

2018 年 11 月 5 日，习近平总书记在首届中国国际进口博览会开幕式上发表主旨演讲时指出，"将支持长江三角洲区域一体化发展并上升为国家战略，着力落实新发展理念，构建现代化经济体系，推进更高起点的深化改革和更高层次的对外开放，同'一带一路'建设、京津冀协同发展、长江经济带发展、粤港澳大湾区建设相互配合，完善中国改革开放空间布局"。因此，2018 年成为长三角更高质量一体化发展的启动之年，这为安徽城市空间格局的进一步深化提供了全新机遇。

二 长三角一体化发展加速了安徽城市群的崛起

从安徽的东向发展战略开始，经过 30 年的发展，安徽深度融入长三角发展，在长三角城市群发展分工中，安徽明确合作方向和任务，充分发挥自身优势，在多方面发挥重要作用，不仅推动参与长三角合作逐步深入，也有效地推进了安徽城市的发展。

1. 促进了以城市为核心的安徽经济发展

自实施东向发展战略以来，安徽通过全面参与长三角的分工协作，大规模地承接东部沿海地区产业转移。产业高度聚集，人才大量向安徽集中，各类企业数量大幅度增加，全省经济获得高速发展，与东部地区的经济差距逐渐缩小。城乡得到统筹发展，城市与农村的差距进一步缩小。城市化程度大幅度提高，安徽与长三角地区逐步进入区域一体化阶段。安徽经济社会发展发生了巨大变化。"十二五"期间，安徽地区生产总值年均增长 10.8%，高于全国 3 个百分点；经济总量由 2010 年的 1.2 万亿元增长到 2015 年的 2.2 万亿元，增长近一倍；财政收入由 2010 年的 2064 亿元增加到 2015 年的 4012 亿元，接近翻一番；固定资产投资由 2010 年的 1.18 万亿元增加到 2015 年的 2.4 万亿元，增长一倍多。安徽省产业结构持续优化，三次产业结构由 2010 年的 14∶52.1∶33.9 调整为 2015 年的 11.2∶51.5∶37.3。同时，安徽农业现代化步伐持续加快，适度规模经营蓬勃发展，粮食生产实现"十二连丰"。此外，安徽省战略性新兴产业由小变大，产值由 2010 年的 2504 亿元增长到 2015 年的 8921.5 亿元，年均增长约 29%。特别是新型显示、新能源汽车、集成电路、智能语音、智能家电、机器人等 14 个战略性新兴产业集聚发展基地呈现快速发展势头，新兴工业大省地位基本确立。

2. 建立起了以城市为依托的皖江产业转移示范区

安徽成立的皖江城市带承接产业转移示范区，直接带动了皖江地区综合实力提升，对全省经济社会的发展起到了巨大的推动作用，它更好地探索产业承接新途径，优化了地区产业分工的新格局，加快地区协调发展。皖江城市带承接产业转移示范区发挥了很好的示范效应，实现了预期的目标。一是加快了产业要素的集聚。承接产业转移示范区在"十二五"期间，累计引进省外资金 1.8 万亿元，外商直接投资 306 亿美元，其年均增长分别达到 28.4% 和 23.3%。二是优化升级了地区的产业结构。示范区直接带动了智能装备、新能源汽车等新兴产业的快速成长，新型显示、机器人产业成为国家战略性新兴产业区域集聚发展的试点，全超导托卡马克核聚变实验装置、量子通信等高端科技成果不断涌现。三是基本形成了"一轴双核两翼"的空间结构。初步形成了现代化大工业和物流业的重要集聚轴（"一轴"）、高新技术产业核和现代服务业核（"双核"）、装备制造翼和轻纺工业发展翼（"两翼"）。四是增强了地区的经济实力。根据相关部门统计，2015 年示范区生产总值达 14639.3 亿元，比上一年增长 9.6%，其对全省经济增长的贡献率达 70%，很好地拉动了全省的经济增长，也使安徽经济增速跃居中部地区的第一位。五是全面改善了区域人居环境。具体表现为示范区内资源利用效率不断提高，生态环境不断好转，呈现出更多宜居、宜业、宜游的城市空间。六是增进了居民福祉。示范区内就业岗位不断增多，社会保障日趋完善，公共服务均等化水平不断提高，区内的城乡居民均在产业承接中得到了实惠。

3. 加快了安徽城镇的开放发展

安徽成为长三角城市群重要的一员。安徽通过与长三角城市之间的合作，不断推进区域"大通道、大平台、大通关"建设，实现了加快安徽省内重要城市建设的目标。通过促进"合肥""南京"两大都市圈之间的合作，合肥、芜湖、南京等相连的地区形成了长三角城市群内重要的产业功能承载区、先进制造业与技术自主创新的承载区。同时，依托长江黄金水道，建设沿江综合交通走廊，加快长江岸线的有序化利用和江海联运港口的合理化布局，推进皖江城市带承接产业转移示范区建设，引领长江经济带临港制造和航运物流业的发展，推动跨江联动和港、产、城一体化发展，增强对长江中游地区的辐射带动作用。推进滁州市与南京江北新区协同发展，推进皖苏跨省合作。安徽与周边城市群的合作发展不断向纵深推进，主要表现在：加强安徽与中原城市群、长江中游城市群之间的合作，促进交通一体、产业协作、设施互联和公共服务的对接；推进皖北城市融入我国的中原经济区；推动安庆、六安与黄冈等地区之间的合作，共同建设大别山革命老区，实现脱贫攻坚与经济协同发展；推动安庆、池州与九江等市之间的合作，打造更大区域的世界一流的休闲旅游地。

4. 实现了城市之间便捷的互通

安徽积极参与长三角城市之间的合作，通过加快大型交通基础设施建设，不断完善区域与省内城市之间的现代交通网络。紧紧围绕长三角一体化国家战略，重点加强安徽的合肥、芜湖、安庆等中心城市与沪、杭、宁等长三角核心城市、重要枢纽的互通互联。一是在铁路方面，构筑以快速客运铁路为主的铁路网，建设合肥—青岛、合肥—南京、黄山—杭州、商丘—合肥—杭州、郑州—阜阳、南昌—景德镇—黄山、武汉—安庆—池州—黄山—温州、合肥—安庆、安庆—九江、宣城—镇江等快速客运铁路，完善快速铁路通道。建设合肥—新桥机场—六安、巢湖—马鞍山、滁州—南京、合肥—蚌埠—宿州—淮北、阜阳—宿州—淮北等城际铁路，扩大快速铁路网覆盖面。二是在公路方面，加快高速公路网络化建设，打通省际"断头路"，有序推进繁忙路段扩容改造。实施国、省干线公路提级工程，加快国、省干线公路升级改造，实施一级公路"网化工程"、二级公路"提升工程"和以路面改善为主的"品质工程"，进一步优化路网结构，促进干线公路与城市道路的有效衔接。实施农村公路畅通安全工程，加快城乡道路客运一体化进程。三是在水运方面，推进长江干流及重要支流航道整治，构建长江高等级支流航道网，实施淮河航道整治工程，加快引江济淮工程，打通江淮联运通道，构建"两横一纵"航道主骨架。加快支流航道建设，打通"断头路"。优化全省港口布局，构建统一的沿江港口营运管理平台。四是在航空方面，完善合肥新桥机场设施，适时启动二期建设，提升旅客运输服务能力。通过开辟和加密航线航班，初步将合肥新桥机场建成区域性航空枢纽。完善全省民用机场布局，新建芜湖、宣城、蚌埠、亳州、宿州、滁州民航机场，实施阜阳、九华山、安庆机场改扩建，新建金寨民航机场，迁建安庆、黄山机场等。统筹通用机场布局，推进合肥骆岗、庐江、砀山、泾县、芜湖、岳西、黄山等一批通用机场建设。五是在交通枢纽方面，积极建设以机场、铁路站场、港口等为主的综合交通枢纽，强化合肥国家级综合交通枢纽功能，加快建设一批区域性综合交通枢纽。

第三章
安徽大中城市的兴起与发展

2014 年 11 月国务院下发的《国务院关于调整城市规模划分标准的通知》中明确规定，以城区常住人口为统计口径，将城市划分为五类七档。一类是小城市：城区常住人口 50 万人以下的城市（其中 20 万人以上 50 万人以下的城市为 I 型小城市，20 万人以下的城市为 II 型小城市）。二类是中等城市：城区常住人口 50 万人以上 100 万人以下的城市。三类是大城市：城区常住人口 100 万人以上 500 万人以下的城市（其中 300 万人以上 500 万人以下的城市为 I 型大城市，100 万人以上 300 万人以下的城市为 II 型大城市）。四类是特大城市：城区常住人口 500 万人以上 1000 万人以下的城市。五类是超大城市：城区常住人口 1000 万人以上的城市。依据这个城市规模划分标准以及未来发展的趋势，安徽 16 市的市区常住人口均有可能达到大中城市的规模，其中合肥最大，达到了 I 型大城市的规模。

第一节　安徽大中城市的兴起历程

新中国成立以来，安徽的城镇化演变量与全国城镇化的演变趋向相吻合，但又有自身的特征。从新中国成立初期的 1952 年到 2017 年，安徽城镇化率由 6.04% 上升到 53.49%，非农人口比例上升相对缓慢，也由 6.04% 上升到 31.07%。新中国成立 70 多年来，安徽城市演变较快，具体可分为四个阶段。

一 缓慢成长（1949～1977 年）：1978 年前安徽城市缓慢成长

这个阶段在高度集中的计划经济体制下，对城市采取限制发展的方针，安徽城镇化发展极其缓慢，城镇化率由 1952 年的 6.04%，提升到 1977 年的 12.4%，25 年间仅提高 6.36 个百分点，年均仅提高 0.25 个百分点。由于受国家宏观形势的影响，以 1960 年为界，安徽城镇化率水平呈现先升后降的波动趋势，城镇化发展既缓慢又曲折。

新中国成立后，经过 1949～1952 年的三年恢复时期，迅速治好了战争的创伤，城市经济得到了迅速恢复。接着，第一个五年计划（1953～1957 年）时期，随着大规模经济建设的实施，城市经济得到了较好发展，外流人员陆续返城，全省城镇化率由 1952 年的 6.04%，缓慢上升到 1957 年的 8.96%。1958 年，安徽同全国一样搞"大跃进""大炼钢铁"运动，大量农村劳动力迁入城市，城镇化率迅速提高，1960 年达16.1%，三年提高了 7.14 个百分点，完全是脱离实际的"冒进式"城镇化。很快进入了 1960～1962 年的三年调整期，进城农民工大批返乡，还有一大批城镇居民下放农村，安徽城镇化率大幅度回落，1965 年回落到 11.59%。1966 年以后由于全国开展"文化大革命"和城镇知识青年下放农村，安徽城镇化进程基本停滞，1970 年安徽城镇化率又进一步下降到 11.47%，以后又开始缓慢上升，到 1977 年达 12.40%。到1978 年十一届三中全会召开，安徽城镇化才进入一个全新的发展时期。

在这个阶段，由于实行"城乡分治"的户籍管理政策，严格控制城市人口增长，农村人口转为城市人口即"农转非"，不仅要有计划指标，还要经过严格审批，数量极少。因此，全省城镇化率与非农人口占总人口的比例差别很小，如1977年的非农人口比例为10.44%，只比当年的城镇化率低1.96个百分点左右。1957年、1960年、1965年这三年出现了城镇化率略小于非农人口占总人口比例的问题，主要是统计上口径不一致导致的。比如，一些小集镇的非农人口没有列入城镇人口的统计范围，故而前者略小于后者。

二 全面复苏（1978～1991年）：中等城市和小城镇的壮大

在这个阶段，全省城镇化水平由1977年的12.4%，提高到1991年的17.96%，年均提高0.397个百分点，是改革初期城镇化的复苏发展时期，而且，复苏发展是从中等城市和小城镇起步的。

20世纪80年代，我国城镇化实施"严格控制大城市规模，合理发展中等城市，积极发展小城市"的建设方针。安徽此时没有一座大城市，安徽省委、省政府决定重点发展中等城市，1983年11月在全国率先召开了中等城市发展战略研讨会及工作会议，对发展中等城市做出了部署。在此期间，安徽省通过成功的农村改革制度释放了大批农村劳动力，不少地区逐渐办起了乡镇企业，给小城镇带来了发展机会。1984年5月，安徽省委、省政府提出了发展小城镇的36条措施，允许农民通过"离土不离乡"的方式进入小城镇务工、经商，因此吸纳了大量农村劳动力就地就近就业，全省小城镇得到了较快发展。这样，全省初步形成了以中等城市为主体、小城镇为基础的城镇化空间结构。1986年安徽省人大常委会审议通过的《安徽省经济社会发展战略纲要》，提出了以6个中等城市为中心的"六个经济区"战略布局，即以合肥为中心的皖中经济区、以蚌埠为中心的皖东北经济区、以阜阳市为中心的皖西北经济区、以芜湖为中心的皖东南经济区、以安庆为中心的皖西南经济区、以黄山市为中心的皖南经济区。这个布局又促进了中等城市与小城镇的发展。

这个阶段的一个重要特征是：全省城镇化率与非农人口占总人口比例的差距开始扩大，前者高于后者的百分点由 1977 年仅 1.96 个百分点，1991 年上升为 2.71 个百分点；相对应高出的人数，全省由 1977 年的 90.7 万人，增加到 1991 年的 155.66 万人，他们都是进城打工的农民，尽管离开农村成为城市常住人口，但因为受城市户籍制度的严格控制而不能成为非农人口。

三 较快发展（1992～2002 年）：区域性中心城市的较快发展

这个阶段安徽城镇化由复苏进入较快发展时期，城镇化率由 1991 年的 17.96%，上升到 2002 年的 30.7%，11 年间城镇化率上升了 12.74 个百分点，年均上升 1.158 个百分点，是城镇化较为快速的发展时期。

在此期间，主要是 1992 年 2 月邓小平南方谈话推进了安徽的改革开放，特别是在以下三个方面推进了城镇化的较快发展：一是 1992 年安徽省委、省政府为抓住浦东开发开放机遇，做出"开发皖江，呼应浦东，迎接辐射"的战略决策，促进了皖江地区城镇化的率先发展；二是工业化与城市非公有制经济的加快发展，增强了城镇对劳动力和人口的承载力，大量开发区的兴建推进了城镇规模的扩张；三是农村大包干解放了农村劳动力，越来越多的农民进城打工，城镇人口规模和建城区面积逐年扩大，2000 年后，安徽省委、省政府实施了积极的城镇化政策，2001 年还成立了安徽省城镇化领导小组，加强了对全省城镇化发展的引导与政策支持。有利的宏观环境和多种因素的综合作用，推进了全省城镇化进入较为快速的发展阶段。

这个阶段的一个重要特征是：全省城镇化率与非农人口占总人口比例的差距逐步扩大，前者高于后者的百分点，1991 年仅 2.71 个百分点，2002 年上升到 10.48 个百分点；相对应高出的人数，全省由 1991 年的 155.66 万人，增加到 2002 年的 643.89 万人，他们都是进城打工农民，虽然不从事农业，但不是城市户籍人口即非农人口。由于安徽是农业大省，是全国进城打工农民最多的省份之一，他们一部分转移到沿海地区的城市，一部分转移到本省的城镇。因为这期间仍然实行严格的城镇户籍管理制度，这些进城打工农民虽然在城镇有了工作，成为城镇常住人口，但未能取得城镇户籍，尽管他们对城镇发展做出与非农人员相同的贡献，却不能享受与非农人口同等的公共服务、社会福利。城镇化率虽有较大幅度的提升，但转移到城镇的打工农民及农村人口并没有实现"人的城镇化"，安徽"中国式"城镇化的问题在这个阶段已普遍出现。

四 快速扩张（2002～2020 年）：大城市的快速扩张

以 2002 年 10 月党的十六大召开为标志，安徽城镇化进入了快速发展阶段，城镇化率由 2002 年的 30.7%，上升到 2017 年的 53.49%，15 年间上升了 22.79 个百分点，年均上升 1.519 个百分点，是新中国成立以来安徽城镇化发展最快的时期。

这个阶段安徽城镇化快速发展得益于四个重大因素的作用。一是党的十六大报告提出我国要"走新型工业化道路"，我国工业化发展模式发生了重大转变，更加重视工业化对劳动力资源的充分利用，为城镇化的发展提供了工业化的强大支撑；在这个背景下，2003 年 4 月，安徽省委做出加速东向发展、融入长三角的重要战略决策，中心城市的发展因此受到了重视。二是党中央、国务院于 2006 年提出了中部崛起战略，又为安徽工业化、城镇化的发展提供了国家政策支持；在这个背景下，2006 年实施的"十一五"规划明确提出"实施中心城市带动战略"，2008 年安徽省政府所作的《政府工作报告》还强调突出发展合肥经济圈、沿江城市带、沿淮城市群，中心城市的发展有了方向。三是 2010 年 1 月国务院批准了《皖江城市带承接产业转移示范区规划》，鼓励和支持安徽实施东向发展战略和承接东部沿海地区的产业转移；在这个背景下开发区有了新发展，至 2020 年底全省有省级以上开发区 179 个（含筹建），这些开发区与城市相融合，走向"产城一体"，又加快了城市化发展。四是 2011 年 7 月国务院批准撤销地级巢湖市，将原地级巢湖市所辖的 5 个市县相继并入合肥、芜湖与马鞍山三市；在这个背景下，合肥市明确了建设区域性特大城市的目标，芜湖市与马鞍山市开始了跨江发展。上述四个重大因素的综合作用，推进了安徽的工业化由初期阶段进入中期阶段，工业产业规模快速扩大，为城镇化的快速发展提供了强大的产业支撑，加之快速交通网络的形成，城市之间的联系越来越密切，形成了同城化和城市群的新格局，全省城镇化进入快速发展阶段。

在这个阶段，全省城镇化率与非农人口占总人口比例的差距又进一步扩大，前者高于后者的百分点，由 2002 年的 10.48 个百分点，上升到 2017 年的 22.42 个百分点；相对应高出的人数，全省由 2002 年的 643.89 万人，增加到 2012 年的 1402.37 万人，大大超过了上个阶段的人数。显然，在城镇化快速发展的阶段，安徽城镇化率有了大幅度提升。

新中国成立以来安徽的城镇化演变，与政府的战略考量、政策安排有密切的关系，尤其是改革开放以来，这种密切关系更为明显（见表 3 - 1）。

表 3 - 1　改革开放以来安徽城市发展战略与政策演进

年份	城镇化战略	区域空间组织	重大战略决策、政府工作报告、发展规划
1983	发展中等城市、发展小城镇	乡镇企业发展，农村城镇化	省委文件
1986	以中等城市带动省内经济区发展	皖中、皖东北、皖西北、皖东南、皖西南和皖南 6 个经济区	《安徽省经济社会发展战略纲要（1986 - 2000 年）》
1992	皖江地区呼应浦东的开发开放战略	"一线（皖江地区）两点（合肥市、黄山市）"地区的开发开放	政府工作报告
2001	城镇化和可持续发展并列为四大战略之一	积极推进省会合肥现代化大城市建设，重点发展区域性中心城市，完善新设地级市的城市综合功能，加快发展小城镇	《安徽省国民经济与社会发展第十个五年计划纲要》

年份	城镇化战略	区域空间组织	重大战略决策、政府工作报告、发展规划
2006	突出实施中心城市带动作用	提出省会经济圈、沿江城市带、"两淮一蚌"的沿淮城市群；构建以合肥为中心、六安和巢湖为两翼的省会经济圈；合肥与淮南、芜湖与马鞍山同城化发展	《安徽省国民经济与社会发展第十一个五年规划纲要》、安徽城镇体系规划、政府工作报告
2008	构建省会经济圈	加快合肥现代化滨湖大城市建设，推进与六安、巢湖、淮南等周边地区联动发展，积极构建省会经济圈	政府工作报告
2009	构建合肥经济圈	从以合肥为区域对外开放的龙头城市，发展成为我国泛长三角的重点城镇群	合肥经济圈城镇体系规划
2010	重点区域与中心城市带动战略	全力推进皖江城市带承接产业转移示范区建设，构建"一带一圈一群"的城镇化战略格局，重点发展合肥、芜湖、安庆、蚌埠、阜阳等区域中心城市	《安徽省国民经济与社会发展第十二个五年规划纲要》
2011	通过一体化、同城化，加快中心城市发展战略	推进合肥经济圈一体化发展，建设现代化滨湖大城市、全国有较大影响力的区域性特大城市；支持芜湖全省次中心城市建设，加快合淮同城化、芜马同城化、铜池一体化和跨江联动发展，推动安庆、蚌埠、阜阳、黄山四市成为区域中心城市	政府工作报告
2012	壮大中心城市，提升城市能级	合肥都市圈与芜马都市圈共同构成安徽省发展"双核心"的空间结构，构建"两圈两带一群"城镇空间格局	安徽省城镇体系规划

年份	城镇化战略	区域空间组织	重大战略决策、政府工作报告、发展规划
2013	城市群发展战略	构建江淮城市群，包括"两核两带"	《安徽主体功能区规划》
2014	长三角一体化	安徽省作为长江经济带的重要组成部分，正式加入长三角地区，长三角地区由两省一市改变为三省一市。合肥成为与南京、杭州比肩的长三角城市群副中心，合肥、芜湖、安庆、马鞍山、滁州、宣城、铜陵、池州8市加入长三角城市群	《关于依托黄金水道推进长江经济带发展的指导意见》
2018	长三角城市群发展	将长三角城市群全面建成具有全球影响力的世界级城市群，打造世界级第六大城市群。安徽被纳入长三角城市群，扩大了城市规模，形成了一个更大区域的分工合作的发达经济区，同时安徽将承担长三角城市群对周边、中部城市的带动作用。安徽成为长江经济带重要战略支点	《长江三角洲城市群发展规划（2016－2020）》

资料来源：程必定等著《安徽与长三角："双城战略"》，安徽人民出版社，2015。

表3-1列出了20世纪80年代以来安徽省城镇化战略与政策演进的阶段性过程。由表3-1可见，改革开放以来安徽的城镇化是从中等城市与小城镇起步的，这既是执行中央政府严格限制大城市发展方针的切实举措，又符合安徽当时没有大城市、农村人口比重大的省情特征。直到2001年，安徽省委、省政府才明确提出城镇化战略，大城市开始加快发展，城镇化率有较大的提升；2006年以后强调中心城市的发展及其对区域的带动，城镇化率又有大幅度的提升；2008年以后强调城市经济圈与城市群的发展，城镇化发展不仅体现为城镇化率的持续上升，而且还在空间结构上对城市进行了调整和优化。

第二节　安徽大中城市建设的成效与经验

安徽是农业大省，也是一个人口大省。一直以来，安徽人口长期向省外大市输送，导致安徽的城市整体规模偏小，城市化水平不高。因此，对安徽而言，适当发展几个大城市，并带动中小城镇的发展和全省经济的崛起历来是促进安徽经济发展的必然要求。安徽各届党政领导对此进行了大量的探索，取得了一些经验，也有力地推动了安徽城市的发展壮大。

一　安徽大中城市发展成效

在新中国成立后很长时期，国家在城市发展方针上对大城市建设实施控制的原则，提倡"合理发展中等城市，积极发展小城镇"。1989 年12 月国家颁布了《中华人民共和国城市规划法》，提出了"严格控制大城市规模，合理发展中等城市和小城市"的方针。在这个宏观背景下，安徽大中城市才开始有所发展。1990 年全省还只有合肥市、芜湖市、蚌埠市、淮南市、马鞍山市、淮北市、安庆市、铜陵市、黄山市9 个省辖市，此后随着经济发展和国家关于城市政策的松动，城市数量不断增加，1993 年滁县地区改为滁州市，1996 年阜阳地区改为阜阳市，1999年宿州地区、六安地区、巢湖地区分别改为省辖市，2000 年宣城地区、池州地区改为省辖市，同年亳州改为省辖地级市。到 20 世纪末，全省地改市全部完成后，省辖市数量由 1990 年的 9 个增加到 17 个。此后为了城市发展需要，2001～2004 年，分别对马鞍山、合肥、蚌埠、淮南 4个省辖市的行政区域进行调整，主要是撤销郊区，各市郊区分别归属到市区，以此破解郊区包围城区、束缚城市发展的瓶颈，并适度扩大了市区范围；加之在此之前，1989～1997 年进行县改市，全省已有 22 个市，城市的增加和扩大促进了城镇化进程，全省的城市化水平由 1978 年的 12.6% 提高到 2005 年的 35.5%。安徽省的城市虽然数量不少，但城市偏小、经济偏弱、城市化水平偏低以及发展速度不快之状况未能得到根本性的改变。

2005 年全省 17 个地级市，数量在全国所有省份中处于第 3 位，建成区面积 1178.56 平方公里，其中合肥市建成区面积 255 平方公里，人口 173 万人，在全国省会城市中偏小。2005 年全国 287 个地级及其以上城市中 400 万人口以上的城市 13 个，200 万 ~400 万人口城市 75 个，50 万 ~100 万人口城市 9 个，50 万人口以下城市 2 个。全国大多数省份都有 200 万人口以上的城市，仅安徽与西部的内蒙古、青海、新疆及新设立的海南等省区没有。从经济实力看，2005 年安徽省会城市圈内生产总值 2856.7 亿元，在全国居第 15 位，但全省城市人均地区生产总值仅 16031 元，在全国处于第 25 位，比全国平均水平低 5150 元，差距明显。2005 年全国城市化率为 42.99%，安徽仅 35.5%，安徽低于全国平均水平 7.5 个百分点。可是 1978 年安徽城市化率比全国平均水平仅低 5.3 个百分点，改革开放中，安徽在城市化进程中不仅没有缩小与全国的差距，反而呈差距扩大之走势。

一直以来，安徽的大城市发展不够，辐射带动力不强。2005 年省会合肥作为全省最大城市，地区生产总值 674.15 亿元，在全国省会城市中处于倒数第 4 位。从大城市的发展速度看，也是滞后的。以合肥为例，1995 年市区人口 112.66 万人，2005 年增加到 173 万人，10 年增长 53.6%。而同期省会城市中，市区人口增长甚至达到 1 ~2 倍。南京市由 261.40 万人增加到 513 万人，增长 96.3%。杭州市由 141.3 万人增加到 409.5 万人，增长 189.8%。武汉市由 443.6 万人增加到 801.4 万人，增长 80.7%。广州市由 380.3 万人增加到 617.3 万人，增长 62.3%。西安市由 293.2 万人增加到 533.2 万人，增长 81.9%。南宁市由 118.2 万人增加到 249.7 万人，增长 111.3%。

正是在这种情况下，安徽于 1992 年提出合肥现代化大城市建设思路。但受此后不久东南亚金融危机的影响，国内对于由卖方市场转向买方市场的变化不适应、经济发展不够顺利等原因，导致安徽大中城市的发展真正是在 2006 年开始的。

进入 21 世纪，人们开始看到大城市及城市群对区域经济发展的影响，开始全面发展大中城市。2006 年，安徽省人民政府实施《安徽省国民经济和社会发展第十一个五年规划纲要》，明确提出"实施中心城市带动战略"。在之后的发展过程中，安徽十分注重发展合肥经济圈、沿江城市带、沿淮城市群，积极融入长三角，与长三角三省一市一体化发展。安徽中心城市的发展有了明确方向，从而带来了安徽大中城市的快速发展。这从安徽财经大学和决策杂志社（安徽创新发展研究院）2019 年 7月 26 日共同发布的《安徽城市发展研究报告 2019》中可以看出。

一是安徽城市经济发展规模稳步提升，产业结构不断优化。安徽城市经济社会发展呈现良好态势，主要经济指标增幅在全国处于领先地位，三次产业生产总值、地方财政收支、投资贸易、社会消费品总额和金融机构存贷款等均有明显增长。在规模方面，2017 年安徽省人均生产总值达 44206 元，比上年增加 4645 元。其中合肥市、芜湖市的人均生产总值均超过 8 万元，铜陵市人均生产总值 69935 元，增长率为16.64%，为全省增幅最高。全省第三产业生产总值为 11597.45 亿元，相对 2016 年增长率为 16.44%，全省社会消费品零售总额对经济增长的贡献率达到了 41.12%。在增速方面，2017 年安徽省各市辖区生产总值均保持 10% 以上的增长，列前三位的马鞍山市、铜陵市和滁州市增速分别为 17.6%、17.2% 和 15.8%。三产增长最快的城市是淮北市，达到 17.25%，其次是合肥市，增长 16.81%。在结构方面，安徽省三次产业结构不断优化，由 2016 年的 10.64∶48.06∶41.30 演变到 2017 年的 9.56∶47.52∶42.92。各项财政支出在总支出占比前五项分别是教育、城乡事务、社会保障和就业、农林水事务、医疗卫生与计划生育，支出占比分别为 16.4%、16.3%、13.9%、11%、9.6%，一定程度上反映了政府职能的转变。

二是城市综合竞争力不断增强，各城市间发展快速跟进。2017 年，安徽省 16 个地级市综合竞争力排名中，合肥稳居第一，芜湖、马鞍山、铜陵次之。铜陵、六安、淮北、淮南综合竞争力上升势头强劲。其中合肥市在产业竞争力、可持续发展能力、城市创新能力、城乡融合发展等方面均排名第一。安徽城市产业竞争力 2017 年排名前五的城市分别为合肥、芜湖、马鞍山、铜陵、亳州；在可持续发展能力方面，合肥、芜湖和马鞍山排名前三；城市创新能力排名前五的城市分别为合肥、芜湖、滁州、阜阳和马鞍山；在城乡融合发展方面排名前五的城市分别为合肥、马鞍山、芜湖、亳州和蚌埠；城市生态环境质量排名前五的城市分别为蚌埠、合肥、黄山、六安、池州。

三是城镇化进程不断加快，城市空间布局不断完善。随着城镇化进程的快速推进，安徽省城镇化的空间布局逐渐呈现有疏有密的"集聚型城镇空间，开敞型生态空间"以及大小中心城市和特色小城镇的格局；通过加快合肥、芜马两大经济圈的建设，培育阜阳、蚌埠、黄山、安庆四大增长极，推进滁州、亳州都市区的建设，加快推进沿江、淮合芜宣城市带的发展，形成"两圈两带一群"，进一步凸显城市规模经济优势，全面实现对接长三角的东向发展城镇化空间格局；以中心城市为主导引领周边城市的发展，加快特色小镇建设，形成层次鲜明、结构合理的安徽城镇化体系。

四是安徽城市群整体快速发展，但是城市群内部发展出现了不均衡。安徽省皖江城市带、合肥都市圈与皖北城市群整体呈现稳步增长态势，其中皖北城市群经济规模较小，经济发展水平有待提高；通过对三大城市群经济指标以及经济密度的比较可知，城市群内城市发展不均衡，发展差距较大，合肥、芜湖等市经济实力较强，但作为区域中心城市，自身的辐射带动作用相对不足，对周边城市的带动作用不突出。皖北城市群中城市发展缓慢，经济较为落后；应积极推进合肥成为全国性交通运输枢纽，完善以合肥为中心的交通网络，加快区域内城际高速铁路建设。同时，加强安庆、芜湖、铜陵、马鞍山、蚌埠、阜阳等区域交通枢纽功能，构建立体化交通走廊，有效加强交通对城市群发展的支撑带动作用，强化合肥以及三大城市群的经济辐射，完善区域一体化网络布局，形成以合肥市为核心的增长极，做大做强地区区域中心城市，提高城市人口吸纳能力，全面提升中心城市能级，发挥区域中心城市在全省城镇化中的辐射带动作用，形成核心引领、中心带动、大中小城市及小城镇协调发展的城镇体系；促进中心城市融合发展，加快芜马、安池铜、蚌淮（南）、宿淮（北）城市组群建设，推动城市规划的统筹协调、基础设施的共建共享、产业发展的合作共赢、公共事务的协作管理，提高城市整体竞争力。

二 安徽发展大中城市的实践与经验

随着中心城市的辐射带动作用不断加大，以及大城市群的影响不断扩大，国家对大城市发展进行控制的方针开始转变，安徽也在适应这一变化过程，开始了大中城市的发展与建设。安徽大中城市的发展与建设主要体现在以下方面。

1. 安徽大中城市建设与扩张的实践

安徽大中城市建设与扩张是通过增加城市数量、扩大城市面积与规模、实施新型城镇化战略以及改革户籍制度来实现的。

一是增加大中城市的数量。最直接的是实施地改市政策，增加中等城市的数量。到 2000 年底，全省地改市工作基本完成，建制市数量增加到 17 个。2011 年，巢湖市由地级市改为县级市，建制市数量为 16 个。通过地改市，扩大了地级城市的数量，推进了城市化进程。

二是扩大城市面积和规模。不断调整城市行政区划，把县和乡镇并入市辖区，扩大城市范围和规模，为城市发展留下足够的空间。如 2001～2011 年，分别对马鞍山、合肥、蚌埠、淮南、六安、芜湖等城市辖区的行政区域进行了调整，重点是调整市辖区布局，破解郊区包围城区难题，并适度扩大市区范围。通过连续区划调整，扩大了城市规模。2000 年安徽城市市区面积为 24858 平方公里，建成区面积为 886 平方公里。2017 年安徽城市市区面积为 28866 平方公里，建成区面积为 1858 平方公里。

三是加快新型城镇化进程。在新型城镇化建设过程中实施了"11221"工程。2011 年，安徽省出台了《中共安徽省委、安徽省人民政府关于加快新型城镇化进程的意见》（皖发〔2011〕27 号），明确提出"十二五"时期，重点组织实施"11221"工程，推动合肥市建设成为全国有较大影响力的区域性特大城市，建设以芜湖市为中心的滨江城市组群，形成 6 个城镇人口 100 万人以上的特大城市、8 个城镇人口 50 万人以上的大城市；推动 20 个以上具有较强实力的县城加快发展成为县级中等城市，在 150 个省扩权强镇试点镇的基础上，再选择培育 50 个左右中心镇，共培育 200 个左右中心镇；在大别山连片扶贫攻坚地区、重点景区、农村危房改造集中点、整体推进农村土地整治示范建设点、农村环境连片整治示范村、历史文化名村、产业特色村及其他具备条件的中心村，组织开展"万村整治"工作。通过实施"11221"工程，做大了大中城市的规模。

四是推进户籍制度改革。进入 21 世纪，安徽省开始推进户籍制度改革，相继出台了《安徽省公安厅关于进一步改进户籍管理推进城镇化进程的意见》《安徽省人民政府办公厅关于积极稳妥推进户籍管理制度改革的意见》《安徽省流动人口居住登记办法》，在这些政策红利下，全省异地城镇化特征明显，除合肥、马鞍山两市外，其他 14 个省辖市均为人口净流出市，阜阳、宿州、滁州、六安、安庆、亳州等农业人口大市的外出人口之和占全省总外出人口的 3/4 以上。全省城镇人口向特大城市和县城集聚，中心城市人口占城镇人口比例约为 45%，县级城市人口占城镇人口的比例约为 40%，小城镇仅占 10%。

2. 安徽大中城市建设与扩张的经验总结

安徽的发展急需大中城市的发展作支撑，在大中城市建设发展壮大过程中，安徽大中城市建设与扩张形成的经验主要有以下方面。

一是再造新城。由于安徽原有地级城市较小，在实施旧城改造的同时向外扩张成为必然选择。如合肥早在 20 世纪 80 年代开始旧城改造，90 年代在提出建设现代化大城市的同时提出"再造新合肥"。1990 年 10 月，合肥高新技术产业开发区建设正式启动，随后合肥经济技术开发区，新站综合开发试验区，龙岗综合开发区，双凤、桃花、蜀山等工业园区相继建立，通过开发区建设加快了城市经济规模扩张，增大了城市人口容量，市区面积得到拓展。"十二五"期间，合肥市进一步部署实施"141"城市空间发展规划，即在合肥城镇密集区范围内构建 1 个主城、4 个外围城市组团、1 个滨湖新区的总体空间框架。主城区包括老城区、政务文化新区等城市建设区，向东、西南、西、北方向建设 4 个城市副中心，沿巢湖兴建一个生态型、现代化的滨湖新区。4 个外围组团分别是由店埠、撮镇为主的东部组团，由双墩、新站试验区、庐阳工业园区构成的北部组团，由高新技术开发区、蜀山产业园、科技创新示范基地组成的西部组团，由经济技术开发区、上派镇及滨湖新区组成的西南部组团。合肥仅是安徽城市拓展的一个代表，从 20 世纪 90 年代开始，省内的芜湖、安庆、蚌埠、铜陵等市都先后依托开发区、政务新区，建设新城区，扩大了城市规模。

二是建设各类开发区和新区。其一是建设开发区。1991 年 3 月，国务院批准合肥科技工业园等 27 个高新技术产业开发区为首批国家级高新技术产业开发区，合肥科技工业园随后更名为合肥高新技术产业开发区。芜湖经济技术开发区也于 1993 年 4 月由国务院批准设立，是安徽省第一家国家级经济技术开发区。随后，安徽省开发区开始蓬勃发展，安庆经济技术开发区 1993 年被安徽省政府批准为全省首批省级开发区，马鞍山经济技术开发区于 1995 年经安徽省政府批准设立。2003 年后国务院部署了清理整顿开发区工作。安徽省开发区数目由 333 个减为 111 个，规划用地面积由 1715 平方公里降为 525.5 平方公里，开发区发展建设驶入了良性循环的轨道。2009 年国务院批准皖江城市带承接产业转移示范区后，全省加大了承接产业转移的载体建设，加快开发区扩区升级，开发区发展迎来了快速发展时期。截至 2014 年底，安徽省共有大小各类开发区 175 家，其中国家级开发区 19 家，省级正式开发区 72 家，省级筹建开发区 63 家，新型园区 21 家；占地面积总共 4288 平方公里，已建成面积 1709 平方公里，其中工业用地 1062.4 平方公里，工业用地占建成区面积的 62.17%。全省开发区规模以上工业增加值 6064 亿元、固定资产投资 9740 亿元、财政收入 1396 亿元、实际利用外资 81.4 亿美元、进出口总额 273 亿美元，分别占全省总量的 63.6%、45.8%、38.1%、66.0%、55.4%，开发区已成为全省城市，尤其是地级城市发展的重要力量。其二是建设大学城。随着高等院校扩大招生，一些大学原校区已满足不了发展的需要，一些城市建有专门供大学发展的新校区。如合肥市的中国科学技术大学、合肥工业大学、安徽大学、安徽建筑大学等都在新地点建有校区，面积比原来的校区增大了。其他的如安徽师范大学（芜湖）、安徽财经大学（蚌埠）、安庆师范大学（安庆）也都有新校区。这些学校的新校区建设一方面适应学校发展需要，另一方面扩大了城市市区，形成城市专门的大学城，发挥了功能区的作用。其三是政务中心的兴建带动了城市产业布局调整。由于历史的原因，城市的行政机关多设在老市区，不仅面积小而且影响城市商业区的发展。政务区搬迁到城市的边缘地区，腾出商业区，既改变了城市的商业布局，又带动了新区的发展。如合肥市的政务区选址在该市的西南，1999 年选址，2002 年 4 月完成总体规划，占地 12.6 平方公里，这里原先是城市中的农村，政务区搬迁进入之后，迅速成为市区，带动了房地产业和商业的发展。合肥市的滨湖新区，位于合肥主城区东南部，南依巢湖，北靠二环南路，西接沪蓉高速公路，东临南淝河，规划用地面积约 190 平方公里，是合肥从环城时代迈向滨湖时代的一个重要标志。滨湖新区于 2006 年正式启动建设，成为未来合肥通过巢湖走入长江、融入长三角的水上门户，是合肥未来新形象的集中展示区，也是合肥对外交流和发展的重要窗口。安徽省委、省政府 2017 年由合肥市长江路搬到合肥滨湖新区，带动了滨湖新区的发展。芜湖、蚌埠、六安等市市政府从闹市区中心向周边搬迁，置换出原有城市的稀缺资源，对促进城市发展、改变城市布局无疑起到了重要作用。

三是旧城及棚户区改造。安徽各市对旧城进行更新改造，有的是通过集中城区成片改造，迅速改变城区面貌；有的是对重要街区、水域、道路进行改造，提升城市功能。旧城改造为安徽的城镇建设和发展做出了重要贡献。安徽省最早开展旧城改造的是合肥市。1983 年 8 月合肥市的城市总体规划中，针对当时道路狭窄、房屋低矮破旧、交通拥挤、市容景观差的状况制定了"收缩布局、控制征地、合理填补充实、分段改造旧城"的城内翻新、城外连片的城市建设方针。当年 10 月从社会筹集 180 万元资金，拉开了旧城改造的序幕。当时主要是对长江路西段和金寨路北段进行改造，探索并总结了"统一规划、合理布局、综合开发、配套建设"的经验，工作重点是对交通进行改善，调整网点，美化城市，获得城乡建设部的充分肯定。此后，合肥市经过 10 年的连续作战，吸引社会资金 5.8 亿元，开发面积 101.7 万平方米，相继改造了长江路西段、金寨路北段、安庆路西段、寿春路中段、淮河路西段等 5 条路线，新建了明光、益民、团结大庆巷、梅山路等 14 个住宅小区和建筑组团，开发了城隍庙、七桂塘两个大型步行商业街，建成了金融大厦、九州大厦、天都大厦、黄山大厦、供电大楼、省保险公司大楼、省建行营业楼等 7 座高层建筑以及青云楼、十字街食品商业楼等，同时加快了市政建设。合肥的旧城改造工作被作为经验向全国推广。合肥市道路改造成为全省城市更新改造的先行者，带动了其他城市的改造，创造出各具特色的模式。马鞍山雨山湖综合整治工程以水系整治为突破口，集引水、排水、绿化及游览为一体，先后对南北湖水系进行综合整治，实施了清淤、截污等工程，有效地实行了雨污分流，改变了昔日淤泥沉积、沼泽腐臭的问题。同时对周边违章建筑进行拆除，大面积营造绿地，对面积达 3.14 公顷的花雨园林文化广场进行改造建设，加强湖区周边山体绿化建设，完善环湖绿地系统，为广大市民开辟了新的园林绿地空间，极大地改善了城市居住环境。此外，芜湖市镜湖、安庆市菱湖公园建设以及六安市淠史杭综合整治工程也都取得了明显效果。

四是撤销城市的郊区。新中国成立以来，安徽是一个以农业为主的省份，一个显著的特色是安徽的城市规模一直都较小，城市的四周都是农村，安徽城市多是农村包围的城市。为此，在城市的外围一般都设置了郊区。当时设置郊区的目的是以郊区来保障城市居民的副食品供给。因此，在那个年代，虽然以粮为纲，但是城市郊区的农民却是主要从事蔬菜、猪肉等副食品的生产。他们吃的粮食由国家统一供给，但他们的社会保障、子女就业、医疗卫生等方面均不同于城市的市民，所以城市的郊区仍然是农村，郊区的居民仍然是农民。随着改革开放的不断深入，市场化发展快速推进，农民有了更多的生产自主权，其他农村地区也开始按照市场的需求来生产副食品，城市农产品的供给不断丰富，郊区作为专门的副食品生产基地的作用不断弱化，反而郊区借助其近城优势，乡镇企业发展迅速，郊区城市化也在快速推进。安徽省不断调整城市行政区划，把县和乡镇并入城区，扩大城市范围和规模，为城市发展留有足够的空间。如2001年以来，分别对马鞍山、合肥、蚌埠、淮南、六安、芜湖等城市辖区的行政区域进行了调整，重点是调整市辖区布局，破除郊区对城区的包围，并适度扩大了市区范围。通过连续的区划调整，扩大了城市规模。

第三节　各具特色的安徽大中城市发展

新中国成立70多年来，安徽大中城市得到了较为快速的发展与壮大。根据2018年《安徽统计年鉴》中的统计，在安徽16个省辖市中，2017年市区常住人口超过100万人的Ⅱ型大城市有合肥、淮南、芜湖3个城市，市区常住人口50万~100万人的中等城市有淮北、亳州、宿州、蚌埠、阜阳、六安、马鞍山等7个城市，市区常住人口20万~50万人的Ⅰ型小城市有滁州、宣城、铜陵、池州、安庆、黄山等6个城市（见表3-2）。

表3-2　2017年安徽各城市人口情况

地区	全市常住人口（万人）	市辖区常住人口（万人）	地区城市化率（%）	市区常住人口（万人）	全市生产总值（亿元）	其中：市区生产总值（亿元）	市区人均生产总值（元/人）	全市建成区面积（km²）	市区生产总值占全省比例（%）	市区生产总值占合肥都市圈比例（%）	市区生产总值占皖江城市带比例（%）	市区生产总值占皖北城市群比例（%）
总计	6254.79	2186.80	53.49	1227.52	27423.21	14403.95	—	1858.00	—	—	—	—
合肥市	796.53	385.40	73.75	284.23	7003.05	4656.21	163816.95	461.00	16.98	28.69	24.85	—
淮北市	222.79	118.30	63.61	75.25	924.01	627.21	83349.47	88.00	2.29	—	—	9.41
亳州市	516.88	149.90	39.77	59.62	1149.79	386.15	64773.72	69.00	1.41	—	—	5.80
宿州市	565.69	173.00	41.56	71.90	1466.45	606.72	84385.27	82.00	2.21	—	—	9.11
蚌埠市	337.67	121.60	55.31	67.26	1550.66	844.60	125578.08	147.00	3.08	—	—	12.68
阜阳市	809.26	197.70	41.75	82.54	1571.12	537.12	65074.10	130.00	1.96	—	—	8.06
淮南市	348.70	172.70	63.46	109.60	1060.18	629.33	57423.02	104.00	2.29	3.88	—	—
滁州市	407.62	58.80	51.89	30.51	1604.39	429.60	140800.20	87.00	1.57	2.65	2.29	—
六安市	480.03	198.30	45.41	90.05	1168.05	465.53	51697.97	78.00	1.70	2.87	—	—
马鞍山市	230.16	95.60	67.89	64.90	1710.09	1042.54	160630.88	98.00	3.80	6.42	5.56	—
芜湖市	369.62	166.50	65.05	108.31	2963.26	1802.42	166415.76	175.00	6.57	11.11	9.62	—
宣城市	261.38	81.10	53.69	43.54	1185.56	323.83	74370.86	58.00	1.18	—	1.73	—
铜陵市	160.80	75.00	55.79	41.84	1122.10	881.34	210632.73	81.00	3.21	—	4.70	—
池州市	144.93	62.10	53.67	33.33	624.35	345.35	103618.25	38.00	1.26	—	1.84	—
安庆市	464.29	82.80	48.57	40.22	1708.83	557.07	138519.63	92.00	2.03	—	2.97	—
黄山市	138.44	48.00	50.90	24.43	611.32	268.93	110072.86	70.00	0.98	—	—	—

说明：本表基础资料来源于2018年《安徽统计年鉴》。

本表中的"市区常住人口"是根据"市辖区常住人口"乘以"地区城市化率"得来的。

在安徽目前省直辖的 16 个地市级城市中，由于受皖北人口大市和皖南人口小市的影响，各市发展的规模和水平虽不平衡，但对户籍人口有 7059 万人（常住人口也有 6225 万人）的全省而言，多数城市的发展潜力较大。根据现有的人口规模，对标新标准，结合区域经济发展、交通发展趋向、城市的资源环境承载能力以及相关的城市规划等方面因素，全省 16 个城市在 2020～2030 年的 10 年间，多数城市均有可能提升一个城市规模层级，从而形成一个结构更加合理的城市体系。

一 特大城市的发展

按照我国 2014 年颁布的城市规模新标准，建成区人口为 500 万～1000 万人的城市为特大城市。没有特大城市作为全省的经济中心，是安徽经济长期落后的重要原因之一。2005 年以后，省会合肥快速发展，可以培育和发展为新兴的特大城市。

合肥市是全省第一大城市。2017 年城区人口 284.23 万人，建成区面积 461 平方公里，市区生产总值 4656.21 亿元，占全省生产总值的 16.98%，占合肥经济圈生产总值的 28.69%，占皖江城市带生产总值的 24.85%，人均 GDP 为 163816.95 元，居全省第 3 位，是全省平均水平（43401.36 元）的 3.77 倍。

合肥市通过高标准规划建设国家级滨湖新区（滨湖科学城），加快"大湖名城、创新高地"建设，加快全国性综合交通物流枢纽建设，发挥合肥要素集聚和综合服务优势，积极发展服务经济和创新经济，成为长三角世界级城市群副中心城市、"一带一路"重要节点城市、综合性国家科学中心城市、长江经济带具有重大影响力的区域性特大城市、具有国际影响力的创新之都。

合肥市在产业上以长三角城市群主导产业关键领域创新和新兴产业发展为重点，建设新型显示、智能语音、汽车及新能源汽车、生物医药和高端医疗器械、智能家电等有全球影响力、竞争力的主导产业和新兴产业基地。目前，具有优势的产业是装备制造、家电、汽车。其中：装备制造业以叉车、液压机居全国领先水平，叉车总产量居全国首位，产品出口海外；家电产业以家用电冰箱、洗衣机为主，有海尔、美的、荣事达等名牌，家用电冰箱产量居全国首位，全国市场占有率达三成以上，家用洗衣机产量居全国第二位，全国市场占有率达二成以上；汽车产业发展也很快。近年来又重点发展电子信息、节能环保、生物医药、公共安全等战略性新兴产业，其中，新型显示产业获批为国家战略性新兴产业区域集聚发展试点。2018 年全年规模以上工业增加值比上年增长 11.3%。规模以上工业中，37 个工业大类行业有 22 个增加值保持增长。汽车及零部件、装备制造、家用电器、食品及农副产品加工、平板显示及电子信息、光伏及新能源六大主导产业增加值比上年增长 15.6%，占规模以上工业增加值的 64.4%，比上年提高 0.8 个百分点。其中平板显示及电子信息产业增长 31.4%，家用电器制造业增长 19.0%。规模以上工业出口交货值比上年增长 17.7%。规模以上工业统计的主要产品产量中，彩色电视机、家用电冰箱分别比上年增长 68.6% 和 6.4%，太阳能电池增长 17.9%，微型计算机设备增长 28.4%，液晶显示屏增长 2.4%，挖掘机增长 15.1%，新能源汽车增长 107.3%。此外，有 6 条铁路、2 条高铁、7 条高速公路在合肥交会，合肥已与长三角主要城市间形成"1 至 2 小时交通圈"；以巢湖生态文明先行示范区建设为契机，加快推进环巢湖国家旅游休闲区的建设；以高水平建设综合保税区、出口加工区等对外开放的大平台；加快滨湖新区金融功能国际化，复制自贸区国际投资贸易体制机制，将合肥打造成为承接长三角、辐射中部的区域性金融中心城市；通过深度挖掘历史文化内涵资源，打造具有安徽特色的国际文化名城；重点提升合肥国际化水平，加快与国际化城市之间的交流合作，完善与国际化城市之间相匹配的产业、服务、创新、集散等主要功能，增强合肥对国际要素资源的吸引力，为积极推进新一轮开放搭建更高平台；增大培养和引进国际高端素质人才的力度，建立健全与国际接轨的人才培养开发、流动配置和管理服务等机制，加快建设合肥国际化人才高地。合肥市在全省产业分工格局中的功能定位是，打造全国重要的现代产业基地和综合交通枢纽，合肥市将建设成为在全国具有较大影响力的区域性特大城市，并成为长三角城市群功能完善的副中心。

根据相关规划：到 2020 年，将合肥市发展为城区常住人口达 550 万人，建成区面积超 550 平方公里的特大城市；2030 年城区常住人口超 600 万人，建成区面积超 600 平方公里。照城市规模的新标准，未来合肥市有可能发展为特大城市。

二　大城市的发展与提升

安徽省现有百万人以上人口规模的大城市除合肥外，还有芜湖、淮南两市。目前两市均是常住人口在 110 万人左右的大城市，虽然两城市在改革开放以后发展快，但随着长三角一体化发展的深入，芜湖市有可能从Ⅱ型大城市（城市常住人口 100 万人以上 300 万人以下）向Ⅰ型大城市（城市常住人口 300 万人以上 500 万人以下）方向发展；淮南市市区常住人口规模也有可能翻番。

芜湖市，皖江第一大城市。2017 年城区人口 108.31 万人，建成区面积 175 平方公里，市区生产总值 1802.42 亿元，占全省生产总值的 6.57%，占合肥经济圈生产总值的 11.11%，占皖江城市带生产总值的 9.62%，人均 GDP 为 166415.76 元，居全省第 2 位，是全省平均水平的 3.83 倍。2011 年芜湖将地级巢湖市的无为、居巢区和庐江县划归所辖后，扩大了发展空间。根据芜湖市的发展条件和战略地位，芜湖市的发展方向，应是建设成为在长江流域具有重要影响力的地区性特大城市，皖东南及皖南地区的中心城市。芜湖市作为长三角城市群的重要节点城市以及皖江开发开放、承接产业转移发展的龙头城市，未来将重点打造成全国重要的先进制造业示范基地、现代物流中心城市、区域性综合交通枢纽和国家创新型城市，建成具有重要影响力的长江经济带上的现代化大城市。

在产业上，芜湖市已形成装备制造、汽车及零部件、材料、电子电器、电线电缆五大优势产业。2018 年全年规模以上工业企业实现增加值比上年增长 8.8%。规模以上工业主要产品产量及比上年增幅分别为：水泥 1626.32 万吨，增长 9.7%；钢材 534.94 万吨，增长 15.6%；铜材 26.05 万吨，增长 4.1%；新能源汽车 5.92 万辆，增长 110.4%；发动机 5134.01 万千瓦，增长 8.7%；工业机器人 4606 套，增长 14.2%；电力电缆 119.92 万千米，增长 6.9%；空调 1783.50 万台，增长 2.3%；汽车仪表 497.05 万台，增长 1.6%；发电量 182.80 亿千瓦时，增长 6.1%。其中：汽车及零部件产业形成了以奇瑞为龙头，200 多家零部件产业相配套的产业体系，具有自主知识产权的奇瑞轿车年产已超过 50 万辆；材料产业以水泥、铸管为主；电子电器产业中家用空调最有优势；电线电缆产业主要是特种电线电缆，是全国四大电线电缆产业基地之一和国家特种电线电缆知名品牌创建示范区。近年来，芜湖市在承接产业转移示范区建设中，又重点发展新能源汽车及高端装备制造、电子信息、新材料、节能环保四大战略性新兴产业，其中，机器人、新型显示产业获批为国家战略性新兴产业区域集聚发展试点，产业优势明显。芜湖市在全省产业分工格局中的功能定位是皖江地区开发开放的龙头、长三角地区重要的先进制造业基地、安徽省现代物流中心和区域性交通枢纽，并努力建设成为长江流域具有重要影响的滨江大城市和全省的次中心城市。

根据相关规划：芜湖市到 2020 年，城区人口规模超 200 万人，建成区面积超 200 平方公里；2030 年城区人口 250 万～300 万人，建成区面积超 250 平方公里。照城市规模的新标准，芜湖市未来有可能发展为 Ⅰ 型大城市。

淮南市，因煤炭开发而兴的资源型城市。2017 年城区人口 109.60 万人，建成区面积 104 平方公里，市区生产总值 629.33 亿元，占全省生产总值的 2.29%，占合肥经济圈生产总值的 3.88%，人均 GDP 为

57423.02 元，居全省第 15 位，是全省平均水平的 1.32 倍。淮南市煤炭资源丰富，是处于稳定开发期的资源型大城市。淮南市目前正在建设大型现代煤化工基地，发展前景好，未来可成为合肥都市圈的副核心城市。

在产业上，淮南市具有优势的产业是煤炭、火电、煤化工、矿山机械制造。2018 年全市规模以上工业增加值增长 4.1%。其中，采矿业下降 2.2%，制造业增长 10.0%，电力、热力、燃气及水生产和供应业增长 14.6%。规模以上工业中，34 个工业大类行业有 18 个增加值保持增长。其中，家具制造业增长 69.9%，造纸和纸制品业增长 36.6%，仪器仪表制造业增长 35.7%，电气机械和器材制造业增长 26.5%，纺织服装、服饰制造业增长 25.5%，通用设备制造业增长 21.4%，汽车制造业增长 19.7%，电力、热力生产和供应业增长 15.5%，农副食品加工业增长 13.0%。工业结构持续优化：全年装备制造业增加值增长 14.9%，高技术产业增加值增长 26.9%；战略性新兴产业产值增长 19.6%，占规模以上工业比重达 14.2%。在规模以上工业统计的主要产品产量中，原煤下降 3.2%，洗煤下降 32.7%，发电量增长 12.1%。全年全市规模以上工业发电装机容量 1519.5 万千瓦，其中燃煤火电 1441.6 万千瓦，新能源和可再生能源 82.0 万千瓦。淮南一半左右的煤电输送到长三角地区。长期以来，淮南煤电产业产值占全市工业总产值的 80%。针对这种情况，2008 年以后，该市积极探索"立足煤、深化煤、超越煤"的结构转型路子，大力发展煤化工和非煤产业，正在兴建的现代煤化工产业基地将会形成千亿元的产值规模，市场前景很好。在矿山机械制造方面，掘进机、采煤机、刮板运输机及整体液压支架的"三机一架"制造具有传统优势，是全国重要的矿山机械制造基地。此外，淮南市是 18 个有地方立法权的"较大城市"之一，交通条件也有根本性改善。淮南市在全省产业分工格局中的功能定位是，打造长三角地区重要的能源基地、煤化工基地和矿山机械制造基地，并努力建设成为依山傍水、生态优美的淮河流域现代化大城市。

根据相关规划：淮南市到 2020 年，包括北部新城，可发展成为城区人口 150 万左右、建成区面积 150 平方公里左右的大型城市；2030 年城区人口 200 万人，建成区面积超 200 平方公里。按照城市规模的新标准，淮南市未来仍可能发展为Ⅱ型大城市。

三 中等城市的发展与提升

目前，安徽市区常住人口超过 50 万人以上的城市有六安、阜阳、淮北、宿州、蚌埠、马鞍山、亳州 7 个中等城市，7 个城市均是区域中心城市。随着安徽经济的进一步发展，根据各市的人口分布、生产力布局、城市基础与承载力条件，六安、阜阳、淮北、蚌埠、马鞍山 5 所城市，人口规模可能超过 100 万人，达到Ⅱ型大城市的规模；宿州、亳州 2 所城市，人口规模可能接近 100 万人，接近Ⅱ型大城市的规模。

六安市，大别山在安徽的门户、皖西地区的经济中心，也是大别山地区的新兴城市。2017 年城区人口 90.05 万人，建成区面积 78 平方公里，市区生产总值 465.53 亿元，占全省生产总值的 1.70%，占合肥经济圈生产总值的 2.87%，人均 GDP 为 51697.97 元，居全省末位，是全省平均水平的 1.19 倍。近年来，该市积极提升城市功能，加之交通条件的改善，可以发展成为大别山地区功能较强、规模较大的新兴城市。

在产业上，20 世纪 60 年代兴办的一批"三线"工业，为该市奠定了工业发展基础，机械制造、电子器材、农副产品加工是该市的优势产业。在机械制造方面，精密铸造技术先进，市场占有率高；在电子器材方面，节能电器起步较早、规模较大、竞争力较强；在农副产品加工方面，白酒、蔬菜、饲料生产具有优势；近年来在北部的霍邱县发现了储量大、品质高的铁矿，矿产资源加工也逐渐成为优势产业。此外，该市旅游资源丰富且具有特色，交通条件更有极大改善。六安市在全省产业分工格局中的功能定位是：充分发挥生态与资源优势，建设全省重要的农副产品基地、矿产资源加工基地和休闲旅游度假目的地，建设成为大别山区域重要的中心城市、合肥市经济圈与武汉经济圈的纽带。

根据相关规划：2020 年，六安市城区人口可达 65 万人，建成区面积 65 平方公里；2030 年，城区人口可达 100 万人，建成区面积 75 平方公里。按照城市规模的新标准，六安市可发展为 Ⅱ 型大城市。

阜阳市，位于皖西北，历来是皖豫接壤地带的物资集散地，也是皖西北地区的经济文化中心，是中原经济区重要城市，新兴能源和煤化工产业基地、农副产品加工基地、循环经济示范基地、区域商贸物流中心、区域性综合交通枢纽，将建设成为带动皖西北发展的区域中心城市。2017 年城区人口 82.54 万人，建成区面积 130 平方公里，2017 年市区生产总值 537.12 亿元，占全省生产总值的 1.96%，占皖北城市群生产总值的 8.06%，人均 GDP 65074.10 元，居全省第 13 位，是全省平均水平的 1.50 倍。随着 20 世纪 90 年代京九铁路的通车和 2010 年合淮阜高速公路的兴建，阜阳市对外交通更为便捷，人流、物流骤增，也增加了与周边地区的分工合作机会，带动了全市工业的快速发展。

在产业上，目前阜阳市已形成优势的主要有煤炭、化工、农副产品加工业、废旧资源回收及再利用。与上年相比，2018 年阜阳市采矿业增长 4.4%，制造业增长 11.7%，电力、热力、燃气及水生产和供应业增长 19.0%。规模以上工业中，35 个工业行业大类有 30 个行业增加值保持增长。其中，有色金属冶炼和压延加工业增长 43.4%，黑色金属冶炼和压延加工业增长 31.5%，医药制造业增长 30.3%，金属制品、机械和设备修理业增长 25.1%，电力、热力、燃气及水生产和供应业增长 19.7%，橡胶和塑料制品业增长 19.6%，家具制造业增长 14.4%，烟草制品业增长 14.0%，电气机械和器材制造业增长 13.2%，农副食品加工业增长 9.4%，纺织业增长 7.9%。高新技术产业增加值增长 23.2%，战略性新兴产业产值增长 21.2%。战略性新兴产业集聚发展基地工业总产值增长 24.5%，其中太和医药基地工业总产值增长 26.8%。规模以上工业统计的主要产品产量中，塑料制品、多色印刷品、电力电缆、卷烟、家具、复合木地板、服装、滚动轴承分别比上年增长 29.2%、29.1%、13.8%、8.5%、8.4%、8.2%、8.0%、4.7%。

21 世纪以来，阜阳市重视发展循环经济，在废旧资源回收及再利用方面有新的突破。其代管县级市界首市有对电动车旧蓄电瓶回收、冶炼并再生产新蓄电瓶的传统，有 5 万多名回收员遍及全国 20 多个省、自治区，年回收废旧电瓶、含铅废物 50 多万吨，年再生铅能力 40 万吨，是国家循环经济试点园和首批"城市矿产"示范基地。阜阳市在全省产业分工格局中的功能定位是：全省重要的新兴能源、煤化工产业和农副产品加工基地，皖豫接壤地带的商贸物流中心，可建设成为南中原地区的经济文化中心和皖西北地区大城市。

根据相关规划：到 2020 年，阜阳市城区人口规模 150 万人左右，建成区面积 150 平方公里左右；2030 年，城区人口 250 万人左右，建成区面积 250 平方公里左右。该市具有腹地广阔、资源较为丰富的优势，按照城市规模的新标准，未来则可能是 II 型大城市。

淮北市，是新兴煤炭工业城市，也是国家资源枯竭型转型试点城市。2017 年城区人口 75.25 万人，建成区面积 88 平方公里，市区生产总值 627.21 亿元，占全省生产总值的 2.29%，占皖北城市群生产总值的 9.41%，人均 GDP 83349.47 元，居全省第 11 位，是全省平均水平的 1.92 倍。

在产业上，淮北市较早注重发展非煤产业，是国家第二批资源型城市转型试点城市，转型发展成效显著。煤电化是该市的三大支柱产业。由于煤炭资源趋于枯竭，淮北市在产业结构转型中逐步发展起矿山机械、纺织、食品工业。2018 年全年完成全部工业增加值 494.9 亿元，比上年增长 0.3%，工业化率 50.2%。与上年相比，全市 37 个工业行业中有 20 个行业增加值实现增长，其中电力行业增长 17.8%，煤化工行业增长 31.2%，食品工业增长 9.4%，纺织服装业增长 1.7%。非煤工业占全市工业增加值比重为 50.7%，比上年降低 11.3 个百分点。全年战略性新兴产业产值占规模以上工业产值比重达到 15.7%；高新技术产业增加值增长 3.3%，占规模以上工业产业增加值比重达到 24.8%，比上年提高 3.7 个百分点。在重点统计的 12 种工业产品中：

发电量 222.5 亿千瓦时，增长 9.5%，工业增加值比上年增长 17.8%；食品加工工业增加值比上年增长 9.4%。主要产品产量：小麦粉 122.1 万吨，比上年增长 9.7%；服装 4296.1 万件，增长 2.4%；焦炭 404.1 万吨，增长 19.1%；白酒 40709 千升，增长 0.3%。淮北市在全省产业分工格局中的功能定位是：全国资源枯竭型转型发展先进城市，长三角地区重要的煤电化产业基地，全省重要的矿山机械制造和食品工业基地，宜居宜业的山水生态园林城市。

根据相关规划：2020 年，淮北市城区人口可达 90 万人，建成区面积 90 平方公里；2030 年，城区人口超 100 万人，建成区面积超 100 平方公里。按照城市规模的新标准，淮北市可发展为 Ⅱ 型大城市。

宿州市，位于皖北东部，与江苏、河南、山东三省接壤，交通十分便捷。21 世纪以来，宿州市抓住承接产业转移机遇，注重发挥劳动力、土地资源优势，引进和发展了一批工业项目，发展势头很好。2017 年城区人口 71.90 万人，建成区面积 82 平方公里，市区生产总值 606.72 亿元，占全省生产总值的 2.21%，占皖北城市群生产总值的 9.11%，人均 GDP 84385.27 元，居全省第 10 位，是全省平均水平的 1.94 倍。

在产业上，宿州市腹地广、资源丰，交通极为便捷，产业发展有特色，近年来随着新兴中国鞋城的崛起，城市规模还将进一步扩大。目前宿州市形成的主要优势产业有制鞋业、纺织服装业、农副产品加工业。2009 年，宿州开发区引进了百丽、康奈、东艺等著名制鞋龙头企业，吸引了上百家上下游企业集聚，很快建成了万人就业、产值超百亿元的"宿州鞋城"；纺织服装业大多是代工出口产品，用工成本低、具有竞争力。此外，近年来新兴产业有新的发展。与马鞍山合作在京沪高铁站外围共建新兴产业园，引进国内名校名院名所名家兴建"智慧云计算"基地，前景较好。与上年相比，2018 年，宿州市围绕生物医药、电子信息等十大重点产业，实施 200 项重点技改项目，技改投资增长 44.8%；高新技术产业增加值增长 27.6%，高新技术产业增加值占比和对工业经济增长贡献率持续提升；全市战略性新兴产业产值增长

20.1%，占规模以上工业比重提升至 10% 以上。宿州市在全省产业分工格局中的功能定位是：全国重要的鞋产业基地和"智慧云计算"中心，安徽省重要的农副产品加工基地，皖东北地区商贸物流中心，可建设成为皖苏豫鲁四省接壤地带新兴的中心城市。

根据相关规划：2020 年，宿州市城区人口可达 70 万人，建成区面积 80 平方公里；2030 年，城区人口可达 90 万人，建成区面积 90 平方公里。按照城市规模的新标准，宿州市未来可能仍是中等城市。

蚌埠市，作为 20 世纪初开始形成的新兴工业城市和皖北地区交通枢纽，既是安徽省老工业基地和皖北地区的中心城市，又是合芜蚌自主创新试点城市，工业发展基础较好，工业产值曾位居全省前列，现已退居全省中等水平。2017 年城区人口 67.26 万人，建成区面积 147 平方公里，市区生产总值 844.6 亿元，占全省生产总值的 3.08%，占皖北城市群生产总值的 12.68%，人均 GDP 125578.08 元，居全省第 7 位，相当于全省平均水平的 2.89 倍。根据自身发展条件和战略地位，蚌埠市将成为淮河生态经济带和淮蚌合芜宣发展（轴）带的重要节点城市，区域性综合交通和内河航运枢纽，全省乃至全国重要的光伏、生物、精细化工、装备制造基地和现代商贸物流中心，淮河流域和皖北地区中心城市。

在产业上，蚌埠市有基础优势的产业是装备制造、纺织、生物、精细化工，近年来开始发展光伏产业。装备制造起步早，但曾一度发展放缓，近年来装备制造重振辉煌，生产了一些有竞争力的产品，如玻璃生产装备、大型压缩机、机电射频器等；纺织业基础较好，尤以印染为强；生物和精细化工业具有技术优势，拥有自主知识产权的柠檬酸总产量稳居全国第一、世界前列。光伏产业虽然起步晚，但技术层次高，前景看好。2018 年成功拉引世界最薄 0.12 毫米超薄浮法电子玻璃，超薄触控玻璃关键技术、成套装备开发及产业化项目荣获第五届中国工业大奖，推动我国在信息玻璃领域由"跟跑"变"领跑"；硅基、生物基产业产值分别突破 500 亿元、300 亿元，连续 3 年增速均超 20%。全市战略性新兴产业产值增长24%，占规模以上工业产值比重为35%；对工业增长贡献率超50%，居全省第1位。淮河生态经济带晋升国家战略平台，并成功加入长三角城市经济协调会。由于蚌埠市区位适中、交通便捷，商贸、物流和文化产业也具有优势，有皖北地区最大的光彩商贸和物流大市场。蚌埠市在全省产业分工格局中的功能定位是：安徽省乃至全国重要的光伏、生物、精细化工、装备制造基地和现代商贸物流中心，努力发展成为皖北地区的中心城市和带动皖北振兴的增长极。

根据相关规划：到2020年，蚌埠市城区人口规模150万人，建成区面积150平方公里；2030年，城区人口约200万人，建成区面积约200平方公里。按照城市规模的新标准，目标是发展成Ⅱ型大城市。

马鞍山市，地处皖江城市带的最东端，是新中国成立后因钢铁而兴的资源型城市，也是长三角与皖江城市带交通网络上的重要节点城市。2017年城区人口64.90万人，建成区面积98平方公里，市区生产总值1042.54亿元，占全省生产总值的3.8%，占合肥经济圈生产总值的6.42%，占皖江城市带生产总值的5.56%，人均GDP 160630.88元，居全省第4位，是全省平均水平的3.70倍。该市较早推行资源型城市转型，通过跨江发展，2011年将地级巢湖市的江北和县与含山县划归所辖后，扩大了发展空间，发展前景广阔。

在产业上，马鞍山市已形成钢铁、汽车、刀磨具三大优势产业。钢铁产业是马鞍山市的传统主导产业，马钢公司是全国十大钢铁公司之一；星马公司是全国最大的专用汽车生产商，产销量和市场占有率皆居全国第一；刀具磨机产业集中在博望，这是全国著名的刀磨具集聚区，已成为省级高新技术开发区。近年来，在承接产业转移示范区建设中，马鞍山市又积极发展高端装备、节能环保、电子信息、新材料、新能源等战略性新兴产业及服务外包业等，发展势头很好。2013年12月26日马鞍山长江大桥通车，马鞍山走上了跨江发展的新时期，加快了资源型城市向区域性中心城市转型的步伐。2018年马鞍山—南京—镇江城际铁路线获国家批复，马鞍山战略性新兴产业产值较上年增长19%，高新技术产业增加值增长 17%，获批建设国家创新型城市，获评国家知识产权示范城市，城市创新竞争力居全国第 67 位。马鞍山市在全省产业分工格局中的功能定位是：皖江地区开发开放的前沿，全国重要的铁基新材料和专用汽车生产基地，目标是建设成为融入长三角的新型工业和山水园林跨江大城市。

根据相关规划：2020 年，马鞍山市城区人口可达 90 万人，建成区面积 100 平方公里；2030 年，城区人口超 100 万人，建成区面积约 110 平方公里。按照城市规模的新标准，马鞍山市也可进入 II 型大城市行列。

亳州市，著名的"中华药都"，是黄淮海大平原南缘的历史文化名城。21 世纪以来，随着交通条件的改善和省委、省政府振兴皖北战略的推动，工业发展快速增长。2017 年城区人口 59.62 万人，建成区面积 69 平方公里，市区生产总值 386.15 亿元，占全省生产总值的 1.41%，占皖北城市群生产总值的 5.80%。人均 GDP 64773.72 元，居全省第 14 位，是全省平均水平的 1.49 倍。

在产业上，亳州市已形成优势的主要有中药材贸易与加工、采煤及煤化工、汽车及零部件、农副产品加工等。亳州盛产白芍等中药材，中药材交易历史悠久，是四大中华"药都"之一，正积极打造"世界中医药之都"，不断推动亳州现代中药产业转型升级。2017 年亳州中药材种植面积达 116.3 万亩，中药材标准化种植面积达 30.5 万亩，中药材专业市场购销额近 300 亿元；2017 年亳州医药制造业全年累计实现产值 342.1 亿元，同比增长 29.6%；累计实现工业增加值 77.8 亿元，同比增长 15.9%。截至 2017 年底：全市共有药业工业企业 161 家，通过 GMP 认证企业 157 家；全市共有中药高新技术企业 27 家，其中 2017 年新认定企业 10 家；全市现有国家级中药类工程研究中心 2 个、省级企业技术中心和省级工程技术中心 49 个、CNAS 认证检测中心 2 家，中药类院士工作站 5 个、博士后工作站 5 个。该市南部煤炭储量丰富，近年来已有大规模的开采，煤化工业开始起步；该市的蒙城县是皖北地区近年兴起的、唯一的汽车及零部件生产基地；农副产品加工业门类多、分布广，更以白酒著称，其中，有千年历史的"古井贡酒"是中国的十大名酒之一。此外，亳州是曹操、华佗故乡，历史文化遗迹甚多，养生文化旅游也有前景。亳州市在全省产业分工格局中的功能定位是：全国重要的现代中药产业和养生文化旅游基地，安徽省重要的农副产品加工基地，皖豫接壤地带的商贸物流中心和中心城市。

根据相关规划：2020 年，亳州市城区人口可达 65 万人，建成区面积 70 平方公里；2030 年，城区人口超 80 万人，建成区面积超 80 平方公里。按照城市规模的新标准，亳州市仍属于中等城市行列。

四　小城市向中等城市的发展与提升

目前，安徽省辖的宣城、铜陵、安庆、池州、滁州、黄山 6 个城市，城市城区常住人口均超过 20 万人不足 50 万人，均为Ⅰ型小城市的规模。在长三角一体化发展的带动下，区域经济将进一步发展，根据各市的人口分布、生产力布局、城市基础与承载力条件：宣城、铜陵、安庆、滁州 4 座城市，人口规模可能超过 50 万人，达到中等城市的规模；池州、黄山 2 座城市，人口规模可能会接近 50 万人，接近中等城市的规模。

宣城市，与苏浙接壤，是皖东南的历史名城，是安徽省最早提出融入沪苏浙的目标城市，也是融入效果最好的地级市。通过承接沪苏浙产业转移，既提升了当地的原有产业质量，又发展了新的产业。2017 年城区人口 43.54 万人，建成区面积 58 平方公里，市区生产总值 323.83 亿元，占全省生产总值的 1.18%，占皖江城市带生产总值的 1.73%，人均 GDP 74370.86 元，居全省第 12 位，是全省平均水平的 1.71 倍。

在产业上，宣城市目前具有优势的产业主要有机械装备、汽车零部件和农副产品加工业。机械装备业从工业泵、高效发动机、数控机床到节能环保设备制造，形成了分工协作的制造业产业链；汽车零部件业门类较广，上规模、高质量的有密封件、液压件、铸锻件、电子元器件、模具、传动装置等关键基础件制造；农副产品加工业主要是对绿色、有机、高品质的农副产品进行加工，产品大多直销上海、南京、苏州、杭州、宁波等长三角城市，基本上是"农超对接"，产品供不应求。此外，还有以宣纸为代表的"文房四宝"生产和以敬亭山、桃花潭为代表的旅游业，都独具特色、影响力强。宣城市在全省产业分工格局中的功能定位是：面向长三角的现代制造业基地、出口加工替代基地、优质农副产品供应基地、旅游休闲目的地，全省重要的机械装备、汽车零部件产业基地，目标是建设成为苏浙皖交会区域的中心城市，促进上海—湖州—宣城—芜湖经济轴线的形成和发展。

根据相关规划：到2020年，宣城市城区人口可达45万人，建成区面积50平方公里；2030年，城区人口可达50万人，建成区面积55平方公里。该市经济发展较快，将积极创建国家全域旅游示范区，打造美丽中国建设先行区、世界级旅游目的地。随着交通条件的改善，宣城市发展前景好，城区人口和规模进一步扩大，未来有可能发展为中等城市。

铜陵市，新中国成立后因铜兴建的资源型城市，号称"中国铜都"，也是成功转型的资源枯竭型城市。2017年城区人口41.84万人，建成区面积81平方公里，市区生产总值881.34亿元，占全省生产总值的3.21%，占皖江城市带生产总值的4.70%，人均GDP 210632.73元，居全省首位，是全省平均水平的4.85倍。

在产业上，铜陵市目前已形成了铜加工、精细化工和新兴产业三大优势产业。铜产业已成为安徽第一个产值超千亿元的大产业，早在2013年铜陵市电解铜产量120万吨，居全国第一，占全国电解铜总产量的15%；精细化工产业有苯酚、钛白粉、碳酸二甲酯等优质产品，产量已占化工行业总量的30%，部分产品在全国占有重要地位；2018年高新技术产业增加值比上年增长8.5%，新认定高新技术企业67家，较上年净增27家，战略性新兴产业产值同比增长16.5%，"1+4"重大新兴产业基地加快建设，铜基新材料基地进入全省先进行列，新能源汽车推广应用获省政府表彰。新兴产业以光电、印制电路板（PCB）为主，呈集聚发展态势，新兴产业产值占全市工业总产值的比例已达19.3%。铜陵市在全省产业分工格局中的功能定位是：世界铜都，国家电子材料产业基地和资源枯竭型城市转型示范基地，安徽省重要的精细化工产业基地，目标是建设成为以循环经济为特色的现代化滨江城市。

根据相关规划：2020年，铜陵市城区人口可达55万人，建成区面积55平方公里；2030年，城区人口超65万人，建成区面积超65平方公里。该市铜化产业发达，也较早注重发展其他产业，城镇化和人均收入水平等长期居全省首位。铜陵市位于安徽省中南部，长江中游和下游的分界点，发展前景好，未来有可能发展为中等城市。

安庆市，安徽历史上的政治、经济、文化中心，也是皖西南地区的中心城市。2017年城区人口40.22万人，建成区面积92平方公里，市区生产总值557.07亿元，占全省生产总值的2.03%，占皖江城市带生产总值的2.97%，人均GDP 138519.63元，居全省第6位，是全省平均水平的3.19倍。

在产业上，安庆市目前已形成石油化工、纺织服装、机械制造三大优势产业，2018年市区新能源汽车、化工新材料等产业产值达到百亿元，市区大功率船用中速天然气和双燃料发动机研制及产业化分别列入第三批省重大新兴产业工程和重大新兴产业专项。石油化工产业兴建的800万吨石油炼化一体化项目，产值可超1000亿元；全年净增战略性新兴产业企业59家，产值增长19%，同比提高10.1个百分点。技术改造投资增长20%，其中，100个亿元以上重点技改项目投资完成87.9亿元。纺织服装产业中纺纱、布的产量为全省第一，5万吨电子纱和1.5亿米基布等重大项目正在兴建；华茂新型纺纱智能化改造项目入选工信部智能制造新模式应用立项，申洲针织、天鹅科技等5家企业入选国家级两化融合管理体系贯标试点企业。机械制造业的船用柴油机制造、汽车零部件、轻工机械等很有特色，前景很好。近年来，在承接产业转移中又引进高新材料、新能源、节能环保、电子信息、生物医药、高端制造等战略性新兴产业，战略性新兴产业是全市发展最快的产业。此外，利用优越的自然地理和历史文化资源，文化旅游产业也呈快速增长之势。安庆市在全省产业分工格局中的功能定位是：全国重要的石油化工产业基地，全省重要的纺织服装、机械制造和文化产业基地，长三角旅游中心城市，长三角城镇群与武汉经济圈的重要枢纽。

根据相关规划：到 2020 年，安庆市城区人口规模达 80 万人，建成区面积超 100 平方公里；2030 年，城区人口可能超 100 万人，建成区面积约 150 平方公里。由于处于长江发展轴上，几座长江大桥的兴建和快速交通动脉的贯通，进一步优化了区位条件，安庆市有条件成为长三角城市群的重要节点城市和长江中下游重要综合交通枢纽，目标是通过强化历史文化名城保护，打造先进制造业基地、文化旅游基地和商贸物流中心，成为带动皖西南、辐射皖赣鄂的区域性中心城市。

滁州市，安徽的东大门，位于合肥都市圈的东部，与南京市接壤。2017 年城区人口 30.51 万人，建成区面积 87 平方公里，市区生产总值429.60 亿元，占全省生产总值的 1.57%，占合肥经济圈生产总值的2.65%，占皖江城市带生产总值的 2.29%，人均 GDP 140800.20 元，居全省第 5 位，是全省平均水平的 3.24 倍。

在产业上，滁州市"1＋8"省、市两级战略性新兴产业基地产值超千亿元，南大光电省级重大工程加快建设，通用生物基因合成及测序项目获批省级重大专项，战略性新兴产业产值和高新技术产业增加值分别比上年增长 19%、13%；完成技改投资 450 亿元，10 家企业获批省级智能工厂和数字化车间；一批军民融合重大项目加快推进，军民融合产业产值规模超 300 亿元。另外，该市农副产品加工品种多、产量大、质量高，是长三角地区重要的农副加工产品供应基地。滁州市在全省产业分工格局中的功能定位是：长三角地区重要的盐化工和硅产业基地，全省有特色的机械制造、家电生产基地，目标是建设成为连接合肥都市圈与南京都市圈的新兴中心城市。

根据相关规划：2020 年，滁州市城区人口可达 60 万人，建成区面积 80 平方公里；2030 年，城区人口可达 70 万人，建成区面积 85 平方公里。该市腹地较广、交通便捷，产业有特色，近年来城市发展较好，又与南京联系密切，也可以扩大城市规模，有条件建设成为安徽东部的中等城市。

池州市，是由县改市的新兴城市，也是历史悠久的临江古城。产业基础较为薄弱，但近 10 多年来发展很快，2017 年城区人口 33.33 万人，建成区面积 38 平方公里，2017 年市区生产总值 345.35 亿元，占全省生产总值的 1.26%，占皖江城市带生产总值的 1.84%，人均 GDP 为103618.25 元，居全省第 9 位，是全省平均水平的 2.39 倍。

在产业上，池州市目前已形成电子信息、高端制造、文化产业三大优势产业，池州市大力培育战略性新兴产业，积极支持省级半导体基地建设，2018 年完成 3 个市级战略性新兴产业基地考核评估，兑现市级奖励资金 1800 万元。目前，战略性新兴产业产值占比高，增速快，发展前景好。电子信息产业以集成电路为主，2011 年以来引进近千亿元建设正威半导体产业园，正在形成从基础材料、芯片制造、封装测试到整机制造的产业集群；高端制造产业以生产高精密高速冲床、高新阀门、汽车发动机及零部件为主，有的已形成一定的规模；文化产业主要是依托优越的生态资源和厚重的文化资源，以九华山和杏花村为重点，积极发展文化旅游和动漫产业，很具地域特色。池州市在全省产业分工格局中的功能定位是：全国重要的佛教圣地、旅游胜地和世界级旅游目的地，全省重要的集成电路产业基地和高精密高速冲床生产基地，目标是建设成为生态型滨江新兴城市。

根据相关规划：到 2020 年，池州市主城区人口可达 40 万人，建成区面积 40 平方公里；2030 年，主城区人口可达 45 万人，建成区面积 45 平方公里（不含江南集中区）。该市发展前景虽好，但由于受自然条件的限制，城市规模难以提升，未来将积极创建国家全域旅游示范区，打造美丽中国建设先行区、世界级旅游目的地，力争达到中等城市水平。

黄山市，位于皖南山区，是闻名世界的旅游城市和徽文化的发源地，其文化旅游等第三产业突出。2017年城区人口24.43万人，建成区面积70平方公里，市区生产总值268.93亿元，占全省生产总值的0.98%，人均GDP 110072.86元，居全省第8位，是全省平均水平的2.54倍。

在产业上，黄山市积极实施新型工业化，大力发展战略性新兴产业和旅游业。2018年，绿色食品、绿色软包装、汽车电子、精细化工等"四大主导产业"实现产值占全部规模以上工业产值的45.7%，与上年同比增长14.4%，拉动全市工业增长6.6个百分点。战略性新兴产业产值和高新技术产业增加值均增长16.6%，占规模以上工业比重达32.1%。全市规模以上高新技术产业产值比上年增长20.9%，增加值增长16.8%。同时黄山市积极强化在皖南国际旅游文化示范区的核心地位，打造世界一流旅游目的地、美丽中国先行区、全国重要的休闲产业基地和会展中心，支持和推动开展大黄山国家公园、国家全域旅游示范区建设，目标是建成皖南地区中心城市。黄山市在全省产业分工格局中的功能定位是：世界级旅游胜地和全域旅游目的地，全省重要的"四大主导产业"基地，努力建设成为生态型滨江新兴城市、区域性中心城市。

根据相关规划：到2020年，黄山市城区人口可达45万人，建成区面积55平方公里；2030年，城区人口可能超过50万人，建成区面积60平方公里。该市虽然特色明显，但规模扩展会受到山区城市的限制，城市人口规模与建成区面积只能适度扩大，城市功能会进一步增强，力争达到中等城市水平。

第四章
安徽县级城市的壮大与跨越

县城是发展和壮大县域经济的龙头，在县域城镇体系中发挥着重要的作用，其对外是联系大中城市的重要节点，对内是小城镇和广大农村的重要纽带，本身可能就是一个中小城市，对于推进新型城镇化和城乡统筹发展具有承上启下的独特作用。从长三角世界级城市群、新型城镇化和城乡统筹发展的角度看，安徽把县城区的建设作为推动工业化、城镇化快速发展的重要单元，让县城充分发挥其关键的纽带作用，吸纳带动中小城市培育、中心城镇发展和美丽乡村建设，力求形成以工促农、以城带乡、工农互惠、城乡一体的新型城乡关系，这对提高安徽省县城建设的质量和水平、有效完善现代城镇体系，促进城市群、都市圈、产业带、大中小城市和小城镇的协调发展等都具有重要的意义。

第一节　安徽县域经济崛起带动县城发展

县域经济是国民经济的基本单元，是功能完备的综合性经济体系。

"壮大县域经济"是党的十六大报告提出的发展思路，是全面建设小康社会的重大举措。2002年11月，党的十六大报告第一次提出了"县域经济"的概念，发起了"壮大县域经济"的号召。十六届三中全会又进一步强调了"要大力发展县域经济"，安徽省的县域经济在这样的大背景下得到快速发展。县域经济是一种行政区划型区域经济，是以县城为中心、乡镇为纽带、农村为腹地的区域经济。目标是把县城打造成区域发展的核心动力，成为县域经济发展的支撑。因此，县域经济崛起带动县城向中小城市转型。

一　安徽县域经济的崛起历程

作为国民经济的重要组成部分以及最基本、最直接的操作运行单元，县域经济的充分发展，对现代化建设和全面建设小康社会的进程从根本上有巨大的推动作用。党的十六大报告中明确指出，未来20年国民经济和社会发展的总体目标是全面建设小康社会，而实现这一宏伟目标的重点和难点在于占国土面积93%和人口85%的县域，要"壮大县域经济"。此后，发展和壮大县域经济被党中央、国务院提上议事日程，并被置于至关重要的地位。安徽县域经济以工业化、城镇化、现代化为发展主题和方向，发展县域经济不仅是解决"三农"问题新的切入点，还是带动农村经济、社会振兴的重大举措。

县域经济发展潜力巨大。安徽省县域包括61个县（市），其中包含54个县、7个县级市。2017年末安徽县域面积11.1万平方公里，户籍总人口4939.2万人，耕地面积468.9万公顷，分别占全省总量的79.1%、70.3%和79.9%。安徽省委、省政府一直高度重视县域经济发展，早在2002年8月党的十六大召开之前，安徽省委、省政府发布的《关于进一步加快县域经济发展的若干意见》中就明确指出了县域经济发展在经济发展过程中有举足轻重的作用，把加快县域经济的发展，作为地区解决"三农"问题的重要抓手以及实现"加快发展、富民强省"

目标的基础工程。经过多年来不懈努力，县域已成为全省经济发展中的重要支撑部分。大力发展和壮大县域经济对安徽全面融入"长三角"，率先在中部崛起有至关重要的作用。

自 1978 年十一届三中全会以来，安徽县域经济发展态势良好，增长相对较快，但由于受经济周期、县域经济特点与不同时期政策的影响，县域经济发展波动较大，呈现出了明显的发展特征。具体可分为以下几个阶段。

1978～1985 年的恢复增长期。1978 年前，受制度安排形成的城乡差异、工农业差异形成的"剪刀差"影响，全国县域经济发展均较为缓慢。1978 年党的十一届三中全会以后，农村改革快速推进，社会生产力初步释放，有力推动了县域经济较快发展。1981～1985 年，安徽全省县域 GDP 年均增长 12.5%，财政收入增长 10.2%，农业总产值增长 11.9%，均高于全省平均增幅。可以说，经过 5 年的快速发展，安徽县域经济逐步摆脱贫困落后和停滞不前的状态，开始朝着良好的方向发展。

1986～1995 年的稳步增长期。"七五"期间，安徽经济改革的重点已从"农村转向城市、农业转向工业、农民转向市民"，城乡差距开始拉大，乡镇企业异军突起。乡镇企业的快速发展，全面促进了二产与三产的发展，也从根本上改变了全省县域经济发展的结构。"八五"期间，县域经济增速更为明显，全省县域 GDP 年均增长 16%、财政收入年均增长 27.2%、农业总产值年均增长 7.4%，农民人均收入年均增长 19.6%，这与全省平均增幅相比，分别高出了 1.9、4.5、0.9 和 0.3 个百分点。

1996～2004 年的增速放缓期。"九五"期间，安徽省受到亚洲金融危机和连续 3 年严重水旱灾害等考验，全省县域经济发展增速逐渐放缓。5 年间，县域 GDP 年均增长 8.8%，财政收入增长 11%，农业总产值增长 5.9%，较"九五"期间全省平均水平分别低 3.4、3.6 和 0.5 个百分点。"十五"期间，全省县域 GDP 年均增长 8.3%，财政收入增长 8.9%，分别比全省低 2.3 和 8.8 个百分点。

2005 年以后的加快发展时期。中共"十六大"之后，安徽各地按照科学发展观的思想要求，认真贯彻落实加快县域经济、社会发展的各项举措，抢抓机遇，攻坚克难，县域经济呈现出速度加快、质量提高、效益增加的良好发展态势。据统计：2005～2015 年，安徽县域经济连续 11 年增长快于全省平均水平，经济总量突破万亿元大关；2016 年县域 GDP 为 11589 亿元，较 2010 年年均增长 10.8%，比全省平均水平高0.4 个百分点，占全省比重提高到 48.1%；2018 年上半年，县域实现生产总值 5666.7 亿元，增长 7.9%；2016 年，安徽县域 GDP 平均规模190 亿元，比 2010 年增加 94.8 亿元，超百亿元的县（市）达 51 个，其中超过 200 亿元的 24 个，超过 300 亿元的 5 个。安徽坚持把工业发展作为县域经济产业结构调整的主攻方向，推动制造强省建设向县域下沉，2010～2016 年县域全部工业增加值由 2236.7 亿元增加到 4969.8 亿元，占县域 GDP 比重提高到 42.9%，对县域 GDP 增长的贡献率达47.4%。为扩大县域有效投资，安徽建立县域经济振兴发展工程重点项目库，切实加快项目建设，2010～2016 年县域固定资产投资由 4532.7亿元增加到 12487.3 亿元，年均增长 18.4%，增速比全省平均水平高3.4 个百分点。安徽还积极推进行政管理体制改革，扎实开展省直管县体制改革试点，深化"放管服"改革，实现省市县乡权责清单全覆盖。全力打好脱贫攻坚战，2016 年脱贫目标任务超额完成，县域城镇常住居民人均可支配收入全部超过 2 万元。至 2017 年，安徽省县（市）地区生产总值增加至 13019.3 亿元，比 2011 年的 7390.9 亿元，年均增长9.90%，增幅同全省同期 GDP（2011 年 15300.65 亿元～2017 年27018.00 亿元）年均增长 9.94% 基本持平。

二　安徽县域经济的发展成效

党的十六大以后，安徽各地积极实施"工业强县"战略，县域经济得到快速发展,发展成效十分显著,县域经济发展对整体区域经济发展有着巨大的带动作用,逐渐成为安徽省经济崛起的发展重点。

一是综合实力明显增强。2005～2010 年,县域经济增幅高于全省平均水平,年均增长近 14%,高于全省近 1 个百分点。县域经济占全省经济总量由 2004 年的 26% 提高到 2017 年的 48.2%,县域财政总收入占全省财政收入的比重由 2004 年的 42.5% 提高到 2017 年的 46.6%。2017 年巢湖市、庐江县、濉溪县、蒙城县、利辛县、萧县、怀远县、五河县、固镇县、界首市、临泉县、颍上县、寿县、明光市、来安县、全椒县、定远县、凤阳县、霍邱县、舒城县、含山县、和县、郎溪县、泾县、涡阳县、桐城市、怀宁县、歙县 28 个县(市)财政收入超过 10 亿元,当涂县、太和县、凤台县、芜湖县、南陵县、无为县、宁国市、广德县等 8 个县(市)的财政收入超过 20 亿元,长丰县、肥东县、天长市、繁昌县等 4 县(市)财政收入超过 30 亿元;肥西县突破 40 亿元,达 46.7 亿元。

二是产业结构明显优化。安徽工业化进程明显加快,安徽县域经济的产业结构处于一个不断优化升级的过程,三次产业结构由 2006 年的 30.2∶35.9∶33.9 调整到 2017 年的 15.6∶50.3∶34.1。其中,安徽省的县域第二产业比重已超过 50%,说明在产业结构调整期间,安徽省县域经济已形成工业为主导的经济结构,产业结构优化之后县域经济对全省经济的拉动作用会更加明显。2017 年县域规模以上工业企业数达到 6370 家,是 2005 年的 2.3 倍,当年新增企业超过 1500 家,占全省新增企业总数的 64.5%。一批产业集群优势县和专业镇涌现出来。

三是对外开放水平明显提高。随着工业强县战略的快速推进,县域对外开放快速推进。2009 年的统计数据显示:招商引资成为县域经济发展的重要推动力量,县域实际利用省外资金 2054 亿元,是 2004 年的 8.5 倍,年均增速超过 50%,有 14 个县(市)利用省外资金超过 50 亿元,大多数县拥有省级以上经济开发区,并且开发区成为招商引资、发展工业的重要平台。

四是投入规模快速扩大，基础设施明显改善。县域固定资产投资由 2005 年的 754.7 亿元增加到 2017 年的 14271.7 亿元，12 年增长 17.9 倍，年均增长 27.76%。其中 2017 年有 57 个县（市）当年投资额超过 100 亿元。随着县域投入规模的不断扩大，县域基础设施得到了巨大提升，农村基本实现了"村村通"，大部分县城和一部分重点镇、省级开发区实现了 30 分钟上高速。

五是公共服务质量巨大提升。初步建立了全省农村义务教育的经费保障机制，义务教育办学条件得到全面改善，新型农村合作医疗也实现全覆盖，新型农村养老保险试点在全省各个县、市开展，被征地农民社会保障制度逐步建立，2017 年基本完成医药卫生体制综合改革，初步建成"全覆盖、保基本、多层次、可持续"的基本医疗卫生体系。

三　安徽县域经济发展让多数县城发展快速提升

县域经济发展促进地区的产业集聚、人口集聚，县域经济是县城与小城镇发展的经济基础。对于一个县来说，县城是其经济社会文化的中心，县域经济的发展带动了县城的发展。

一是县城发展是县域经济社会文化发展的支点。县城作为县域政治经济文化发展中心，是促进县域经济发展的动力和载体，还是沟通城市与农村的桥梁和纽带，处于全省城镇体系的中心和结合点，上接大中城市，下连广大农村，具有相互联系紧密、人口转移半径短、农民进入门槛低、发展潜力大、带动农村中间环节少等比较优势。县城发展具有很大潜力，成为小城市发展的首选。

二是县域经济的快速发展带动整个县城要素规模的扩大和基础设施水平的提升。县城的优势是具有整合全县优势资源的能力，县城可以更好地吸引生产要素、优势资源、各类人才等的聚集。县域经济发展加快了县城的基础设施和公共服务设施建设，推进了产业结构的升级，进而推进整个县域的城镇化进程。

三是县城是县域经济发展的基础。县域经济发展必然带动县城的经济不断提升。县域经济发展是以县城为依托、以非农经济为主导、一二三产业协调发展。县域的全面发展是以县城为核心，以广大农村为腹地，全面实现城乡统筹发展。

四是县域经济的快速发展带动整个县城管理规模与管理水平的提升。县域经济是一种中观经济，连接着城市与乡村，同时又是开放的枢纽体系。由于县域行政、经济、社会管理等手段比较完备，具有统揽全局的功能，县域经济的快速发展必然要求整个县城管理规模与管理水平的提升。

五是县域经济发展推动以县城为中心的整体设施水平的提升。县城往往是城乡一体化各类基础设施的枢纽，提升县城区域整体的建设水平，有助于大幅提高基础设施和公共服务设施的利用效率。通过把县域内交通网络、供水排水、垃圾处理、文化设施等都纳入公共设施体系，可以提升基础设施、产业分工、城乡服务功能、城乡就业教育、卫生社会保障、城乡社会进步等方面的一体化，有效促进城乡一体化进程，有效提升县域整体资源的配置水平，进而推进县域经济的发展。

第二节 安徽县城发展推进县城向中小城市转型

改革开放以来，全省县域经济的快速崛起和城镇化方向的导引，直接导致了县城的发展与转型，因此，县城向中小城市转型成为必然。在这个发展的过程中，安徽走出了自己的独有路径。

一 县城向中小城市转型成为必然

进入 21 世纪，在工业强县和新型城镇化政策的牵引下，安徽省县域经济迅速发展壮大。在城镇化的推进下，县城向中小城市转型成为必然，这也是有其客观社会基础的。

一是县城经济实力的进一步提升。由于获得良好的发展机遇和发展条件，皖江地区成为承接全国产业转移的示范区。这是国家顺应国内外形势发展的重要决策，也是安徽人多年期盼和努力的结果。适逢百年难得的机遇，县域经济有了不同程度的发展，出现一批上百亿元产值、财政收入超10亿元的县。2011年后，凤台、肥西等县财政收入达到20亿元以上。至2017年肥西县已达到46.7亿元。县域经济实力的增强，产业的增长，使得县城建设有了经济支撑，并能吸引人口进入就业。肥西、长丰、肥东、宁国、天长等市县是其代表。

二是县城的地位作用显现。经过多年的努力和建设，安徽培育出一些大城市（圈、带、群）。这些大城市经济实力已经或即将达到千亿元以上，不仅拥有自我发展能力，而且经济的对外带动力增强、辐射力扩大，有条件有能力把工业向周边扩散转移。县城在填补和完善城镇体系上作用显现，经济获得良好的发展机会。如合肥近郊的肥西、长丰，淮南近郊的凤台及马鞍山的当涂等是其典型代表。在这种情况下，省里有精力也有财力关注、支持县城的建设和发展。

三是率先富裕的农民和打工者渴望进入县城。农业的不断发展和农民的外出打工，使得近些年安徽省农民收入保持大幅度持续增长，经过多年的积累，农村中一些率先富裕者，已具备进入县城的生产、生活能力，为县城向城市转型提供了人口资源。

四是县城的市政、公用设施条件向城市靠近。经过多年建设，县城镇已不再像过去的小城镇那样，缺乏文化、教育、体育、园林等现代城市设施，其公用设施有了一定改善。尤其是中等教育方面，县城集聚了较多资源，与城市的差别逐步缩小，比农村一般小城镇的建设档次、生活设施、社会文明等明显进步许多，县城成为吸引农民进城后居住生活向往的地方，同时涌现出天长秦栏镇、无为高沟镇、潜山源潭镇等一批专业镇、特色镇。

五是经济开发区的建设，为加快县域工业化提供重要条件，也为吸引农民返乡就业、创业提供了载体。城镇是与工业化伴生的结果，虽然我国当前要解决城市化滞后于工业化的问题，但在推进城镇建设和城镇化进程中，没有工业的率先发展是不可能的。同时，改革时期的城、乡两条工业化道路模式不同，农村工业不能分散布点，需要进入园区，才有利于招商引资，才能做强做大。近年全省各县都批准设立省级开发园区，有些县还不止 1 个，开发区面积多在几平方公里至十几平方公里，县城开发区的建设在吸引农民进园务工创业的同时，也吸引农民就近居住生活。

六是宏观经济、社会发展的客观需要。工业化带动城市化，总体看我国城市化滞后于工业化，今后城市化需要加快，在这个过程中将有大批农民进城。无论是现实和历史，还是国外和国内，城市化中人口不可能都进入大城市。大城市人口过多会带来环境、社会、交通等问题，由此城镇化需要一个合理的体系，中小城市在城镇体系中具有重要地位，是可以接纳农民进入最多的一个城镇层次。全省 61 个县，如果每个县城都建成中小城市，平均增加人口 20 万人，全省就是 1200 多万人，占全省总人口的近 20%。若以城镇化率的终极目标为 70% 计，现有的城镇化率为 46%，差距还较大，但如果建设好县城则可以为全省提供 15 个百分点以上的城市化率，县域成了城镇化的重要载体。同时，县城亦城亦乡，农民对县城无论是人际关系还是生活习惯等都要比对城市熟悉，农民愿意进入县域，有利于完成由农民向市民的转变。

安徽省新型城镇建设的加快发展，有利于推动工业化和城镇化良性互动，加快工业化和城镇化发展步伐，实现产城融合发展。为适应这样一种发展趋势，县城向中小城市建设的转型被现实地提出来，尤其是现实中大多数县域都已做出规划，推进县城向中小城市发展转变。在"十二五"规划中，安徽各地都提出了把县城建设成为中小城市的打算和设想，实践中也有许多县实现了快速崛起。如江淮之间 40 多万人口的小县含山提出要在小县建大城，目标是把县城建成 20 万人口的小城市。蒙城县虽然有 130 多万人，但在皖北地区是一个人口小县。按照"十二五"规划，蒙城县城人口规模为 40 万人，而现在建成区中已有人口近

30 万人。明光市规划"十二五"目标县城 30 万人,远期的 2030 年为 40 万人。宿松规划 2030 年县城人口为 32 万人,霍邱规划县城镇发展目标 50 万人,阜南县 2015 年的规划县城人口为 33 万人。各地对县城发展、建设规模的设想与规划,基本是按照中小城市建设的标准。经过近几年的发展,全省多数县城达到了中小城市的规模与指标。

二 县城向中小城市转型的安徽路径

20 世纪 90 年代,安徽比较重视小城镇的发展,但缺乏经济基础和产业支持,小城镇发展速度较慢。当时受国家政策和经济能力的限制,发展大城市也比较难。这一时期安徽的县城规模普遍不大,多数县城人口在 5 万人以下,建成区面积也只有几平方公里。进入 21 世纪以来,尤其是党的十六大以后,安徽根据实际,把发展县城作为城镇化的着力点,县城常住人口急剧增加,规模迅速扩大。2017 年 20 万人以上人口的县城已占大半,目前,大部分县城达到了 I 型小城市发展的规模与水平。当前安徽县城向中小城市转型的做法与路径主要有几点。

1. 壮大县域经济实力

安徽是一个农业大省,长期以来,县域经济基础差、底子薄、欠账多。为此,党的十六大以后,安徽省委、省政府突出分类指导,着力推动县域特色发展;突出创新驱动,着力培育县域发展动能;突出转型升级,着力提升县域产业层次;突出降本增效,着力缓解县域企业困难;突出招商引资,着力扩大县域开放合作;突出要素保障,着力破解县域瓶颈制约;突出制度创新,着力激发县域发展活力。安徽县域经济发展进入新常态,县域经济发展取得显著成效,全面壮大了县域经济的发展实力。

一是完善县域功能规划。制定主体功能区战略,强化县域主体功能定位。推进配套政策,编制相应的主体功能区规划与实施方案,重点落实国家重点开发区、农产品主产区和重点生态功能区的县(市)的功能定位，实现县城分类发展。

二是培育壮大特色优势产业。高起点、大规模开展技术改造，实施"互联网＋产业集群"行动。加快调整农业种养结构，培育新型农业经营主体。加快建设省级服务业集聚区，积极发展农村电子商务。大力发展乡村旅游、特色小镇。

三是加大招商引资力度。督促各地抓紧在法定权限范围内出台招商引资政策，创新招商引资方式，大力开展专业化、市场化招商，吸引专业管理团队，健全承接产业转移机制。推进园区改革和创新发展，促进优化整合，加强基础设施建设。

四是夯实县域经济发展基础。加大交通、水利、能源等公共基础设施建设资金支持力度，整合财政专项资金，增加均衡性财政支出。推动银行业金融机构新增存款主要用于当地贷款，大力发展普惠金融，支持企业上市挂牌。创新人才培养引进政策措施，完善技工教育和职业培训体系。加大县域发展规划保障力度，科学配置用地指标。加快新型城镇化建设，实施县城提质扩容工程。

五是优化县域经济发展环境。出台促进县域经济发展政策措施，持续深化"放管服"改革，清理涉企收费、摊派事项和各类达标评比活动。建立容错纠错机制。修订完善分类考核评价办法。

2. 提升县城发展格局

在县城或县级市的基础上，提升县城或县级市的整体发展格局，在新起点高平台上推进县城向城市的转型。

一是将大城市周边的县级市和县城培育成与中心城市一体化发展的卫星城市。目前，安徽大城市周边的卫星城市有 14 个，包括肥西、肥东、长丰、芜湖、繁昌、怀远、凤阳、寿县、凤台、濉溪、来安、全椒、怀宁、当涂。与中心城市统一规划，在产业发展、设施建设、环境保护等方面实现一体化发展，形成具有相对独立和一定规模的城市。

二是将一批县域人口总数大、就地城镇化人口多的县级市和县城培育成常住人口超过 20 万人的县级 I 型小城市和县（市）域中心城市。

目前，安徽可形成20万人口规模以上县级Ⅰ型小城市的县城有33个，分别是巢湖、无为、南陵、庐江、临泉、太和、界首、霍邱、涡阳、颍上、阜南、利辛、萧县、舒城、蒙城、枞阳、定远、灵璧、宿松、宁国、砀山、泗县、天长、广德、桐城、和县、明光、望江、五河、东至、固镇、含山、郎溪。着力提高这些县城产业和人口集聚的能力，完善公共服务设施和基础设施配套，带动县域经济发展，努力发展成县域中心城市。

三是引导具有生态、文化特色的其他县级城市和县城走"小而特"发展模式。这样的特色小城市有14个，是具有独特的自然环境特征和历史文化特点的县城，分别是金寨、岳西、霍山、太湖、潜山、歙县、休宁、黟县、祁门、石台、青阳、泾县、绩溪、旌德。充分发挥其自然、生态、产业和文化优势，以资源节约、特色彰显、建设精细为原则，加强自然生态环境保护、历史文化传承、特色产业集聚，力争发展成为文化积淀深厚、生态环境优美的宜居宜游的居住和旅游目的地。

四是积极支持具备条件的县改为市或区。县改市或区是县域经济发展的必然要求，也是县城向大中城市和中小城市建设转型的重要途径。安徽积极通过县改市发展小城市。改革开放中，安徽乡镇企业异军突起，发展迅速，农村工业与城市工业并行发展，在管理上分属不同体制，在空间上相互隔离，但工业发展的内在规律客观要求二者在空间上的集中，农村工业实力的增强也为农村城镇的崛起提供了经济基础，正是适应这种社会需要，县改市成为一种必然选择。从20世纪90年代开始，安徽境内一些乡镇企业、县域经济发展比较好的县，如宁国、桐城、天长、界首、明光等相继进行了县改市。

3. 扩大县城发展规模与提高县城建设的档次

城市与县城的最大区别是工作重心不同，市以城市工作为重点，兼顾农村；县以农村为重点，兼顾城市。二者的侧重点是完全不同的，把县城发展成小型城市需要扩大县城发展的规模与提高县城建设的标准档次。

一是扩大县城规模。表现在城镇的空间和人口两个方面，现在县城一般规划是面积在 20 平方公里以上、人口 20 万人以上，已是小城市的规模。县政府为加快改造步伐，进一步拓展县城空间，增加县域经济发展的资本和动力来源，有序、有计划地将县城周边的乡镇纳入县城城市规划控制范围，合理地引导农村住户向县城集中，也使得资金和劳动力等要素向县城集聚。

二是提升县城所在地的建制镇规格。为有效提高县城的城镇化水平，发挥好县城所在地中心镇党委、镇政府的行政功能，便于县委、县政府集中精力抓县域的各项工作，部分县将县城所在地的建制镇政府升级为副县（处）级单位。

三是提高建设的标准档次。县城的建设已不仅仅停留在居民住房和工厂的建设，一个重要的转变是开始注重园林城市或休闲城市建设，并注重建设体育场、文化馆、博物馆等文化体育设施，如有些县建设的体育馆甚至可以容纳几千人，场馆内的设施也十分先进；寿县、灵璧、界首、金寨等县城的博物馆、纪念馆等建设的标准也非常高，完全可以同一般地级市的相关设施相媲美。很多县城在城市居民生活基础设施方面也全面看齐城市，全力打造并提升县城为宜业宜居之地。

四是以县城作为核心节点来统筹城乡发展。在县城建设中，各地都重视统筹考虑县内小城镇和新农村建设，一般都是与县城发展同时规划、同步建设。可以说，在县城这个节点上，真正贯彻执行了统筹城乡发展、缩小城乡差别的理念和原则。

4. 完善县城现代城市功能

在工业强县战略的推动下，各级政府按照现代中小城市的要求，积极推动县级市和县城完善功能、提升品质，强化基本公共服务和要素保障，推进县城的城市化转型。

一是打造特色县城。科学确定县城发展方向，对县城区域各种资源要素进行科学梳理，对县城空间进行合理规划，县城空间布局有工业园区、集镇商贸、文化教育、金融服务、休闲娱乐等功能区，合理分配基础设施和公共服务设施，实现共建共享。对县城的资源禀赋、地理自然环境、区位交通条件、产业基础条件、历史文化条件、民风民俗等综合要素条件，通过规划合理定位，布局各具特色、差异互补的城镇体系，使县城成为极具特色的、最高水平的县域中心。

二是完善县城功能。在共建共享的机制下，通过加强县城道路、给水、电力、电信、学校、医院等基础设施的建设，提高县城的综合承载能力，打造交通便利、公共网络发达、公共产品和公共服务水平质量较高、供给充足、配套设施完善、宜居宜业、具有吸引力与竞争力的县城。

三是加快文明县城建设。安徽在全省范围内实施"三治三增三提升"的专项行动。三治，即治脏、治乱、治违；三增，即增强城市功能、增加城市绿量、增进城市文明；三提升，即规划水平、建设水平和管理水平提升。目标是到2020年，县城建成区绿化覆盖率达到37%，30%左右县城达到省级卫生县城标准，90%以上达到省级园林县城标准，70%左右达到省级文明县城标准。

5. 构建吸纳能力强的产业体系

工业化的模式决定着城镇化模式，城镇发展必须与产业紧密相连，尤其和工业、服务业密不可分。全面构建吸纳能力强的城市产业体系，必须着力提升产城融合水平，进一步夯实县域经济发展平台。因此，安徽各县根据各自的优势特色，从实际出发，因地制宜地培育打造以县城为核心、适合县域经济发展的优势特色产业。通过设立在县域内的省级开发区，吸引省内外有实力、成长性好、发展后劲足的大企业、大集团落户开发区，不断增强开发区的产业发展和人口集聚的综合承载能力，在增加就业岗位的同时增加农民务工人员收入。有的县在发展传统服务业的同时拓展物流、旅游、金融、理财、养老等现代服务业的发展空间，创造更多的就业岗位，吸引更多的农民入住县城。

第三节　以县城为基础的各类中小城市

安徽县城和县级市的发展，依靠常住人口规模扩大和县域经济的不断增强，逐步成长为"以人为本"、生态宜居的集约化现代化中小城市。其中：安徽县级市巢湖市，是由原来的地级市巢湖市拆分而来的，其城市常住人口规模较大，建成区面积也较大，具备发展成中等城市的条件；界首、天长、明光、桐城、宁国和潜山等市都具备发展成Ⅰ型小城市的条件；另外部分县城可发展成Ⅰ型小城市，还有部分县城可发展成Ⅱ型小城市。

一　县级市向中等城市的转型

根据我国城市规模划分标准，以城区常住人口为统计口径，城区常住人口达到50万人以上100万人以下的城市即为中等城市。安徽巢湖市的常住人口规模和建成区面积均有可能达到中等城市规模。

巢湖市是2011年8月行政区划调整后，由原地级市巢湖市居巢区改设的县级市，2017年城区常住人口33.2万人，建成区面积48平方公里。

2018年，巢湖市在全国中小城市"百强"排名中，分列全国绿色发展、投资潜力、科技创新百强县第53位、第77位、第89位。巢湖市加速"两新"产业发展，加快推进年产100万只镁合金汽车轮毂生产线、皖维PVA光学膜、偏光片等项目建设，培育壮大新材料新产业集聚发展基地。2018年战略性新兴产业全年实现产值47.1亿元，较2017年增长12%；高新技术产业增加值5.8亿元，增长11%。同时，大力实施"制造强市"战略，提质发展传统产业，全市规模以上制造业企业实现产值360亿元，占全部工业产值的89%，同比增长18.5%。推进技改三年行动计划，实现技改投资增长40%。

根据相关规划：到2020年，城区人口可达40万人，建成区面积48平方公里；2030年城区人口超过50万人，建成区面积50平方公里。巢湖市城市规模不断扩大，城市人口不断增多，随着商合杭高铁、合巢马城际铁路、合巢芜和合宁高速改扩建、明巢高速、方兴大道东延、G329等重大项目的加快推进，巢湖区位优势将更加突出。合巢产业新城和半岛生态科学城"双城带动"战略的启动实施，让巢湖发展态势更加良好，巢湖市的目标是发展成一个具有区域特色的中等城市。

二 县级市向Ⅰ型小城市的转型

按照城市规模划分的新标准，建成区人口规模20万～50万人的城市为Ⅰ型小城市，建成区人口规模20万人以下的城市为Ⅱ型小城市。目前，安徽有6个县级市，分别是界首、天长、明光、桐城、宁国和潜山市，正由Ⅱ型小城市向Ⅰ型小城市快速转型。

界首市。界首是安徽省第一个撤县设市的地方。历史上界首的县、市设置几经变动，早在1947年即在界沟集基础上设界首市，1953年撤市，从太和、临泉两县各划一部分和原市境组成界首县；1958年与太和县合并为首太县，1959年复置界首县，1989年经国务院批准撤县复市。界首历史悠久，处于皖豫交界，六县相邻，居颍河中游，交通便利，人口稠密，20世纪40年代发展为20多万人口的商业城市。1949年后，特别是1979年后，当地经济尤其是工业发展很快。恢复设市时，全市工业拥有20多个行业，生产1000多个品种。20世纪90年代前后，全市开发的新产品有37项，其中3项填补了国家空白，72项为省内所独创，先后创部、省优产品29个，"奇安特"运动鞋、"芬格欣"口服液、"沙河特曲"等产品享誉省内外；工艺陶瓷20世纪50年代就行销欧亚。此外，市内交通、市政设施、文化教育等也有较好基础。市内通车里程242公里，城内主干道硬质化，城市供水供电及排水设施齐全。2017年，城区常住人口18.32万人，建成区面积21.8平方公里。该市交通区位优越，产业特色鲜明，发展势头强劲。与上年相比，2018年，该市规模以上工业涉及的25个工业行业中有20个行业实现增长。其中纺织服装、服饰业增长8.36%，造纸和纸制品业增长16.72%，橡胶和塑料制品业增长34.6%，金属制品业增长8.52%，电气机械和器材制造业增长12.55%，专用设备制造业增长32.3%；主要工业产品产量中，服装增长10.68%，塑料制品增长26.06%，鞋增长41.3%，电力电缆增长11.71%，十种有色金属增长30.29%。根据相关规划：到2020年，城区人口可达30万人，建成区面积30平方公里；2030年，城区人口可达35万人，建成区面积35平方公里。界首市正由Ⅱ型小城市向Ⅰ型小城市快速转型提升。

天长市。天长市位于安徽东部，与江苏省三面接壤，经济比较发达。天长市设立于1993年9月18日。一直以来，天长市不仅农业发达，而且工业发展尤其是乡镇企业发展快速。1949年全县工业产值420万元，1985年工业产值增加到2亿元，1993年进一步增加到26.17亿元。县改市的前一年，乡镇企业实现产值34.1亿元，其中乡镇工业产值19亿元。当地工业的发展也吸引了外资的进入，1993年建有"三资"企业17个，利用外资271.5万美元，在全省各县处于前列。经济发展使财政收入增加，1985年天长市财政收入1715万元，1993年增加到6011万元。财政增长、经济的发展也促进城镇建设，仅1993年天长市即完成各类城市建设投资近1亿元，新建市区主街道3794米，扩建下水道4290米。2017年，城区常住人口14.53万人，建成区面积29.8平方公里。该市工业发展特色明显，产业集群形成优势，多年来一直都是全省经济发展的10强县。与上年相比，2018年，天长市主要工业产品产量中，方便面增长341.8%，饮料增长322.7%，机制纸及纸板增长114.3%，铜材增长93.9%，电力电缆增长1.9%，电子元件增长12.8%，增长势头十分强劲。根据相关规划：到2020年，城区人口可达25万人，建成区面积25平方公里；2030年，城区人口可达35万人，建成区面积35平方公里。天长市正由当前的Ⅱ型小城市向Ⅰ型小城市快速转型提升。

明光市。明光市是 1994 年 5 月 31 日经国务院批准，撤销嘉山县设立的市。明光市的设置是经济发展的自然结果，一直以来，明光市工业门类齐全，20 世纪 90 年代初，全市拥有乡及乡以上工业企业 369 家，形成酿酒、轻纺、机电、建材、化工、粮油加工六大支柱行业，生产主要工业产品千余种。明光酒厂是产值、销售、利税均超亿元的国家大型二级企业，连续多年进入全国 500 家最大工业企业和 500 家最佳经济效益企业名单。由于地处几县交界，明光市还是皖东地区重要的商品集散地，市内建立各类市场 39 个，1993 年综合经济实力居全省先进行列，财政收入为全省十强之一。城市内的市政建设也有较大发展，市区道路硬化率 100%，自来水普及率 100%。文化馆、体育馆、图书馆、游泳池等文化设施俱全，城市品质不断提升。2017 年，城区常住人口 14.8 万人，建成区面积 27 平方公里。近年来该市积极承接产业转移，发展前景好。2018 年末，明光市共有 28 家企业列入高新技术产业行业目录，占全市规模以上工业企业单位数的 29.8%，高新技术产业产值增长 12.1%，增加值增长 13%；年末，战略性新兴产业 18 家，全年产值增长 11.5%。2019 年上半年，全市 28 家战略新兴产业企业完成产值 11.1 亿元，增长 36.3%，高于滁州市平均水平 12.2 个百分点；32 家高新技术产业企业产值、增加值分别增长 56.8%、59.3%，分别高于滁州市平均水平 45.6 个、46.4 个百分点。根据相关规划：到 2020 年，城区人口可达 23 万人，建成区面积 25 平方公里；2030 年，城区人口可达 30 万人，建成区面积 30 平方公里。明光市正由当前的 Ⅱ 型小城市向 Ⅰ 型小城市快速转型提升。

宁国市。宁国县历史悠久，始建于东汉建安十三年（公元 208 年），距今已有近 2000 年历史。1949 年宁国县的工农业总产值近 3000 万元，经济逐步发展到 1980 年全县总产值突破亿元。此后发展加快，到 1990 年全县工农业总产值 55 亿元，当年全县实现地区生产总值 5.5 亿元，地区总产值达到 6.65 亿元，人均工农业总产值在全省县级处于第 9 位，人均生产总值居于第 3 位。1992 年，宁国人均工农业生产总值、生产总值等项经济指标均居全省县级前 6 位，县级综合经济实力跻身"全省十强县（市）"行列。宁国经济发展主要得益于乡镇企业的迅猛发展。1983 年全县乡镇企业总产值仅 1686 万元，到 1990 年时全县乡镇企业总产值达到 2.7 亿元，其中"三资"企业 4 家，出口创汇企业 11 家，有 4 家企业被安徽省政府命名为"明星企业"，一家企业成为国家二级企业。1992 年年产值 100 万元以上的骨干企业增加到 64 家，年产值 1000 万元以上的 8 家，全省十强乡镇企业宁国就占有 3 家，1992 年全县乡镇企业总产值达到 11.4 亿元。20 世纪 90 年代，宁国形成了以建材、机械、电子、化工、冶金为支柱的工业体系，主要产品有农用三轮车、水泥、柴油机、工业泵、农药、密封件、耐磨材料等，其中有国优产品 1 个，部优产品 8 个，省优产品 20 个。1993 年，全县工业总产值 17 亿元，国家大型企业宁国水泥厂、县耐磨材料厂、县机械工业总公司、中鼎股份有限公司等跻身"安徽工业 50 强"行列，县内的宁阳、中溪、甲路、港口四大开发区已显雏形。经济的增长也增加了财政收入，1980 年全县财政收入 1031 万元，1990 年全县财政收入达到 4181 万元，1993 年全县财政收入 9346.5 万元。县改市是当地经济社会发展的必然结果。如今，宁国市是安徽经济发达市、生态环境优良市，一直位居全省县域经济发展前列，人均收入水平长期居全省县域第一，宁国产业得到了进一步升级，城市规模也进一步扩大，其发展前景看好。2017 年，城区常住人口 15.62 万人，建成区面积 26.92 平方公里。2018 年三大主导产业产值增长 19.8%，其中电子元器件增长 24.2%，耐磨铸件增长 18.9%，汽车零部件增长 19.2%。节能建材与新能源应用、生物医药和电子信息三大新兴产业产值增长 3.1%。根据相关规划：到 2020 年，城区人口可达 25 万人，建成区面积 25 平方公里；2030 年，城区人口可达 30 万人，建成区面积 30 平方公里。宁国市正由当前的 Ⅱ 型小城市向 Ⅰ 型小城市快速转型升级。

桐城市。桐城市是桐城散文派的发源地，是历史文化名城，历史悠久，人文荟萃，古迹甚多。1949 年后一直是全国重要的产粮大县，工业基础相对薄弱。20 世纪 50 年代只能生产砖瓦铁木农具、土布、土纸、铁锅等产品。改革开放后才逐步形成以机械、化工、电子、陶瓷、五金、纺织、建材为主的工业体系。至 1990 年初，生产的工业产品2000 多种，1992 年共有工业企业 8274 家，是 1980 年的近 40 倍，实现工业总产值 15 亿元。改革开放后，外部公路铁路的建设，使得桐城的区位优势更加明显，20 世纪 90 年代初桐城已有公路 28 条（段），通车里程 412 公里，合九铁路横穿全境。改革开放以后，本是文化之乡的桐城在文化教育方面又有巨大发展。1992 年全县拥有文化单位 44 个，卫生机构 40 个，医院门诊 34 个。经济、文化的长足发展使该县具备建市的条件。改革开放以来经济发展很快，市政建设也走在全省前列。2017年，城区常住人口 16.56 万人，建成区面积 27.67 平方公里。目前，该市是合肥都市圈唯一的县级市成员，发展前景广阔。2018 年，全市规模以上工业 26 个大中类行业中 22 个保持增长，其中 17 个行业增幅超过 10%。农副产品加工、羽绒制品、橡胶和塑料制品、通用和专用设备制造、纺织服装等五个主导行业分别比上年增长 11.9%、13.2%、10.6%、16.5%、11.7%；五大主导行业占规模以上工业的比重达70%。全市统计的 5 种主要工业产品中：输送机械产量为 20.0 万吨，增长 11.0%；大米加工产量为 54.6 万吨，增长 11.7%；塑料制品产量为 56.1 万吨，增长 23.5%；无纺布产量为 3.3 万吨，增长 15.3%；玻璃纤维纱产量为 3.0 万吨，增长 6.8%。根据相关规划：到 2020 年，城区人口可达 22 万人，建成区面积 22 平方公里；2030 年，城区人口可达30 万人，建成区面积 30 平方公里。桐城市正由当前的 Ⅱ 型小城市向 Ⅰ型小城市快速转型提升。

潜山市。潜山市地处安徽省西南部，2018 年潜山县改设县级市。2018 年，县城区常住人口 17 万人，建成区面积 19 平方公里。截至2018 年底，全市有天柱山等 5A 级景区 1 家、4A 级景区 4 家、3A 级景区 10 家。2019 年 7 月，潜山市荣获 2019 年"中国天然氧吧"创建地区称号；2019 年 7 月，潜山市入选首届中国文化百强县。该市交通区位优越，产业特色鲜明。特色产业主要有旅游产业、大健康产业和医药产业，其中医药大健康产业发展稳步推进，2018 年 26 家医药健康企业税收增长 48.9%，卫康制药获省政府质量奖提名奖，华业香料获安庆市政府质量奖并入选省民营企业进出口百强。皖江机电、欣雨环卫分别被认定为省级数字化车间和工业设计中心。潜山市还是省级历史文化名城，国内重要的旅游目的地，县域的政治、经济、文化中心，安庆市城副中心城市，皖江城市带重要的制造业基地。根据相关规划：到 2020 年，城区人口可达 25 万人，建成区面积 26.3 平方公里；2030 年，城区人口可达 35 万人，建成区面积 35 平方公里。潜山市正由当前的 II 型小城市向 I 型小城市快速转型提升。

三 县城向 I 型或 II 型小城市的转型

按照城市规模划分的新标准，建成区人口规模 20 万人以下的城市为 II 型小城市。全省现有 29 座 II 型小城市，其中，除了原有的两个外，其他由县城发展起来的有 27 个，由较大规模的特色镇发展起来的有 10 个。

1.24 个县城可发展为 I 型小城市

根据我国的城市化特征和安徽的省情，当城市化率达到 50% 以上时，平原地区人口超百万人的县、丘陵地区人口超 80 万人的县、山区人口超 50 万人的县，应该有一座 I 型小城市。据此，结合有关县城的承载条件，安徽有 24 个规模较大的县城可以发展为 I 型小城市，具体分布如下。

皖北地区有 12 个规模较大的县城可以发展为 I 型小城市，分别是濉溪县城濉溪镇、利辛县城城关镇、涡阳县城城城关镇、蒙城县城城城关镇、砀山县城砀城镇、萧县县城龙城镇、灵璧县城灵城镇、怀远县城城城关镇、临泉县城城城关镇、太和县城城城关镇、阜南县城鹿城镇、颍上县城慎城镇。

江淮地区有 9 个规模较大的县城可以发展为 I 型小城市，分别是肥西县城上派镇、肥东县城店埠镇、定远县城定城镇、寿县县城寿春镇、霍邱县城、舒城县城、庐江县城庐城镇、无为县城无城镇、枞阳县城。

皖南地区有 3 个规模较大的县城可以发展为 I 型小城市，分别是当涂县城姑孰镇、南陵县城籍山镇、广德县城桃州镇。

2. 26 个县城可发展为 II 型小城市

根据我国的城镇化特征和安徽的省情，发展为 II 型小城市的县城标准如下。一是当城市化率达到 50% 以上时，平原地区人口超 80 万人的县、丘陵地区人口超 50 万人的县、山区人口超 30 万人的县，应该有一座 II 型小城市。II 型小城市是由县城发展起来的，其建成区人口占全县总人口的 1/3。其中，非农人口占总人口的 1/2 左右。二是目前的县城建成区人口规模，平原地区应超过 8 万人，丘陵地区应超过 6 万人，山区应超过 4 万人。当前，安徽的部分县城如同时具备这两条标准，5 年间可以发展为 II 型小城市，具备一条者则需要 10 年以上。根据上面的两项标准，综合考虑每个县及县城的资源与环境承载力、交通区位、经济实力等重要条件，全省现有 26 座县城可以发展成为 II 型小城市，具体分布如下。

皖北地区 4 个，分别是泗县县城泗城镇、五河县城关镇、固镇县城、凤台县城。

江淮地区 12 个，分别是长丰县城水湖镇、来安县城新安镇、全椒县城襄河镇、含山县城环峰镇、和县县城历阳镇、金寨县城梅山镇、霍山县城衡山镇、怀宁县城高河镇、宿松县城学玉镇、望江县城华阳镇、太湖县城晋熙镇、岳西县城天堂镇。

皖南地区 10 个，分别是芜湖县城湾江镇、繁昌县城繁阳镇、泾县县城泾川镇、绩溪县城华阳镇、东至县城尧渡镇、青阳县城蓉城镇、歙县县城徽城镇、休宁县城海阳镇、黟县县城碧阳镇、祁门县城祁山镇。

第五章
安徽小城镇发展的历程与成就

　　小城镇通常指的城关镇以外的建制镇，小城镇的发展状况反映了广大农村地区城镇化发展水平。新中国成立以来，小城镇的建设和发展经历了一段曲折的历程。2013 年 12 月，党中央专门召开中央城镇化工作会议。这次会议上，习近平总书记提出了"城镇化是现代化的必由之路"的重要论断，提出了中国特色的新型城镇化道路。新型城镇化可以概括为以科学发展观为统领，以人为本，产业支撑有力、新型工业化带动作用明显、资源节约利用、环境友好发展、主体功能明晰、综合承载力强，城乡统筹发展和社会服务均等化的城镇化。2014 年 3 月，《国家新型城镇化规划（2014—2020 年）》正式发布。2014 年 12 月，国家发展和改革委员会等 11 个部委联合下发了《关于印发国家新型城镇化综合试点方案的通知》，将江苏、安徽两省和宁波等 62 个城市（镇）列为国家新型城镇化综合试点地区。2015 年李克强总理在政府工作报告中明确提出"加强资金和政策支持，扩大新型城镇化综合试点"。2015 年底国家领导人对小城镇和特色小镇建设做出批示，指出"特色小镇和小城镇建设大有可为，要走出一条中国特色的小城镇之路"。党的十九大和 2018 年中央一号文件明确提出，要按照产业兴旺、生态宜居、乡风文明、治理有效、生活富裕的总要求，实施乡村振兴"三步走"战略，实现城乡融合发展。

小城镇作为城市与乡村的重要联系纽带，集居住、产业、文化、生态和服务等多方面功能，在促进未来城乡新型发展格局构建中的重要作用更加凸显。小城镇是一种"半城镇、半乡村"的城乡过渡型聚落。作为城市之尾，小城镇因其区域中心地位和相对完善的功能设施，成为广大乡村区域就地就近城镇化的主要载体，是加速地方经济发展最具活力的增长点，是推进新型城镇化、破解城乡二元结构的重要抓手。作为乡村之首，小城镇的发展对乡村发展具有辐射和引领作用。建设与发展小城镇，是补齐乡村发展滞后短板，也是城乡联动、以城带乡，实施乡村振兴战略的有效路径和关键所在。小城镇的发展必然面临许多新的发展机遇。安徽小城镇发展和全国一样走过了一段曲折的道路。安徽省作为农业大省和生态大省，有着和谐宜居的生活环境、特色彰显的传统文化、优越的区位优势和便捷的交通条件，这些对于发展小城镇而言，都是不可多得的有利条件。安徽东邻长三角经济区，南承闽三角和珠三角，西接武汉城市圈，北靠中原城市群，是东部沿海发达地区和广大内陆地区的接合部，也是华北与华南的过渡带。加快安徽小城镇发展进程，对于优化产业结构和就业结构、适应经济发展新常态、推进城市发展、统筹城乡融合发展、践行乡村振兴战略具有十分重要的意义。

第一节　安徽小城镇发展的历程

历史上安徽是农业大省，城镇人口增长方式主要是自然增长，城镇发展起点低、起步晚。新中国成立初期，安徽没有大中城市，城镇化的主体是中小城镇，城镇化水平明显低于全国平均水平。新中国成立初期至 1979 年改革开放前夕，安徽小城镇发展缓慢而曲折。从 1980 年到 21

世纪初，在改革开放的时代背景下，安徽将城镇化的重点放在中小城镇上，小城镇经历了一个快速发展阶段。进入 21 世纪以来，安徽城镇化进程明显加快，实施了"中心城市带动"和"城市群"发展战略，成为社会经济发展的有力支撑和亮点。合肥、芜湖、蚌埠等区域中心城市的经济实力增强，辐射范围扩大，也为安徽小城镇的发展提供了基础和动力。特别是党的十八大报告明确提出"新型城镇化"命题，为城镇化发展释放了转型的新信号。党的十九大报告提出"人与自然是生命共同体"，把"坚持人与自然和谐共生"作为新时代坚持和发展中国特色社会主义的基本方略，重新把小城镇发展置于新型城镇化的核心地位。在新型城镇化建设中，安徽成为首批国家新型城镇化综合试点地区之一，安徽小城镇发展迎来契机。

一 曲折发展阶段（1952～1978 年）

从 20 世纪 50 年代经济恢复以来，安徽进入工业化时期，小城镇伴随工业经济的发展而缓慢曲折发展。1952～1957 年是安徽城镇化起步期。安徽省政府正式成立于 1952 年 8 月，当年年底安徽共有 8 个市，65 个县城，全省城镇人口 227 万人，占全省总人口的 7.6%，城市建成区面积之和不到 30 平方公里。1953 年安徽开始实施"一五"计划，国民经济有了较快发展，尤其是工业发展较快，"一五"期间工业增加值年均增长 21.4%。随着城市经济和工业化的迅速恢复，安徽城镇化开始起步，新的城镇不断涌现，老城镇规模不断扩大。随着工业发展和交通条件的改善，沿江两淮地区的城镇发展尤为迅速。1949 年后安徽省新建的 4 个工矿城市马鞍山、铜陵、淮南、淮北全部集中在这两个地区。全省城镇化率由 1953 年的 8.7% 提高到 1957 年的 9.0%，非农业人口由 1952 年的 179 万人增加到 1957 年的 356 万人。

1958～1965 年，安徽城镇化经历了快速的先升后降过程。其中，1958～1960 年呈现"大跃进"状态，城镇化率从 1957 年的 9.0% 快速提高到1960年的16.1%。不切实际的大规模工业化损害了农民、农村的利益，阻碍了农业发展，导致粮食供应紧张。1961～1965年，经济发展转入以"调整、巩固、充实、提高"为主线的调整期，农村人口向城镇的迁移受到了严格的控制。城市人口大规模向农村转移，连续5年出现负增长，1965年城镇化率下降到11.6%。这时，我国开始建立城乡分割的户籍管理制度，城镇化发展的制度障碍由此形成。

1966～1978年是停滞发展阶段。"文化大革命"期间，安徽城镇化陷入停滞。这一时期，我国推行重工业道路，城市吸纳就业的能力十分有限，工业化无法形成对城镇化的拉动，城市待业青年快速增加。从城市建设看，国家推行"三线"建设（以战备为指导思想的大规模国防、科技、工业和交通基本设施建设），由于缺乏规划，城市建设布局分散且不主张建设城市，违背了城市经济追求聚集的本质要求，严重阻碍了城镇化进程。到1978年，安徽的城镇化率仅为12.6%，城镇化发展近乎停滞。

二　快速发展阶段（1979～2000年）

改革开放初期，我国经济体制改革的重点在农村和沿海地区，安徽城镇化发展仍然较为滞后。1983年末，安徽省仅有建制镇108个。1984年安徽省召开小城镇建设工作会议，小城镇发展环境变得较为宽松。1984年5月安徽省委、省政府发布了发展小城镇的36条措施，允许务工经商的农民进入小城镇，离土不离乡，就地就近就业。不久，安徽小城镇建设形成了一次高潮，小城镇数量迅速扩张，发展突飞猛进。1996年第一次农业普查资料显示：不含县城关镇，安徽农村乡镇合计有1855个，其中建制镇802个，占比43.2%。按不同地域类型来划分，其中平原地区共有建制镇368个，丘陵地区354个，山区102个。

"九五"期间，安徽省大力实施"小城镇，大战略"，小城镇发展加速，小城镇建设取得了辉煌的成就。1995年，安徽开展小城镇综合改革试点。1996 年 1 月安徽省委、省政府发布《关于加快农村城镇化建设的决定》，提出加快农村城镇化建设步伐，提高城镇化水平，加速城乡一体化进程等一系列政策措施。1999 年 6 月，安徽省委、省政府在全国小城镇建设试点镇叶集镇召开全省小城镇建设工作会议，会后出台了《关于进一步加快安徽省小城镇发展若干意见》，明确了全省小城镇建设发展的指导思想、原则和目标，从加强宏观指导、搞好科学规划、发展经济、强化功能、改革小城镇户籍制度和小城镇土地使用制度，培育完善小城镇建设多元化投入机制等多方面提出明确要求，出台了一系列政策。这一时期安徽的小城镇主要沿交通干线、长江沿线布局，形成城郊结合型、乡镇企业主导型、旅游开发型、商贸型、综合发展型等多元化发展的格局。到 2000 年，全省建制镇发展到 850 个，农村集镇发展到 2490 个，30% 的建制镇和 5% 的农村集镇建成具有同期城市功能水准的现代化农村小城镇。重点建制镇商业设施齐全，一般集镇至少有 1 个固定商业服务设施和集贸市场，有 1 所多功能文体娱乐中心，视情况设置农贸市场和其他专业市场。1996～2000 年，安徽城镇化率从 21.8% 提高到 28.0%，与全国平均水平的差距从 8.8 个百分点缩小到 8.2 个百分点；城镇人口从 1293.3 万人增加到 1706.0 万人。这一时期小城镇建设如火如荼。其间，安徽小城镇建设投入达 390.2 亿元，推动了农村人口城镇化的步伐。2000 年安徽的市与镇人口比例发展为 53.5∶46.5，其中农村城镇化是这个时期推动城镇化进程的主要动力。小城镇的快速发展，促进了农村剩余劳动力的转移。"九五"期间，全省小城镇就地转移剩余劳动力 130 万人。

三 加速发展阶段（2001～2012 年）

进入 21 世纪，随着中部崛起战略的提出及安徽东向发展战略的实施，安徽工业化进入了加速发展阶段，带动了安徽城镇化的快速发展。2000 年，安徽提出把"推动城镇化进程"作为拉动经济社会增长的

"四大发展战略"之一。2006 年，进一步提出实施中心城市带动战略，推动大中小城市和小城镇的协调发展。2001～2012 年的 12 年间：安徽城镇化率由 29.3% 提高到 46.5%，城镇化率与全国的差距从 8.4 个百分点缩小到 6.1 个百分点；城镇人口从 1795.5 万人增加到 2012 年的 2784.4 万人；城市规模经济和集聚效应进一步凸显，合肥、芜湖等中心城市不断壮大；皖江城市带、合肥经济圈、皖北城镇群"一带一圈一群"的城市群发展格局初步形成。

在"一带一圈一群"的城市群发展格局的引领下，安徽省将培育小城镇作为加快城市化、加速工业化的有力抓手，作为促进县域经济发展的重要基础，精心加以培育和扶持。2006 年安徽在全省开展新农村建设，力推"千村百镇示范工程"，在全省择优确定示范镇 125 个、示范村 1133 个。"千村百镇示范工程"的实施促进了小城镇的发展。全省一批省级重点镇建设实现了跨越式发展，成为县市区域副中心，美化了名村古镇，开发了乡村旅游资源，优化了村镇环境。2009 年 6 月安徽省颁布实施《关于实施扩权强镇的若干意见》，其中列出 150 个扩权强镇，明确了小城镇向小城市跨越式发展的思想观念、措施办法和发展方向。通过这些改革，安徽小城镇逐渐摆脱了以传统农业为主的发展模式，工业型、城郊型、工贸型、旅游型等特色城镇层出不穷。截至 2012 年，安徽省建制镇 923 个，其中 10 万人以上人口的镇 47 个，20 万人以上的镇 1 个。全省小城镇年平均财政收入 1720 万元，其中超 3 亿元的镇 2 个，超 2 亿元的镇 2 个，超 1 亿元的镇 31 个。安徽全省共有 31 个镇被批准为全国发展改革试点镇，小城镇建设已初具规模。

四　新型城镇化发展阶段（2013～2020 年）

2012 年 12 月中央经济工作会议提出了要积极稳妥推进城镇化，走新型城镇化道路。传统的城镇化已经不能适应中国经济社会发展需求，新型城镇化被赋予了以人为本、绿色发展、统筹全局等新的内涵。2014年3月，中共中央、国务院印发的《国家新型城镇化规划（2014—2020年)》中提出要有重点地发展小城镇，对于具有特色资源、区位优势的小城镇，要通过规划引导、市场运作，将其培育成为文化旅游、商贸物流、资源加工、交通枢纽等专业特色镇。2016年初，党中央、国务院将加快发展特色小镇工作纳入国家"十三五"规划。2016年7月，住房城乡建设部、国家发展和改革委员会、财政部联合下发《关于开展特色小镇培育工作的通知》，提出到2020年，培育1000个左右各具特色、富有活力的休闲旅游、商贸物流、现代制造、教育科技、传统文化、美丽宜居等特色小镇。同年10月，住建部公布了首批127个中国特色小镇名单，全国掀起特色小镇建设热潮。

2014年12月29日，国务院正式公布了国家新型城镇化综合试点名单，安徽省和江苏省并列成为国家首批两个新型城镇化建设试点省。安徽省抓住机遇，积极发展特色小镇，于2016年8月出台了《关于开展特色小镇培育工作的指导意见》，并于同年11月公布了首批21处省级特色小镇。2017年5月安徽正式出台《安徽省新型城镇化发展规划（2016—2025年)》，提出积极培育发展潜力大、镇区人口达10万人以上的特大镇，到2025年，选择160个左右产业基础较好、生态环境优良、文化积淀深厚的小城镇，打造生态宜居型特色小城镇或特色小镇。2017年6月发布《加快推进特色小镇建设的意见》（以下简称《意见》)，提出到2021年，培育和规划建设80个左右省级特色小镇，重点打造一批特色小镇样板，形成示范效应。《意见》在新型城镇化理念的指导下，针对特色小镇建设，从资金、土地、改革、投融资、人才等方面出台了支持政策。特色小镇是安徽省供给侧结构性改革的重要平台，是推进新型城镇化和实施乡村振兴战略的重要抓手。省级特色小镇建设将以产业、社区、生态、文化功能聚合为抓手，挖掘、利用、放大特色资源优势，释放城乡融合新空间。以特色小镇创建为标志的安徽小城镇发展进入了一个新时期。从2017年6月起，安徽分别于

2017年9月和2019年3月两次公布了56个省级特色小城镇，其中包括6个安徽省级特色小镇（试验）的小城镇。安徽小城镇发展不论是数量还是品质均得到了快速提升。

第二节　安徽小城镇发展的成就与经验

改革开放以前，安徽小城镇经历了缓慢的发展历程。改革开放以后，在解放思想、放宽政策、搞活经济的方针指引下，安徽农村经济长足发展，农村劳动力充分解放，带动了农村工商业的发展，农村商品生产迅猛发展，乡镇工业发展开始起步。工业发展需要小城镇支撑，小城镇建设蓬勃兴起，为加速农村现代化和充分发挥小城镇沟通城乡、联结工农、聚集资源、辐射周边起主要作用，小城镇的发展对安徽省城镇化提升做出了巨大贡献。

一　安徽小城镇发展现状

1. 小城镇的数量和密度

2001～2017年，安徽省小城镇数量处于波动状态，2003年安徽省小城镇数量达到峰值970个，然后逐步下降到2009年的906个，此后，逐年上升至2015年的946个，至2017年维持不变。从图5-1可以看出，2001～2017年安徽省小城镇数量变化趋势：从2001年到2009年，安徽小城镇数量呈波动下降态势。乡镇合并速度大大提高，小城镇数量虽减少，但发展质量提高，小城镇镇区规模、人口规模和产业规模等都在不断增加。自2009年至2017年，安徽省小城镇发展从数量和质量上都得到了稳步提升。

从与周边省份的比较来看（见表5-1），2017年安徽小城镇数量仅次于湖南和河南，在周边地区中排第三，达965个。周边地区中浙江省

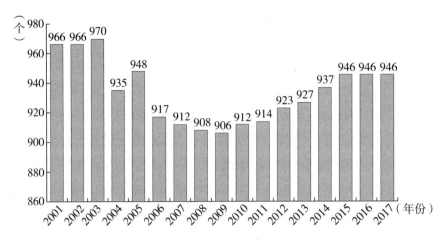

图 5 – 1 2001 ~ 2017 年安徽省小城镇数量变化趋势

资料来源:《安徽统计年鉴 2018》。

小城镇数量最少,共 641 个;湖南省小城镇数量最多,共 1134 个。安徽省小城镇密度仅次于江苏和河南,在周边地区中排第三,达 68.88 个/万平方公里,密度比同期排名最高的江苏省低 1.83 个/万平方公里,比同期最低的湖北省高出 27.94 个/万平方公里。

表 5 – 1 2017 年安徽省周边省份城镇数量和密度

单位:个,个/万平方公里

项目	江苏	浙江	安徽	河南	江西	湖北	湖南
小城镇数量	758	641	965	1151	825	761	1134
小城镇密度	70.71	60.76	68.88	68.92	49.40	40.94	53.54

资料来源:《中国统计年鉴 2018》。

2. 小城镇的规模水平

根据中国城乡建设统计年鉴 (见表 5 – 2),2016 年安徽省小城镇 (建制镇) 建成区面积为 22.83 万公顷,在周边省份中属于中等水平,低于江苏、浙江和湖北,高于河南、湖南和江西。小城镇建成区平均面积亦处于同样的位次。与小城镇发展较为发达的浙江相比,建成区总面积差距不大,仅为 1.09 万公顷,但建成区平均面积差距较大,只达到浙江省的 70.39%,这从一个侧面反映了两省之间小城镇发展水平的差距。

表 5-2　2016 年安徽省周边省份小城镇规模水平情况

项目	江苏	浙江	安徽	河南	江西	湖北	湖南
建成区面积（万公顷）	27.37	23.92	22.83	22.17	13.18	23.05	21.36
平均面积（公顷）	317.15	385.14	271.09	237.37	187.28	308.94	211.67
户籍人口（万人）	1302.6	778.6	973.2	1105.2	585.1	984.5	957.8
平均人口（万人）	1.77	1.25	1.16	1.18	0.83	1.32	0.95

资料来源：《中国城乡建设统计年鉴 2016》。

从小城镇人口规模上看，2016 年安徽省小城镇户籍人口 973.2 万人，在周边省份中属于中等水平，低于江苏、河南和湖北，高于浙江、湖南和江西。平均人口规模处于中等偏下水平，仅高于湖南和江西，低于江苏、浙江、湖南和河南。与平均人口规模最高的江苏相比，只相当于其 65.54% 的水平。

从省内小城镇发展情况来看，2017 年安徽省小城镇镇域平均常住人口为 4.84 万人。其中肥西县上派镇镇域人口最多，为 27.59 万人，桐城市鲟鱼镇人口最少，仅为 883 人，差距巨大。从城镇镇域平均人口的分布来看，平均镇域人口 6 万人以上的地市有淮北市、宿州市、亳州市、蚌埠市、阜阳市、合肥市和芜湖市，主要分布在皖北和皖江地带。从建成区面积来看，城镇建成区平均面积超过 1000 公顷的地市只有宣城市、芜湖市和合肥市，主要分布在皖江和皖南地区，建成区面积和镇域人口明显不匹配，有较大的提升空间。

3. 小城镇的产业发展

随着安徽城镇化建设不断推进，安徽城镇化快速发展，小城镇的产业结构也在不断调整，其中非农产业的发展成为小城镇经济飞跃的根本动力。依据《中国建制镇统计年鉴 2012》中的数据，对比周边省份建制镇企业情况，我们可以看到，2011 年安徽省小城镇企业数量、镇均企业数量、工业企业数量、镇均工业企业数量在周边省份中排名均为最低，与周边省份差距巨大。其中，企业数量不足浙江的 1/3，工业企业数量不足浙江的 1/5（见表 5-3）。这说明安徽省小城镇企业数量相比周边省份总量较少，小城镇经济产业发展空间仍然较大。

表5-3 2011年安徽省周边省份小城镇企业情况

地区	企业数量（万个）	镇均企业数（个）	工业企业（万个）	镇均工业企业（个）
江苏	79.34	922.56	48.01	558.26
浙江	70.66	1080.42	42.70	652.91
安徽	22.00	240.70	7.98	87.31
河南	39.02	385.95	19.22	190.11
江西	32.23	405.92	10.66	134.26
湖北	38.75	522.24	13.88	187.06
湖南	40.11	357.81	13.77	122.84

资料来源：《中国建制镇统计年鉴2012》。

另外，通过对比安徽周边省份建制镇人口就业情况，可以清楚地看出：2011年安徽省小城镇第一产业就业人员占比为45.28%，比重非常高，分别高出江苏省和浙江省23.34个百分点和21.75个百分点；第二产业就业人员占比却远远低于江苏省和浙江省，在中部六省中处于中等水平（见表5-4）。这说明安徽省小城镇的人口集聚功能仍有进一步的提升空间，第二产业吸纳劳动力能力可进一步提高。

表5-4 2011年安徽省周边省份小城镇企业情况

单位：万人，%

地区	就业数量	第一产业	第二产业	第三产业	一产占比	二产占比	三产占比
江苏	3416.62	749.61	1575.73	1091.28	21.94	46.12	31.94
浙江	1894.82	445.88	888.52	560.42	23.53	46.89	29.58
安徽	2709.53	1226.69	800.75	682.09	45.28	29.55	25.17
河南	2880.70	1300.44	883.61	696.65	45.15	30.67	24.18
江西	1418.56	620.53	416.08	381.95	43.74	29.33	26.93
湖北	2031.16	800.98	595.17	635.01	39.46	29.29	31.25
湖南	2380.72	1273.34	543.06	561.32	53.49	22.81	23.70

资料来源：《中国建制镇统计年鉴2012》。

从省内小城镇发展情况来看，2017年安徽省小城镇平均企业从业人数为4649人。从小城镇平均企业从业人员数量的排序分布来看，数量超过4000人的地市只有淮北市、合肥市、马鞍山市和芜湖市，除了位于皖北的淮北市以外，其他三市均位于皖江地带；镇域平均企业数量的排序分布与此相对应，镇域平均企业数量超过 400 个的地市也只有淮北市、合肥市、马鞍山市和芜湖市，小城镇产业发展区域差异非常明显。

3. 小城镇的基础设施建设

2016 年，安徽省小城镇基础设施建设进入一个新阶段。《中国城乡建设统计年鉴 2016》数据显示：2016 年全省建制镇供水普及率达 72.83%，燃气普及率达 45.51%，人均道路面积达 12.06 平方米，排水管道密度达 6.58 公里/平方公里，污水处理率达 33.04%，人均公园绿地面积达 2.18 平方米。表 5－5 统计了周边省份建制镇市政公用设施水平，经对比发现，安徽省小城镇建设水平在周边省份中处于中上游，其中人均道路面积、人均公园绿地面积仅次于江苏和浙江，处于第三位，生活垃圾处理率还需要不断提高。

表 5－5　2016 年安徽省周边省份建制镇市政公用设施水平

地区	人口密度（人/平方公里）	人均日生活用水量（升）	人均道路面积（平方米）	人均公园绿地面积（平方米）	绿化覆盖率（%）	生活垃圾处理率（%）
江苏	5858	106.51	18.18	6.68	29.42	99.22
浙江	4918	126.63	13.71	2.25	15.56	97.06
安徽	4743	102.76	12.06	2.18	19.52	79.69
河南	5497	85.93	11.62	1.33	21.47	77.84
江西	4906	94.80	10.53	1.30	9.86	86.89
湖北	4732	101.47	11.15	0.95	16.01	89.10
湖南	5241	109.03	8.89	1.63	23.24	77.25

资料来源：《中国城乡建设统计年鉴 2016》。

二　安徽小城镇发展成就

安徽农村改革带动了地方小城镇兴起。20 世纪 80 年代以来，安徽农村冲破计划经济体制的束缚，商品经济应运而生，乡镇企业异军突起，改革开放中农村小城镇率先崛起。小城镇的蓬勃发展，反过来又推动全省的城镇化进程。进入 21 世纪以来，在快速推进城镇化与新型城镇化的政策导向下，安徽各市县通过深化农村改革，结合县域经济发展，实施民生工程，采取政策支持、项目引导、优化发展环境、打造载体平台等一系列措施，开展了新型城镇化与美丽乡村建设。小城镇在建设规模、基础设施、城镇功能、镇容镇貌、综合经济实力和社会事业等方面有了很大飞跃，集聚功能和辐射能力不断增强，安徽省小城镇建设总体上经历了城镇数量越来越多、城镇人口规模越来越大、经济实力逐步增强、发展环境逐步优化的历程，小城镇建设已成为推进安徽城镇化进程的重要力量，对地方经济社会发展做出了巨大的贡献。

1. 城镇化水平不断提高

小城镇数量和发展水平逐年上升，尤其在 2014 年底被列为国家新型城镇化试点省以来，安徽省坚持以人的城镇化为核心，以加快提高户籍人口城镇化率为主要目标，进一步增强农业转移人口进城落户意愿和能力，提升城镇综合吸引力和承载力，完善新型城镇化保障机制，新型城镇化试点取得积极成效。2017 年，全省常住人口城镇化率、户籍人口城镇化率分别由 2014 年的 49.2%、22.7% 提升到 53.49%、31%。其中常住人口城镇化率比改革开放初期总计增长 40.89 个百分点，每年增长 1.05 个百分点，发展快速。安徽省抓住了改革开放的大好时机，先发展中等城市与小城镇，再进行皖江外向开放，然后发挥中心城市的带动力，最后发展城市群，这些工作的开展促使安徽省的城镇体系更加合理，大城市与小城镇的空间结构不断优化，推进了安徽省的工业化进程，表明安徽的小城镇建设发展有力地推进了安徽的城镇化进程，有效地带动了区域的发展，安徽的小城镇建设已初具规模。

2. 小城镇实力不断提升

在发展壮大城镇经济的过程中，安徽始终抓住工业经济、农业经济、城镇建设等重点工作，将加快产业培育、促进经济发展作为发展小城镇的核心内容，不断夯实基础经济实力。一方面，通过积极发展高效设施农业，壮大现代农业经济；另一方面，加快培育和壮大适合本镇实际的特色产业，以城镇建设促进农村劳动力转移，带动农业产业化和农民增收。同时大力发展第三产业，增添后续发展能力，形成二产主导、三产加快发展的良好格局。重点中心镇和特色镇的综合经济实力不断增强，地区生产总值和公共财政收入大幅增加，财政贡献力度不断提升，在县域经济中的次中心作用和片区经济中的龙头作用愈加显著，在全省经济发展中占据重要位置。全省重点中心镇经济总量和规模不断扩大，竞争力不断增强，涌现出了一大批特色小城镇。其中分三期进入全国发展改革试点的有 31 个小城镇，还有 15 个国家级特色小镇以及 56 个安徽省级特色小镇等。

3. 产业发展特色更加鲜明

安徽省不同地区发展起来的重点小城镇，走的是"人无我有，人有我优"的特色发展道路，把特色发展变成了提高城镇竞争力、集聚力的有效途径。许多小镇充分利用当地资源，因地制宜，加大招商引资力度，发展壮大特色产业，不断延伸产业链发展，特色产业迅速壮大，较好地带动了地方经济发展和人口就业。各地将依托地方优势发展特色经济、依托产业平台促进产业集聚作为发展小城镇的重点内容，初步形成一产加强、二产主导、三产加快的发展格局，产业发展水平、规模和特色明显增强。一方面，区域特色十分鲜明。皖北地区特色小镇充分体现了区域农业发展优势，同时具有向一二三产业融合、农业产业化服务和农业创新发展的趋势；皖江地区特色小镇继承了工业和旅游优势，同时具有向金融服务和创业创新等高端化发展的趋势；皖西地区特色小镇立足特色农产品和环境优势，在生态产品开发和制造业等方面有所突破；皖南地区特色小镇在做好传统文化旅游业的同时，有向休闲养生、体育运动、文化创意等多元化发展的趋势。另一方面，特色产业发展迅速。形成了以中药材、特色农业、食品、纺织服装、电线电缆等制造业为主，以徽派文化、传统古村落、山水风光等文化旅游产业为主的建制镇特色小镇。经过多年培育和发展，大多数重点中心镇形成了富有地方特色的支柱产业和块状经济，辐射带动周边发展的能力进一步提升，区域经济增长极作用日益凸现。

4. 小城镇集聚效应显著增强

集聚功能逐步增强，发展载体作用不断凸显。在推进特色小镇建设时，安徽省委、省政府和省直有关部门以及各地市纷纷从组织、资金、土地、人才等方面，推进体制机制创新，强化政策支持力度，有效地促进了小城镇人口、要素的集聚；通过鼓励土地向规模集中、人口向集镇社区集中、产业向园区集中等方式，加快要素配置改革，促进要素资源集聚，重点中心镇集聚和辐射功能持续增强，建成区规模继续扩大、人口不断集聚。在一系列优惠政策引导下，集聚效应显著增强。省内许多重点小城镇的返乡农民工利用从东南沿海等先进发达地区带回来的资金、技术、经验等，在故乡各个行业中进行创业，大大推动了小城镇发展的集聚效应。如：宿州市杨楼镇镇区人口不断增加，最快时年增长率为20%，创业者多数从事第三产业；阜阳市杨桥镇每年外出务工人员较多，近年来返乡自主创业人员达上千人，该镇还重点吸收了部分不便外出的中老年劳动力和妇女就业，其中有多人受到各级政府创业先进个人表彰。

5. 公共服务设施日趋完善

全面推动了城镇公共物品供给的改善。公共物品的供给质量决定着城镇生活的品质，改善城镇基础设施和提升公共服务水平，需增加城镇公共物品的有效供给。安徽各地将完善城镇功能、强化服务、提升形象作为发展小城镇的重点任务，促进重大基础设施、公共服务设施在城乡和区域间共享共建、衔接协调，逐步提升优化重点中心镇和特色镇的集镇服务功能。随着新型城镇化不断推进，小镇建设不断深入，小城镇在交通、水电、通信、教育、医疗等基础设施建设等方面持续推进，财政投入力度显著增强。城镇基础设施的改善，营造了良好的人居环境，增强了小城镇对农民进镇务工经商的吸引力，进一步缩小了城乡差距，不断满足了城乡群众物质文化的需求，为回乡创业人员创造了更为广阔的发展空间。积极利用镇本级、上级资金及社会资金，加大资金投入力度，加快推进公共服务设施建设。新型城镇化融资渠道逐步拓宽，创新市场化融资模式，建立全省 PPP（即公私合营模式）项目储备库。截至2017 年底，安徽省共有 965 个项目纳入国家发展和改革委员会传统基础设施领域 PPP 储备库，总投资 10942 亿元。农村土地制度改革稳步推进，开展"资源变资产、资金变股金、农民变股东"改革试点工作，2017 年安徽省 824 个村开展农村集体资产股份合作制改革。城镇规划建设水平进一步提升，全力推进城市综合管廊建设，截至 2017 年底，已开工建设 225 公里。另外，小镇发展还促进综合服务体系不断健全，在社会事业发展、民生保障工程建设等方面均取得较好成果。目前，已形成以镇区为核心、较完善的基础设施，基础教育、就业服务、医疗卫生、社会养老等基本公共服务体系不断健全，城镇功能进一步优化。小城镇的环境变得更加宜居，居民生活质量水平不断提高，居民的满意度不断提高，普遍感受到小城镇建设给他们带来的实惠。

6. 城镇空间体系更趋合理

近年来，安徽城镇化加速发展，城镇空间结构逐渐优化，城镇化的空间布局趋向合理。特别是 2005 年以来，安徽开展农村区划调整，整合农村资源，逐渐培育壮大了包括合肥、芜湖、安庆、黄山、阜阳、蚌埠等城市在内的中心城市。同时建成一批人口超 20 万人、经济实力较强的县级中小城市，带动了周边一批小城镇的发展与壮大。截至 2018 年底，安徽省包括省辖市在内有 23 个市，县城 54 个，其他建制镇 946 个，共有各级城镇总数 1249 个，基本形成了以省会合肥市为龙头、以区域性中心城市为骨干、以多个县城和小城镇为基础的"金字塔"式城镇层级结构。城镇规模序列由以小城镇为主的结构逐步演变为大、中、小城市与小城镇兼有的较为完善的结构；城镇空间分布初步形成"两线三片"（"两线"指沿江、合徐—合芜—芜宣高速公路城镇发展轴；"三片"指合肥城市群、沿江城市群、"两淮一蚌"城市群）的基本格局，奠定了进一步发展的基础。

7. 小城镇居民收入稳步提高

有研究表明，安徽新型城镇化发展、经济增长与城乡居民收入存在长期的均衡关系，长期来看安徽省发展新型城镇化将有助于城乡居民收入差距的缩小。具体表现为：安徽城镇化的不断提升，促进了安徽农村居民消费的增长；农村居民消费的增长又在一定程度上促进了城镇化的发展。城镇化率的提高对农村居民收入稳定具有促进作用，农村居民收入的增长也促进了城镇化率的提高。2018年安徽居民收入增长加快，就业、物价保持稳定。全年城镇常住居民人均可支配收入34393元，同比增长8.7%，增幅比上年提高0.2个百分点，比全国平均增幅高0.9个百分点；农村常住居民人均可支配收入13996元，同比增长9.7%，比上年提高0.8个百分点，比全国平均增幅高0.9个百分点，与全国平均水平差距比上年缩小了53元。城乡居民人均收入倍差2.46，比上年缩小0.02。

三 安徽小城镇发展的经验

安徽的小城镇建设，走出了安徽独特的发展历程：积极推进小城镇的建设，不断增强小城镇的发展能力，加快城镇化步伐；改善小城镇的发展面貌，提升人民群众的生活水平；挖掘小城镇优势资源，扩大特色产业规模；积极统筹城乡发展建设，推动乡村振兴战略发展。从而形成了以下几个方面的经验。

1. 分区化培育

安徽小城镇地域差别明显。受安徽地域板块影响，安徽小城镇自南向北分为皖南、皖中、皖北三个自然区域和皖江城镇带。安徽小城镇的建设与发展，在整体融入周边大城市或经济圈（带）发展的基础上，按地域的不同特点，进行分类指导与推进：在皖中城镇群的发展建设中，集中加强了对合肥都市圈建设，对其产业结构进行了合理的调整，在发展过程中避免了过去相互之间不良竞争的问题；在皖南小城镇的发展中，对皖南旅游区进行了科学规划布局，实行了严格的生态环境、自然资源等的保护政策，注重旅游城镇组团内外部的分工；在皖北城镇带的发展中，加强建设镇密集区，加快区域性增长极的培育；在皖江城镇带的发展中，优先建设发展"芜马铜"城镇带，加快建设皖江制造业基地，推进皖江地区的工业化进程。

2. 产业化主导

小城镇的发展需要不断强化小城镇的产业支撑。安徽省在城镇化推进的过程中，结合不同小城镇的资源禀赋，按照比较优势原则，综合考虑区位与资源优势、人口规模、经济发展水平，把发展旅游城镇、工业城镇、文化城镇、休闲城镇有机结合起来，通过主导产业培育，推动小城镇产业的成长，注重在经济发展中推进城镇化。同时，找准产业发展主路径，在细分产业上深入谋划，着力培育小城镇特色主导产业的核心竞争力。在明确特色产业发展方向的同时，推进其他产业向小镇特色产业延伸，在有限的空间内，强化特色产业上下游及相关产业集聚，从而形成了有地域特色的旅游镇（如歙县的深渡镇）、工业镇（如天长市的秦栏镇）、休闲镇（如肥西县的三河镇）等特色小城镇。

3. 特色化塑造

依托自身资源特色建设经济强镇。依托自身的资源优势，凝聚特色资源，塑造特色小城镇。进一步梳理小镇的文化、生态、交通、农产品、地理位置等资源，以小镇特有的资源为主导，充分利用"互联网＋"技术，采用众筹、文创、共享、个性化定制等新型模式，加强自身品牌营销策略、物流配送和项目落地能力，加快特色产业与地域特色风情、文化和环境之间的相互融合，进而培育出小镇的独特优势。安徽省已经出现了一批极具特色的经济强镇。一些小城镇立足自身优势，做大做强特色产业，形成了具有竞争力的产业集群，如无为县高沟镇的电缆产业，天长市秦栏镇的电子产业，当涂县的机械、刃磨具加工业，砀山县的水果加工业，歙县的生态旅游业等。特色小城镇建设多种模式并存，包括以地方传统产业为核心的模式、以特色历史文化为核心的模式、以独有自然资源为核心的模式、以全国品牌企业为核心的模式、以特大主题公园为核心的模式、以前沿文化创意为核心的模式、以影视特色主题为核心的模式、以特色民俗风情为核心的模式、以政策扶持引导为核心的模式、以高校科研资源为核心的模式等。

4. 功能化融合

加大特色小镇"生产、生活、生态"的融合和"产业、文化、旅游和社区"等功能整合，是特色小镇区别于市区和开发区的独特之处。"生产、生活、生态"的融合体现在特色小镇建设的功能布局、资源开发等多方面，要求在提高居民生活品质、保护优美环境的同时，促进小镇的产业发展。推进"产业、文化、旅游和社区"四大功能的组合完善，体现在以专业化、特色化来支撑产业发展，以文化功能提升产品品质、丰富产品内涵，以旅游功能宣传、打造产品品牌，以社区功能吸引产业队伍和高端人才集聚等多方面。

5. 有序化建设

在小城镇发展建设的过程中，做好政府的引导和监管，积极推进其做好规划，量力而行、有序推进，使小城镇建设纳入法治化、规范化的轨道。一是做好小城镇发展规划。早在2000年，全省小城镇完成了总体规划编制，有97.3%的小城镇完成了建设规划的调整，规划质量有了明显提高，凤台县毛集镇、濉溪县临涣镇、亳州双沟镇总体规划获省二等奖。二是发挥好政府的引导和监管作用。地方政府是特色小镇建设的责任主体，政府引导作用的发挥在于强化前期研究和谋划，明确小镇定位，制订小镇建设方案。加强事中事后监督，禁止与小镇发展导向不一致的建设行为，防止其走偏。三是小城镇建设量力而行、有序发展。安徽特色小镇起步较晚，发展基础相对较弱，具体特色小镇的建设要做到因地制宜和量力而行，避免片面追求"高大上"。

6. 市民化推进

为推进安徽新型城镇化试点省建设，安徽坚持以人的城镇化为核心，积极推进户籍制度改革，完善涉农服务，稳步推进农业转移人口的市民化，切实解决实际难题，加快提高城镇化率，努力走出一条高质量、可持续、广包容的城镇化道路。一是深入推进户籍制度改革，切实放宽农业转移人口落户城镇门槛。2016 年，安徽省通过深化户籍制度改革，全面放开建制镇和小城市落户限制，进一步放宽设区市的落户限制，进一步提高户籍人口城镇化率。在户籍系统中取消了农业和非农业户口性质区分，实现了"一元化"户口登记。建制镇和小城市落户限制全面放开。2014～2017 年，全省共有 413.6 万名农业转移人口落户城镇。全省积极开展省内户口一站式无证迁移工作，截至 2017 年底，已办理省内户籍无证迁移 27979 人。二是完善涉农人员的服务。全面落实居住证制度，推动"三权落实、五有并轨"，进一步促进农业转移人口融入城市。居住证制度的落实使得流动人口在劳动就业、子女教育、证照办理、社会保障等多领域能够和市民享受同等的待遇。截至 2017 年底，全省登记流动人口 504.68 万人，制发居住证 162 万张。2017 年末全省户籍人口 7059.2 万人，比 2012 年末增加 157.2 万人；常住人口 6254.8 万人，比 2012 年末增加 266.8 万人；城镇化率 53.49%，比 2012 年末提高 7 个百分点，初步进入城市主导型社会，城乡结构发生历史性变化。三是做好农民工市民化。农民工市民化实现程度取决于省内城镇能否提供足够的就业机会。通过承接东部产业转移，省内城镇可以有效扩大就业容量，吸引农民工就地就近转移且安居下来，较易完成农民工市民化过程。扎实推进新型城镇化试点省建设，坚持以人为本，着力提升城镇综合吸引力、承载力和可持续发展能力。通过完善涉农服务，来打造特色小镇，打造"政府、企业、居民"的利益共同体。四是切实解决发展中的实际难题。切实解决农民工就业、住房、子女上学、看病、养老等难题。加大农业转移人口职业技能培训力度，将农业转移人口纳入住房保障范围，建立以居住证为主要依据的农业转移人口随迁子女入学政策，在全省范围建立制度名称、政策标准、经办服务、信息系统"四统一"的城乡居民养老保险制度，积极推进跨省异地就医直接结算工作。

第三节　新型城镇化下的安徽小城镇建设与发展

城镇化是一个国家和地区实现现代化的必经之路。安徽省坚持工业化、城镇化双轮驱动，城镇化水平得到了快速持续提升，直接带动了农村小城镇的快速建设与发展。推进安徽的新型城镇化，发展农村小城镇，成为解决农业、农村、农民问题的重要途径，推动城乡、区域协调发展的有力支撑，扩大内需和促进产业升级的重要抓手。

一　安徽特色小城镇建设发展导向

2017 年 5 月安徽正式出台《安徽省新型城镇化发展规划（2016—2025 年）》，明确提出了发展建制镇和特色小（城）镇要求。该规划指出：增强建制镇产业发展、公共服务、吸纳就业、人口集聚功能，促进城乡发展一体化。积极培育发展潜力大、镇区人口 10 万人以上的特大镇，推动建制镇开展设市模式试点，引导农业转移人口就近就地城镇化，着力提升小城镇承载能力。到 2025 年，选择 160 个左右产业基础较好、生态环境优良、文化积淀深厚的小城镇进行重点培育。

1. 特色小（城）镇建设类型指引

按照《安徽省新型城镇化发展规划（2016—2025 年）》要求，安徽小城镇建设按照特色小城镇（建制镇）和特色小镇（非建制镇）两方面进行指引。

在特色小城镇建设方面，分六类进行引导。一是农业服务型特色小城镇，重点支持淮南市毛集镇、怀远县万福镇、当涂县黄池镇等小城镇，结合农业生产需求和服务半径，努力完善镇内农业生产服务设施和公共服务设施，加快构建镇村一体的农业生产和生活服务体系；二是工业发展型特色小城镇，重点支持天长市铜城镇、繁昌县孙村镇、界首市光武镇等小城镇，发展特色工业产业，引导企业向园区集中，加强市政基础设施和园区配套设施建设；三是商贸流通型特色小城镇，重点支持淮北市杜集区朔里镇等小城镇，注重改善交通设施，加强商业街、集贸市场和仓储物流设施建设；四是旅游发展型特色小城镇，重点支持庐江县汤池镇、六安市裕安区独山镇、休宁县齐云山镇、岳西县温泉镇等小城镇，注重特色旅游业态打造，以休闲旅游为核心产业，构建融合文化、旅游、生态、社区等功能为一体的创新创业发展平台，完善提升服务接待能力；五是历史文化型特色小城镇，重点支持肥西县三河镇、铜陵市郊区大通镇、旌德县白地镇、黟县宏村镇、青阳县陵阳镇等小城镇，塑造文化风貌特色，加大古建筑、古街区的保护开发力度；六是民族聚居型特色小镇，重点支持亳州市谯城区十八里镇等小城镇，加强生态保护、旅游资源打造、非物质文化遗产保护，形成民族文化、民俗风情与自然风光相辅相融的格局。

在特色小镇建设方面的引导是：借鉴浙江模式，立足产业"特而强"、功能"聚而合"、形态"小而美"、机制"新而活"，推进一批特色小镇建设，重点培育 80 个左右产业基础较好、生态环境优良、文化积淀深厚的小镇，将其打造成为创新创业人才聚集区和新型城镇化的有效载体。

2. 特色小（城）镇发展方向引导

安徽省小城镇的发展，要以乡村振兴战略为目标，以新型城镇化理念为指导，探索出一条具有安徽特色的人本化、生态化、集约化、差异化的发展建设道路。

一是要走人本化的小城镇发展道路。新型城镇化发展的理念表明，城镇化的根本目的是提升人民群众的生活水平和生活质量，城镇化不是简单的人口比例增加以及城市面积扩张，更重要的方面是实现产业结构、社会就业方式、人居生活环境、社会保障条件等一系列由"乡"到"城"的重要转变。要切实树立人本理念，实现城镇化战略转型，坚持以促进产业和人口向城镇集聚为核心的小城镇发展道路；新型城镇化发展的关键是推动产城融合发展。在小城镇发展过程中，要兼顾产业特色、生态宜居以及居民意愿，推进"文化产业＋小城镇＋企业""环保产业＋小城镇＋企业""旅游产业＋小城镇＋企业"等多元融合发展模式，既有利于助推特色产业发展，又可以加快以人为本的新型城镇化，推进产城融合发展进程。要把新型小城镇打造成为一个具有社区功能的产业发展平台和人居空间，完善城镇的商业服务、公共服务、教育医疗、休闲娱乐等公共基础服务设施，完善社区的管理、服务、保障、教育、安全稳定五大基本功能。发展社区的组织力量，形成浓厚人文底蕴，增强城镇居民的责任意识和心理归属感。人的城镇化是进城农民融入城市的过程，实质是让农民享受到与城市居民同样的公共服务与社会权益。应该明确各级政府的责任，合理分担公共成本，充分调动社会力量，建立由政府、企业、个人共同分担的农民工市民化机制。

二是要走生态化的小城镇发展道路。首先，在小城镇建设理念上融入生态文明。必须守住生态底线，坚持生产、生活、生态"三生融合"的理念。小城镇建设要走可持续发展的道路，将人与自然和谐共处作为建设目标，对生态城镇和区域生态承载力要运用环境容量等理论进行系统分析，使开发建设始终处于平衡协调的可持续发展状态。小城镇的建设必将会带给许多企业更为广阔的发展空间，为避免功利主义和市场至上法则侵蚀社会责任，除了政府的引导、督查、惩罚外，企业应将环保责任内化为企业行为的有机部分。其次，在产业选择上注重生态文明。小城镇应将产业定位为资源节约型、环境友好型的绿色产业，摒弃高消耗、高投入、高污染的产业模式。即使是经典传统产业也必须融入绿色发展的元素，从粗放式、外延式发展转向集约式、内涵式发展，积极采用现代工艺技术，提升产品品质，实现产品的创新升级。最后，在基础建设和生活方式上倡导生态文明。小城镇要力争实现"嵌入式"开发，在保留原汁原味的自然风貌的同时，积极推进小镇景区化建设，实现绿化和艺术化的结合。不断提升小镇居民的环境保护意识，倡导绿色、低碳的生活方式，促使特色小镇成为民众生活方式向绿色低碳、文明健康方向转变的引领之地。

三是要走集约化的小城镇发展道路。新型城镇化理念下的小城镇发展需要遵循集聚集约发展的规律，避免将小城镇发展片面理解为数量的增长和规模的扩张，忽视小城镇内涵质量的提高；避免造成人口与生产要素配置失衡，土地资源的浪费。在突出市场主体地位的基础上，通过集约化，不断培育并形成适合城镇自身发展的产业生态，不但能够凝聚人气，而且能吸引人流、物流、资金流、信息流、数据流等等。让适合特色小镇发展方向的产业走"特而强"的发展道路，成为小镇乃至当地发展强有力的支撑。尊重区域差异性，采取分区发展、分类指导的方式，形成各地各具特色、多元统筹、竞相发展的有利局面。皖北片区：积极培育增长极，实施县城突破战略，鼓励人口的就地城镇化和异地城镇化并重；皖中、皖江片区：采用合肥、芜湖自主创新发展策略，提升工业化质量，推进本地人口充分的就地城镇化，同时吸纳其他地区人口及周边省份的转移人口；皖南片区：突出保护生态和文化环境，以特色城镇化为核心，促进人口的适度城镇化。

四是要走差异化的小城镇发展道路。新型城镇化理念下的小城镇发展要避免千镇一面和同质化竞争，破除工业依赖以及路径依赖。由于不同地区小城镇发展水平差距较大，要结合小城镇自身资源特色因地制宜发展不同职能类型小城镇。如皖南片区，拥有条件优越的山水自然风景资源，建立了以黄山为中心的旅游型和休闲服务型的特色小城镇。皖江片区依托黄金水道，小城镇建设多是工业型强镇，有传统制造业小城镇，也有高新技术和创新产业小城镇。对于工业相对落后地区的小城镇，农业现代化、产业化将成为建设小城镇的重要支撑。对于产业优势不突出的地区，建设服务型小城镇或是一条可供选择的路径。小城镇发展始终要以打造产业生态为根本，产业发展要与当地生态、经济、文化、历史进行有机融合，打造新型产业小城镇，这样才能有效避免同质化。

二 安徽特色小城镇的发展实践

进入 21 世纪以来，安徽省将培育小城镇作为促进县域经济社会发展的重要基础，安徽小城镇逐渐摆脱了以传统农业为主的发展模式，各类特色城镇层出不穷。

1. 建设特色小（城）镇

在一些地区的城市化过程中，通过建设一批中心建制镇、全国小城镇建设试点镇、全国重点镇等，一些在区位、资源、文化、产业等方面具有明显特色、规模较大的建制镇，通过吸引人口与要素集聚发展为新兴小城镇，已具备发展成Ⅱ型小城市、形成新市镇的条件。如谯城区古井镇、颍上县谢桥镇、和县沈巷镇和贵池区梅龙镇等工矿型的建制镇，萧县黄口镇和霍邱县叶集镇（已提升成为区）等边界地区综合型的建制镇，肥西县三河镇和桐城市孔城镇等旅游型的建制镇，怀远县龙亢镇和郎溪县十字镇等垦地合作型的建制镇。

党的十六大后，为加快推进我国新型城镇化进程，提高城镇建设质量，国家和安徽分别通过全国发展改革试点小城镇、中国特色小镇和安徽特色小镇建设，推出了一批特色小（城）镇。

一是全国发展改革试点小城镇建设。在国务院体改办指导的小城镇综合改革试点工作基础上，国家发展和改革委员会在全国开展小城镇发展改革试点工作。2005～2012 年，分三批在安徽推荐了 31 个全国发展改革试点小城镇，积极进行相应的政策扶持，分别是肥东县撮镇镇、黟县宏村镇、六安市叶集发展改革试验区、淮南市毛集发展改革试验区、黄山区耿城镇、天长市秦栏镇、芜湖县陶辛镇、长丰县岗集镇、萧县杨楼镇、宣城市宣州区水阳镇、肥西县三河镇、歙县深渡镇、宿松县复兴镇、颍上县迪沟镇、黟县西递镇、合肥市蜀山区井岗镇、肥东县长临河镇、潜山县黄铺镇、宿松县汇口镇、桐城市范岗镇、枞阳县老洲镇、怀远县龙亢镇、东至县大渡口镇、定远县炉桥镇、舒城县杭埠镇、寿县炎刘镇、霍邱县姚李镇、含山县清溪镇、濉溪县临涣镇、颍州区程集镇、徽州区呈坎镇。

二是中国特色小镇建设。特色小镇发源于浙江，2014年，杭州的云栖小镇首次提到特色小镇的概念，2016年后得到推广。国家发展和改革委员会、财政部以及住建部决定在全国范围开展特色小镇培育工作，计划到2020年，培育1000个左右各具特色、富有活力的休闲旅游、商贸物流、现代制造、教育科技、传统文化、美丽宜居等特色小镇，引领带动全国小城镇建设。2006～2017年，分两批在安徽推荐了15个中国特色小镇，积极进行相应的政策扶持，分别是铜陵市郊区大通镇、安庆市岳西县温泉镇、黄山市黟县宏村镇、六安市裕安区独山镇、宣城市旌德县白地镇、六安市金安区毛坦厂镇、芜湖市繁昌县孙村镇、合肥市肥西县三河镇、马鞍山市当涂县黄池镇、安庆市怀宁县石牌镇、滁州市来安县汊河镇、铜陵市义安区钟鸣镇、阜阳市界首市光武镇、宣城市宁国市港口镇、黄山市休宁县齐云山镇。

三是安徽省级特色小镇建设。在"创新、协调、绿色、开放、共享"发展理念指导下，建设安徽特色小镇，作为安徽产业转型升级的重要抓手，成为推动供给侧结构性改革、促进创新创业、加快新型城镇化建设的重要手段。根据安徽省第十次党代会和省五大发展行动计划的战略部署，立足产业"特而强"、功能"聚而合"、形态"小而美"、机制"新而活"，培育建设一批产业特色鲜明、生态环境优美、体制机制灵活、人文气息浓厚、宜居宜业宜游的特色小镇，成为安徽省创新创业新高地、发展动能转换新样板，为全面建设现代化五大发展美好安徽提供有力支撑。2017～2019年，安徽分两批在全省推荐了56个省级特色小镇（包括6个省级实验特色小镇），积极进行相应的政策扶持，分别是合肥市合巢经济技术开发区三瓜公社电商小镇、合肥市包河区滨湖金融小镇、芜湖市无为县高沟电缆小镇、黄山市徽州区西溪南创意小镇、六安市霍山县上土市温泉小镇、滁州市天长市冶山玩具小镇、宣城市泾县中国宣纸小镇、安庆市怀宁县石牌戏曲文化小镇、安庆市潜山县源潭刷业小镇、黄山市休宁县齐云山旅游小镇、芜湖市芜湖县六郎殷港艺创小镇、淮北市烈山区石榴小镇、黄山市黄山区太平湖运动休闲小镇、宣城市旌德县灵芝健康小镇、池州市东至县尧渡袜业小镇、宣城市绩溪县雕刻时光小镇、蚌埠市怀远县上谷农贸小镇、池州市青阳县朱备禅修小镇、宿州市砀山县酥梨小镇、阜阳市颍州区中原花都芳香小镇、铜陵市经济技术开发区铜都创新小镇、马鞍山市和县香泉小镇、蚌埠市蚌山区国际足球小镇、亳州市谯城区十河芍花养生小镇、淮南市寿县八公山豆腐小镇、合肥市高新区中安创谷科创小镇、芜湖市弋江区滨江松鼠小镇、芜湖市南陵县大浦我家农场小镇、安庆市岳西县中关村筑梦小镇、宣城市宣州区水东甜蜜小镇、六安市金寨县天堂寨旅游电商小镇、池州市石台县富硒氧吧小镇、阜阳市颍上县八里河旅游风情小镇、滁州市凤阳县小岗农创小镇、安庆市太湖县寺前禅文小镇、淮北市相山区芳香小镇、宿州市泗县运河小镇、芜湖市芜湖县航空小镇、六安市霍山县石斛小镇、黄山市黟县宏村艺术小镇、黄山市歙县深渡山水画廊小镇、亳州市谯城区古井白酒小镇、宣城市广德县汽车检测小镇、黄山市经济技术开发区徽艺小镇、亳州市涡阳县义门中药养生小镇、铜陵市铜官区西湖铜艺小镇、宿州市高新区数字小镇、安庆市中国桐城文学小镇、池州市青阳县九华运动休闲小镇、滁州市南谯区琅琊山仙居谷养生小镇50个安徽特色小镇，池州市贵池区杏花村诗意田园小镇、蚌埠市淮上区智慧物流小镇、合肥市巢湖市黄麓镇建筑科创小镇、蚌埠市禹会区禾泉农创小镇、安庆市桐城市双港软包装小镇、六安市舒城县杭埠镇智慧电子小镇6个安徽特色（试验）小镇。

2. 安徽特色小（城）镇的实践

国家发改委、财政部以及住建部在安徽推荐出的15个中国特色小镇，在安徽小（城）镇实践中具有很好的代表性。在此对这些特色小镇分别做简单介绍。

铜陵市郊区大通镇。大通位于铜陵市中部，古名澜溪，建镇已有千年。历史上曾是一座名闻天下的江岸重镇，与安庆、芜湖、蚌埠并称安徽"四大商埠",有"小上海"之美誉。现为铜陵南部新城核心区,镇域面积 70.72 平方公里,人口 2.3 万人。大通镇始建于西汉时期,唐代在此建"大通水驿",是著名的交通要道。大通镇矿产资源丰富,境内富蕴金、铁、铅、锌、石灰石、石英石、煤炭等金属和非金属矿产,尤以金、石灰石储量极为丰富。大通镇依托资源优势,建筑建材、选矿化工、煤炭、农产品加工等主导产业日益发展壮大,已具备较强的竞争实力。铜陵国家级长江淡水豚自然保护区位于大通镇和悦洲,总面积约 31518 公顷,主要保护对象是白鳍豚、江豚、中华鲟、达氏鲟、白鲟、胭脂鱼等,目前育有 50 头江豚,是世界上首座利用半自然条件对白鳍豚、江豚等进行易地养护的场所,自然环境优美。2016 年 10 月 14 日,安徽省铜陵市郊区大通镇被列为第一批中国特色小镇。

安庆市岳西县温泉镇。地处江淮分水岭大别山南坡,四周群山环绕,中间大部分地区为丘陵和小盆地,地势北高南低,东部和北部为高山区,主峰黄毛尖海拔 1578.4 米。中部和南部多为丘陵畈区,冲垄纵横,尤以汤池、风形、旧营三畈著称,低畈区海拔仅 380 米。境内山清水秀、林木葱茏、溪流交错、风景优美。温泉镇建于 1992 年 3 月,由汤池、斯桥、东营 3 乡合并而成,位于岳西县城北郊,总面积 86 平方公里,总人口 32990 人。温泉镇历史文化底蕴深厚,有中共安徽省委首任书记王步文故居、中国工农红军中央独立第二师师长王效亭烈士故居、千年古寺朝阳寺、宋代资福寺和罗源古茶厂遗址等旅游景点,还有久负盛名的汤池温泉。温泉镇境内的汤池地下热矿水 200 余年长涌不衰。泉区有大、小温泉出水点 10 余处,原大、小汤池两处每日温泉自流量 110 立方米,水温恒定,水质纯净,水量不衰,是大别山区独特资源之一。2016 年 10 月 14 日,温泉镇被列为第一批中国特色小镇。

黄山市黟县宏村镇。宏村镇,古称弘村,村镇位于黄山南麓,地处青弋江水系与新安江水系分水岭,是徽文化的主要发源地之一,总面积 188.95 平方公里,总人口 1.84 万人。2000 年 11 月 30 日,宏村被联合国教科文组织列入世界文化遗产名录,也是国家首批 12 个历史文化名村之一，是国家级重点文物保护单位、安徽省爱国主义教育基地、国家5A级景区。2016年10月14日，宏村镇入选第一批中国特色小镇。

六安市裕安区独山镇。独山镇（又称将军镇）位于安徽省六安市裕安区西北，大别山山脉东麓，淠河水源头，总面积186平方公里，人口8.7万人，全镇以旅游业和茶业（将军镇六安瓜片）为发展方向，是全国重点镇、全国红色旅游先进单位、国家AAAA级旅游风景区、安徽省爱国主义教育基地、安徽省最佳旅游乡镇、安徽省环境优美乡镇、安徽省历史文化名镇、安徽省特色景观旅游名镇、安徽省森林乡镇。境内有独山革命旧址群、龙井沟风景区2个国家AAAA级景区，其中龙井沟风景区素有"江北九寨沟"的美誉；还有邓小平同志亲笔题字的"六霍起义纪念塔"和"六霍起义纪念馆"。独山镇一共走出了16位开国将军，是中国革命的策源地之一，享有"中国第一将军镇"之美誉。2016年10月14日，独山镇入选第一批中国特色小镇。

宣城市旌德县白地镇。白地镇位于皖东南宣城市旌德县西南，距黄山风景区37公里，是通往黄山的东大门，总面积95.8平方公里，总人口1.5万人，森林覆盖率62%。白地镇下辖的内江村具有1400多年的历史。镇内物产丰富，矿产品有铁、锌、石灰石、石煤等。2005年白地镇被国家评为"历史文化名村"和"4A级风景景区"，2006年被国务院公布为"全国重点文物保护单位"。随着经济持续发展，白地镇小城镇建设已驶入快车道，2003年先后被安徽省人民政府批准为"中心建制镇"和"重点中心镇"，被宣城市环保局批准为"环境优美乡镇"，被安徽省政府授予"全省村镇建设先进乡镇""优秀旅游乡镇""全省创建文明乡镇工作先进乡镇"等称号。2016年10月14日，白地镇入选第一批中国特色小镇。

六安市金安区毛坦厂镇。毛坦厂镇是中国历史文化名镇，位于大别山东北麓余脉，地处舒城、霍山、金安三县（区）交界，是金安区最南端的山区乡镇，总面积59.6平方公里。2017年，行政区域面积62.86平方公里，常住人口53368人。国道105线、县道六毛路穿镇而过，毛坦厂镇是省级中心镇。境内有 AAAA 级风景名胜区 1 处——东石笋风景区，省重点文物保护单位 1 个——毛坦厂明清老街重点古建筑。毛坦厂镇拥有独特的山城文化和长达 1.5 公里的徽派古建筑群，被列为全省红色旅游精品线路景点。2005 年 9 月入选第三批中国历史文化名镇名单。立足风景区游客多和毛坦厂中学师生多的平台，把工作着力点放在围绕教育产业和旅游产业上。毛坦厂镇先后被授予"全国创建文明村镇工作先进村镇""全国先进基层党组织""全国环境优美乡镇""国家发展改革试点镇""全省'五个好'乡镇党委标兵""全省首届文明乡镇""中国历史文化名镇""全省红色旅游乡镇""全省最佳旅游乡镇"等光荣称号。2017 年 7 月 27 日，毛坦厂镇入选第二批中国特色小镇。

芜湖市繁昌县孙村镇。孙村镇位于芜湖市繁昌县城西南，孙村镇交通发达，区位优势明显。镇村道路纵横交错，沿江高等级公路穿城而过，沪铜铁路穿越全境，有 1 座货运站在境内距城仅 2 公里，紧靠长江黄金水道，加之芜湖长江大桥和枫墩铁路编组站的建成，全镇公路、铁路、水路运输四通八达，形成国家级交通干道、镇级公路互联互通的道路交通网络。孙村镇历史悠久，人杰地灵，自古人文荟萃，现有人口 5.83 万人。著名欧亚大陆人类早期活动遗址——人字洞即在境内。1998 年，国家"九五"攀登专项安徽课题组在孙村镇癞痢山"人字洞"发掘出早更新世早期灵长类化石和大量哺乳动物化石，并发现有人工打制痕迹的石器和骨器。经国内外旧石器考古专家鉴定确认，这些石制器、骨制器属早更新世早期，距今 250 万年，为亚欧地区目前发现的最早人类文化遗物。镇南马仁奇峰景区是省级森林公园，国家 AAA 级景区，景区地处长江南岸的繁昌、铜陵、南陵三县交界处，居皖南旅游带中部，素有"皖南门户"之称，峰石俊秀，林木森森，是八百里皖江风情画廊中一幅美妙的山水佳作。抗日战争时期孙村镇是繁昌县主要抗日根据地，谭震林将军带领的新四军第三支队就驻扎在孙村镇中分村，新四军第三支队同日本侵略军在孙村镇梅冲村开展著名的"塘口坝血战"。孙村镇外贸服装工业经过十多年的自我积累和滚动发展，已从单纯做加工发展到全部做外贸订单，产品遍布世界各地，成为安徽省乡镇一级最大的外贸服装生产加工基地。孙村镇分别被中央文明委和国家建设部授予"全国创建文明村镇先进单位""全国村镇建设先进镇"荣誉称号。2017年7月27日，孙村镇入选第二批中国特色小镇。

合肥市肥西县三河镇。位于肥西县南端，地处肥西县、庐江县、舒城县三县交界处，与西南的舒城县杭埠镇、南面的庐江同大镇、肥西丰乐镇和严店乡毗邻接壤，2017年，镇域面积78.77平方公里，人口56629人。三河镇有三河大捷遗迹、郑善甫故居、古民街等景点，2015年10月，境内的三河古镇景区获评国家AAAAA级旅游风景区。三河镇堪称"地理枢纽"，曾是兵家必争之地，又是兴盛繁华商埠，号称"皖中商品走廊"，又有"小上海""小南京"之誉。三河镇是中国历史文化名镇、全国文明村镇、中国美食文化古镇、中国最美乡村（小镇）100佳、全国首批美丽宜居小镇、中国特色景观旅游名镇。2017年7月27日，三河镇入选第二批中国特色小镇。

马鞍山市当涂县黄池镇。黄池镇位于安徽省马鞍山市当涂县境东南部大公圩西南端，总面积83.5平方公里，2017年人口45299人。黄池镇是安徽省200家中心建制镇之一，安徽省农业产业化重点乡镇，安徽省政府认定的57个产业集群专业镇之一，是全国重点镇。黄池是一个古老重镇，历史悠久，人文景观多，旧时镇内有留爱桥、广教寺、点将台，还有风景秀美的桃园、水间凉亭、风峙库等建筑，由宋理宗亲书牌匾的"丹阳书院"是安徽省早期书院之一。境内的采石矶又名牛渚矶，居我国著名的"长江三矶"之首，被誉为"天下第一矶"。黄池镇又是安徽省食品加工产业集群专业镇、安徽省农产品加工业示范基地。青山河高新园区坐落在黄池境内。马鞍山黄池食品（集团）公司是国家级农业产业化重点龙头企业、安徽省明星企业。2011年"黄池""金菜地"双双荣膺中国驰名商标。黄池镇是市级"平安乡镇""马鞍山市中心镇""马鞍山市平安乡镇"，2017年7月27日，入选为第二批中国特色小镇。

安庆市怀宁县石牌镇。石牌古镇始建于北宋建隆元年（公元960年），是一个有着千余年历史的商贸古镇，系怀宁县老县城，地处怀宁县西南部，辖区总面积91.7平方公里，2017年人口99822人。石牌文化积淀深厚，素有"徽黄故里，戏曲圣地"之称，不仅是京剧前身徽剧的发源地，而且是全国地方剧种之首——黄梅戏的发源地。历史上名伶辈出，享有"梨园佳弟子，无石（石牌）不成班"的美誉；这里同时还是清代戏剧界"四大徽班"进京发起人、"京剧鼻祖"程长庚的成长地，是"京剧大师"杨月楼的故里。目前，该镇正在建设中国徽班博物馆，倾力打造戏曲文化特色街区，石牌将成为全国戏曲工作者的文化体验基地、戏曲爱好者的旅游目的地。镇内的安徽石牌经济开发区现有华帆、邵段两个工业集聚区，总面积1.5平方公里，基础设施建设累计投资2000余万元，2009年2月被安徽省经委列为全省农副产品加工示范基地。1999年，该镇被列为安徽省中心建制镇，2000年被评为省重点中心镇，2004年被建设部、国家发改委等6部委授予"全国重点镇"称号，2013年被评为"全国特色文化产业示范镇"。2014年石牌镇再次上榜新一轮"全国重点镇"，上榜"2018年度全国综合实力千强镇"。2017年7月27日，石牌镇入选第二批中国特色小镇。

滁州市来安县汊河镇。汊河镇位于安徽省来安县东南部，毗邻江苏省南京市，与南京江北新市区、南京高新区相连，滁河、清流河、来河在此交汇，故名汊河，总面积116.77平方公里，耕地6.25万亩，2017年全镇人口38974人。104国道穿境而过，宁洛、宁淮、宁连高速公路傍境而过，距南京长江大桥15公里，南京地铁3号线林场站和过江隧道江北连接口距汊河仅6公里，南京602路公交车直达汊河桥头，处于南京1小时经济圈核心层，是皖东对接南京的桥头堡。这里区位优越，交通便捷，水网密布，经济活跃，人民生活富裕。南京地铁S4号线（又称滁宁城际铁路）北线计划于2022年6月通车。其中汊河有4站，分别是汊河镇站、汊河新城站、相官镇站（预留）、相官北站。汊河新区建设正在全力推进，新区总体规划 30 平方公里，首期开发 10 平方公里，一期基建工程"一纵二横"建设已全面启动。汉河新区功能定位：滁州市来安县南部经济中心，工商居住型现代化城镇，南京卫星镇。汉河新区产业定位：以加工制造业为重点，大力发展现代工业和高新技术产业，强化环境和资源意识，严禁污染严重的项目入区，控制高能耗、高水耗项目进入，逐步形成科技开发、商贸流通、休闲度假为一体的市场化、现代化、生态型经济区，逐步建成与南京都市圈互动发展的现代加工制造基地、商贸产品集散基地、绿色食品供应基地和城市居民休闲度假基地。汉河新区发展目标：布局合理、设施完善、环境优美、具有水城特色的现代化城市，建设成为安徽省沿边经济强镇，力争成为全省一流的经济强镇。汉河镇是全国重点镇、全国可再生能源建筑应用示范镇、安徽省生态镇、安徽省最佳旅游乡镇、安徽省轨道交通装备产业集群镇、全省扩权强镇试点镇、滁州市平安乡镇、来安县金融生态信用镇。2009 年汉河镇被省批准为首批扩权强镇试点镇。2015 年 9 月，来安江北水岸科技新城成立。2016 年 11 月，汉河新区入选国家级产城融合示范区。2016 年 12 月，汉河水乡风情小镇项目通过国家发展和改革委员会审核。2016 年 12 月 26 日，滁州港正式开港。2017 年 7 月 28 日，汉河镇入选第二批中国特色小镇。

铜陵市义安区钟鸣镇。铜陵市义安区钟鸣镇位于皖江南畔，是铜陵的东部重镇。东南与芜湖市繁昌县、南陵县交界，总面积 154.5 平方公里，2017 年总人口 36549 人。宁铜铁路、合福高铁、宁安高铁、沿江快道、沿江高速、铜南公路、铜宣高速、沪渝高速过境。境内名胜古迹有狮子山、马仁山、水龙山、牡丹山、金山、清凉寺、西明寺、北宋林学家陈翥墓园和育桐著书址。钟鸣镇借助独一无二的区位交通和得天独厚的生态环境优势，积极谋划和推进生态休闲养生产业发展，发展生态休闲旅游业、生态养生农林业、养生用品制造业等重点养生行业，致力于打造"逍遥仙谷、乐活天堂"。钟鸣镇主导产业集聚度明显提升，初步形成了以机械铸造、电子电缆、服装纺织、新材料等为支柱的产业格局。钟鸣镇先后荣膺全国重点镇、全省文明村镇、全省基层文化工作先进单位、全省民俗文化艺术之乡、全省生态镇和森林城镇等荣誉称号；1994 年被列为全国 500 个小城镇建设试点镇；1996 年列为安徽省综合改革试点镇；1999 年列为安徽省中心建制镇。2017 年 7 月 28 日，钟鸣镇入选第二批中国特色小镇。

阜阳市界首市光武镇。光武镇，隶属于安徽省界首市，位于界首市北部，距界首市区 16 公里，面积 46.4 平方公里，其中建成区面积 3.7 平方公里，2017 年常住人口 60377 人。光武镇因汉光武帝刘秀与王莽长期争战于此而得名，是全国唯一用皇帝谥号命名的城镇，距今已有 2000 多年的历史，自古以来就是中原地区的驿站和重镇。该镇商业繁荣，主要经营棉花、布匹、药材等，是当时中原地区重要的集散市场。1995 年，光武镇被国家体改委、公安部等 11 部委列为全国首批 57 家综合改革试点镇之一。光武镇废旧塑料回收加工市场的形成，起源于 20 世纪 80 年代的废旧物资回收，发展于 90 年代，兴旺于 2002 年以后。目前，全镇废旧塑料回收加工市场发展势头强劲，以光武循环工业园建设为载体，狠抓产业链条延伸，吸引了众多产业要素的集聚，初步实现了企业小循环、园区中循环、社会大循环的目标，成为全国较大的再生塑料集散地，华东地区重要的化纤生产基地，同时也是全国最大的再生塑料生产基地，全国最大的雨靴生产基地。2017 年，全镇实现工业总产值 200 亿元，同比增长 42%；完成税收 4 亿元，同比增长 33%；累计完成固定资产投资 12.8 亿元，多项指标全市领先。2017 年 7 月 28 日，光武镇入选第二批中国特色小镇。2019 年 9 月 11 日，光武镇入选"2018 中国中部乡镇综合竞争力 100 强"。

宣城市宁国市港口镇。港口镇位于宁国市北陲，南距市区 18 公里，北距宣城市 31 公里，东临水阳江。港口镇行政区域面积 9710 公顷，2017 年常住人口 30463 人，是"昔日的千年古镇，今日工业新城"。皖赣铁路横贯镇区，芜屯公路纵贯南北，交通发达，区位优越。港口镇自然资源丰富，境内拥有石灰石、煤炭、陶土、黏土、膨润土、石英砂岩矿等优质矿产资源。海螺集团核心企业宁国水泥厂就坐落在该镇。上市企业江南化工有限公司也坐落在该镇。2005 年 4 月该镇启动了 6.5 平方公里港口工业集中区建设，该工业集中区定位为：南面依托省水泥厂，大力发展汽车运输修配产业，做大做强陶瓷产业；北面依托江南化工厂，加快以民爆企业为主的北河片区建设；以宁港路为纽带，中部突破，带动南北，壮大化工、建材、陶瓷产业集群，突出港口工业集中区中心区地位。港口镇是全国重点镇、安徽省改革和发展试点镇、安徽省土地流转试点镇，2017 年 7 月 28 日入选第二批中国特色小镇，2018 年 5 月 24 日入选"最美特色小城镇 50 强"，2019 年 9 月 11 日入选"2018 中国中部乡镇综合竞争力 100 强"。

黄山市休宁县齐云山镇。齐云山镇历史悠久，人杰地灵。齐云山古称"岩前"，因位于齐云山白岳峰前方而得名，1988 年设为"岩前区"。1992 年撤区并乡后，为适应齐云山旅游发展形势需要，树立齐云山旅游品牌，改"岩前区"为"齐云山镇"。该镇总占地面积 110 平方公里。齐云山镇因齐云山而得名。作为中国道教四大名山之一，千百年来，齐云山的瑰丽景色吸引了无数游客前来，现有宫、殿、院、坛、阁等 108 处，道观 27 处，道房 12 间，道教绘画、摩崖石刻和碑刻更是数以千计。乾隆皇帝称之为"天下无双圣境，江南第一名山"。齐云山是国家重点风景名胜区、国家地质公园、国家 AAAA 级旅游景区、中国体育旅游精品景区。齐云山镇是全国环境优美镇。2017 年 7 月 28 日，齐云山镇入选第二批中国特色小镇。

第六章
安徽城乡一体化发展的实践与经验

　　城乡一体化是中国现代化和城镇化发展的一个新阶段，城乡一体化就是要把工业与农业、城市（镇）与乡村、城镇居民与农村村民作为一个整体，统筹谋划，促进城乡在规划建设、产业发展、市场信息、政策措施、生态环境保护、社会事业发展的一体化，改变长期形成的城乡二元经济结构，实现城乡在政策上的平等、产业发展上的互补、国民待遇上的一致，让农民享受到与城镇居民同样的文明和实惠，使整个城乡经济社会全面、协调、可持续发展。这不仅是思想观念的更新，也是政策措施的变化；不仅是发展思路和增长方式的转变，也是产业布局和利益关系的调整；不仅是体制和机制的创新，也是领导方式和工作方法的改进。城乡一体化的核心是推进传统城乡二元体制机制的变革。它体现的是随着生产力的发展，促进城乡居民生产方式、生活方式和居住方式变化的过程，使城乡人口、技术、资本、资源等要素相互融合，互为资源，互为市场，互相服务，逐步达到城乡之间在经济、社会、文化、生态、空间、政策（制度）上协调发展的过程。

　　城乡一体化的思想在 20 世纪末开始产生。长期以来，中国是一个典型的城乡"二元结构"的国家。新中国成立以后，为了民族独立和加快社会主义建设，国家确立了优先发展重工业的发展战略，并采取高度集中的计划经济、农产品统购统销、城乡户籍分隔管理等一系列制度，不仅从农业提取工业发展的原始积累，而且进一步固化了城乡"二元结构"。改革开放以后，随着家庭联产承包责任制的实施，一系列经济体制改革相继推行并不断深化，农业市场化程度不断提高，农村劳动力自由迁移、就业范围不断拓宽，城乡、工农之间的产品要素交换环境得到了改善，但城乡"二元结构"的特征依然明显。到了 20 世纪 80 年代末期，由于历史上形成的城乡之间隔离发展，各种经济社会矛盾出现，城乡一体化思想逐渐受到重视。安徽的发展进程紧跟国家社会经济发展步伐。自改革开放到 21 世纪初，随着安徽经济社会的发展，尤其是城镇率的不断提升，传统"二元结构"带来的"三农"问题在作为农业大省的安徽表现得更为突出，安徽逐渐意识到城乡协同发展的重要性，开始积极解决城乡间不合理的问题。在进入 21 世纪后，"三农"问题更为突出。2002 年党的十六大报告提出了"统筹城乡经济社会发展"，明确了加快城乡统筹发展的重大任务和方向，为我国开辟出了一条"跳出'三农'抓'三农'"的全新思路，安徽开启了城乡统筹发展新阶段。安徽从试点推进全省城乡一体化的发展开始，经过十年的"统筹城乡发展"实践和理论创新，为城乡一体化发展奠定了坚实的基础。2012 年，党的十八大报告提出了"实施城乡一体化发展战略"，安徽也开启了"四化同步"推进城乡一体化发展新时期，实现了从"城乡统筹"进入"城乡一体化"发展的跨越，安徽省城乡一体化进入提升发展期。

第一节　城乡一体化发展的安徽历程

城乡一体化的发展同城镇化的发展、二元结构的转换以及人民生活水平的提高有密切联系。改革开放前，安徽也是高度集中的计划经济，通过农产品的统购统销和城乡户籍分隔管理等一系列制度，固化了安徽的城乡"二元结构"。改革开放后，随着家庭联产承包责任制在安徽的全面推开，安徽城乡经济得到了巨大发展，城乡统筹和城乡一体化思想开始出现。20世纪的改革开放，开启了安徽城乡一体化发展的新起点。总体来看，安徽城乡一体化的发展可以划分为以下三个阶段。

一　启蒙发展阶段（1978～2001年）

这一阶段安徽省城乡一体化发展十分缓慢。由于受社会政策和社会传统的影响和制约，安徽省城镇化水平较低，城乡二元结构明显。2001年安徽的城镇化率为29.3%，还未突破30%，城乡之间融合发展十分有限。这一时期，城乡间的问题快速凸显，主要表现为两方面。一方面，城镇经济不景气，导致城镇居民失业问题增多。就业问题的压力给广大居民的生活带来影响，城镇居民幸福指数下降。另一方面，农村粮食购销体制持续改革和深化，却没有适当的粮食价格稳定保护措施，粮食的丰收带来了"谷贱伤农"问题。一部分农村剩余劳动力试图去城镇寻找再就业机会，但是城乡二元体制障碍和通货膨胀所带来的就业压力，导致农村剩余劳动力不能够顺利转移，最终的结果是这部分人辗转在农村和城镇之间，成为社会的负担。为了解决城乡发展过程中出现的问题，安徽部分城市周边的政府试图通过一些措施改变不和谐的局面，合理协调城乡关系，在小范围内推进了城市与乡村的融合。

也正是这一时期，国家为了进一步搞活农村经济，在安徽农村实行家庭联产承包责任制之后，1985年国家取消了实行30年的农副产品统购统销政策，在改革农产品统购派购政策、调整产业结构方面迈出了重大的一步，成效十分显著。但由于未能及时调整工农、城乡的利益分配关系，农业生产中出现了一些问题。为进一步解决这些问题，1986年中央一号文件《关于1986年农村工作的部署》明确提出"增加农业投入，调整工农城乡关系"。1996 年 1 月 29 日安徽省委、省政府发布《关于加快农村城镇化建设的决定》，提出加快农村城镇化建设步伐，提高城镇化水平，加速城乡一体化进程。

随着整体经济社会局势的逐渐好转，安徽省城乡一体化水平总体呈上升趋势发展，城乡居民收入水平缓慢提高。因此，这一时期安徽城乡一体化缓慢发展，处于启蒙发展阶段。

二 统筹试验阶段（2002～2011 年）

城乡一体化的一个重要方面是加快城镇化，减少农村人口，扩大城镇人口，唯有这样才有能力逐步实现一体化。2002 年，安徽城镇化率突破 30%，达到了 30.7%，表明安徽开始进入城乡融合发展阶段。这一时期的突出表现是：安徽城镇化率快速提高，城乡居民生活水平不断提高，城乡居民收入差异减小，城乡一体化水平快速提升。2002 年 11 月，党的十六大报告提出"统筹城乡经济社会发展，建设现代农业，发展农村经济，增加农民收入，是全面建设小康社会的重大任务"。这是在党的全国代表大会上，第一次从国民经济社会全局的角度提出的城乡共同发展战略，进一步明确了加快城乡统筹发展的重大任务和方向，开启了中国经济社会发展的新纪元，成为安徽城乡一体化快速发展的新起点。

2004 年中央一号文件《关于促进农民增加收入若干政策的意见》又提出了"按照统筹城乡经济社会发展的要求，坚持'多予、少取、放活'的方针，调整农业结构，扩大农民就业，加快科技进步，深化农村改革，增加农业投入"。繁荣的经济和政策导向，为安徽省城乡一体化发展提供了良好平台。安徽省位于我国中部偏东南，靠近长三角经济圈，利于承接长三角产业转移的优势发挥，很好地解决了安徽省在剩余劳动力方面的就业压力，同时对安徽省经济发展有很好的推动作用。

2007 年 10 月 15～21 日，党的十七大报告在总结十六大以来的理论创新和实践经验的基础上，进一步提出"统筹城乡发展，推进社会主义新农村建设"，同时强调"要加强农业基础地位，走中国特色农业现代化道路，建立以工促农、以城带乡长效机制，形成城乡经济社会发展一体化新格局"。从此，安徽进入"以工促农、以城带乡"的城乡一体化发展新时期。为进一步贯彻落实党的十七大精神，2008年，在国家相关部门政策的指引下，安徽试点开展城乡一体化发展，积极探索推进城乡一体化的经验，出台了《关于加快推进城乡一体化试点工作的指导意见》。该意见指出：以加快城镇化为核心，以构建城乡统一的基础设施、公共服务体系为着力点，打破城乡二元结构，统筹城乡发展，推进农村生产、生活方式转变，使农村和城市共享现代文明。从2008年开始，先后在省内选择了芜湖、马鞍山、铜陵、淮北、合肥、淮南6市和郎溪1县开展试点。2009年，要求在城乡一体化综合配套改革试点全面展开的基础上，全省部分重点领域改革取得突破；其他具备条件的市县在城乡一体化发展部分领域取得积极进展。主要采取的措施有以下三方面。一是加强对城乡一体化综合配套改革试点的指导，跟踪了解试点进展情况，及时总结推广好经验好做法，鼓励其他市县积极探索符合实际的城乡一体化发展途径。二是指导试点市抓紧编制城乡一体化发展规划，加快推进城乡规划管理、户籍管理、土地管理、行政管理、公共财政和社会管理综合配套改革，积极探索农村土地流转、农民转移就业、社会保障覆盖等有效途径。三是出台《安徽省统筹城乡经济社会发展推进城乡一体化的意见》，加强对改革试点的组织领导和工作指导，强化部门协调配合。自2008年4月6市开展试点工作以来，试验区在促进以工哺农、以城带乡、缩小城乡差别方面取得了显著成效。

2008年10月，十七届三中全会通过《中共中央关于推进农村改革发展若干重大问题的决定》，城乡一体化发展战略的指导思想更加明确："把建设社会主义新农村作为战略任务，把走中国特色农业现代化道路作为基本方向，把加快形成城乡经济社会发展一体化作为根本要求"，并提出"必须统筹城乡经济社会发展，始终把着力构建新型工农、城乡关系作为加快现代化的重大战略"，同时，从制度建设、现代农业建设、农村社会事业发展等方面，为实现城乡统筹发展和全面建设小康社会战略任务做出了全面具体的部署。2010 年 10 月十七届五中全会通过的《中共中央关于制定国民经济和社会发展第十二个五年规划的建议》，在全面总结党的十六大以来科学发展、统筹城乡发展实践以及对中国未来发展趋势客观、准确判断的基础上，提出了"三化同步"，即"在工业化、城镇化深入发展中同步推进农业现代化"的战略思想。从现代农业发展、城乡基本公共服务均等化、农村社会事业发展、体制改革和制度建设等方面对加快形成城乡发展一体化格局进行部署规划。

2010 年国务院批复的皖江城市带承接产业转移示范区的规划，是安徽省第一个国家级发展规划。随着这一发展规划的逐步实施，安徽省形成了在承接产业转移中促进城乡互动、融合发展的安徽特色。例如，宣城市的郎溪县是安徽省第一个以县为单位开展的城乡一体化综合配套改革试验区。郎溪县，一个历史上灾害频发、贫穷落后的小县，正以日新月异的新面貌令世人刮目相看，其掀起的"郎溪现象"为人们津津乐道。郎溪县紧抓实施皖江城市带承接产业转移示范区规划的机遇，打破行政区划界限，积极承接以无锡市企业为代表的江浙地区产业和资本的转移，合作发展开发区、工业园区和乡镇工业聚集区，加快产业集聚，提高开发园区的经济规模和辐射能力，成为重要的经济增长极，有效带动农业及农村经济的繁荣，促进了县域经济的快速发展。"郎溪现象"的突出之处就是实现了大规模集群式、高端承接产业转移，在转型发展中加速崛起，建立健全城乡一体化协调发展的体制机制，促进城乡公共资源均衡配置和生产要素自由流动。在随后的几年间，皖江城市带承接产业转移示范区的各县区以开发园区为载体，以工业化、信息化带动农业产业化，促进城乡产业整合发展，坚持"工业强县富民"和"以城带乡，以城融乡"，大大优化了城乡产业一体化布局，开创了城乡统筹发展的新局面。

在国家一系列理论和实践创新的指导下，安徽按照城乡统筹发展战略的要求，积极探索跳出"农业"解决农业问题、跳出"三农"解决"三农"问题的路径，安徽城乡"二元"结构开始出现松动，公共财政覆盖农村的范围不断扩大。这一时期安徽城镇化率从 2002 年的 30.7%上升到 2011 年的 44.8%，城乡居民收入差距显著减小，在统筹城乡经济社会发展方面，安徽取得了很好的成效。这十年间，安徽省城乡二元结构加快转换，城乡一体化快速发展。

三 城镇化推进阶段（2012～2020 年）

2012 年 11 月，党的十八大报告明确提出"实施城乡一体化发展战略"，这是我国经济社会发展战略实质内容的再一次深化，是一次质的飞跃。第一，由"三化同步"深化到"四化同步"。报告提出，坚持走中国特色新型工业化、信息化、城镇化、农业现代化道路，推动信息化与工业化深度融合、工业化和城镇化互动、城镇化和农业现代化相互协调，促进工业化、信息化、城镇化、农业现代化同步发展。将农业农村发展真正融合在国民经济社会整体发展之中。第二，将城乡一体化发展作为解决"三农"问题的根本途径。既要加强农业基础地位，加快新农村建设，同时要加大城乡统筹发展力度，逐步缩小城乡差距，着力促进农民增收，让广大农民平等参与现代化进程，促进城乡共同繁荣。第三，从制度建设上保障城乡一体化发展。党的十八大报告提出，加快完善城乡发展一体化体制机制，着力在城乡规划、基础设施、公共服务等方面推进一体化，促进城乡要素平等交换和公共资源均衡配置，形成以工促农、以城带乡、工农互惠、城乡一体的新型工农、城乡关系。这些是城乡发展一体化的关键。党的十八大为安徽城乡一体化发展指明了更加清晰的方向。经过两年多时间的发展，安徽城镇化水平从 2012 年到2014 年提升到 49.2%。这意味着在 2015 年，安徽的常住人口城镇化率会突破 50% 这个历史"拐点"，城乡常住人口格局将发生根本性变化，城乡一体化将产生新变化。

2014 年，安徽城镇化率虽总体上接近 50%，但是在实际发展过程中，区域的差异比较大。2014 年合肥及沿江地区的人口城镇化率大多超过 60%，而皖北地区的人口城镇化率大多仅 40% 左右。根据世界城市化发展的历程：当一个国家或地区的人口城镇化率达到 60% 时，城市群处于快速发展期；人口城镇化率达到 40% 时，在人口稠密且交通发达的地区，城镇组团会出现。基于这样的经验，安徽省在"十三五"期间：合肥及沿江地区应顺应城镇化的演变规律促进城市群的发展，主要是推进城市经济圈向城市群的演变；皖北等其他地区应推进城镇组团的发展，主要是培育区域性中心城市的功能，以这些城市为中心发展城镇组团。由于安徽发展的不均衡，合肥城市群和皖北城镇组团在全省的发展程度也不相同。2014 年，安徽的城镇化在总体上处于由城镇型城市化向城市型都市化的转变时期，发展城市群和城镇组团是该阶段及今后一个时期安徽城镇化的发展主线。也就是说 2014 年以后安徽城乡一体化发展将是依托"新型城镇化带动下的城乡一体化发展道路"，新型城镇化道路是促进城乡一体化和区域社会经济协调发展、加强和完善城镇公共服务与文化发展、让城乡居民享受更多的现代文明、不断提升城乡居民生活品质的城乡一体化发展道路。

2014 年 3 月 16 日，中共中央、国务院印发《国家新型城镇化规划（2014—2020 年）》。2014 年 12 月 29 日，国家发改委等 11 个部门联合印发《国家新型城镇化综合试点方案》，将安徽省列为国家新型城镇化综合试点省。2015 年 2 月 8 日，安徽省人民政府发布《国家新型城镇化试点省安徽总体方案》。该方案提出"以人的城镇化为核心，以提升质量为关键，坚持尊重规律、因地制宜、分类指导、统筹推进原则，围绕'人、地、钱、规划、建设、管理'六个方面，推进农业转移人口市民化，促进城乡统筹发展和产城融合发展，增强要素保障能力，形成有利于新型城镇化健康发展的制度体系，走出一条高质量、可持续、广包容的城镇化道路"。设定目标：到 2020 年，常住人口城镇化率达到 58%，力争户籍人口城镇化率达到 35%，初步建立比较完善的新型城镇化体制机制，城乡统筹发展水平明显提高。其表现为：规划引领作用明显增强，规划编制实施法制化进程加快，跨区域城市发展协调机制初步确立，到 2020 年，基本实现"多规合一"全覆盖。中心城市能级进一步增强，县城规划建设管理水平显著提升，美好乡村建设取得明显成效，城乡建设、基础设施、产业发展、公共服务、生态建设、管理体制等一体化进程进一步加快，城乡关系更加和谐。行政层级和行政区划设置进一步优化，行政成本降低，社区管理新体制初步建立，同人口经济规模相适应的市镇设置标准得到初步规范。

为深入贯彻落实《国家新型城镇化试点省安徽总体方案》，扎实推动全省新型城镇化试点工作，2015 年 6 月初，安徽省人民政府制定《安徽国家新型城镇化试点省三年行动计划（2015—2017 年)》，提出围绕"人、地、钱、规划、建设、管理"六个方面，重点推进农业转移人口市民化"153"行动、城乡统筹水平提升行动、产城融合促进行动和资金保障行动 4 个行动。经过 3 年的实践，安徽部分地区和重点领域试点任务取得阶段性成果，形成了可复制、可推广的试点经验。全省新型城镇化质量和水平显著提升，新型城镇化发展的制度框架初步建立。2017 年，安徽省常住人口城镇化率达 53.5%，户籍人口城镇化率达 31.07%，农村居民人均纯收入达 15949.79 元，同城镇居民人均可支配收入差距进一步缩小，安徽城乡一体化发展进一步提升。

2017 年 5 月，为更好地推进安徽新型城镇化健康发展，依据《国家新型城镇化试点省安徽总体方案》等要求，安徽省人民政府正式印发《安徽省新型城镇化发展规划（2016—2025 年)》。该规划从扎实推进农业转移人口市民化、优化城镇化布局和形态、提升城镇宜居宜业支撑能力、构建城乡一体新机制、提升村庄规划建设水平、塑造美丽乡村特色风貌等多角度全面规划了安徽城乡发展一体化的推进。

2017 年 10 月，党的十九大报告提出了"乡村振兴"战略，作为七大发展战略之一，将其作为国家发展的核心和关键问题，明确了乡村振兴的目标任务，提出了具体工作要求，为从根本上解决城乡差别和乡村发展不平衡、不充分的问题提供了清晰的路径。2018 年 2 月习近平总书记在四川考察时强调"党的十九大提出实施乡村振兴战略，这是加快农村发展、改善农民生活、推动城乡一体化的重大战略"。新型城镇化发展和乡村振兴战略的推进，大大提升了安徽的城乡一体化发展。2018 年 2 月 13 日安徽省委、省政府下发《关于推进乡村振兴战略的实施意见》，明确指出：建立健全城乡融合发展体制机制和政策体系，统筹推进农村经济建设、政治建设、文化建设、社会建设、生态文明建设和党的建设，促使安徽城乡一体化建设有序提升。

第二节　城乡一体化发展的安徽做法与成效

安徽省城乡一体化发展虽分为启蒙发展、统筹试验、城镇化推进三个阶段，但启蒙发展阶段是安徽城乡一体化发展思想产生的阶段，其做法与成效表现并不十分明显。党的十六大以后，安徽省城乡一体化发展才真正有序发展并深入推进。因此，我们对统筹试验阶段和城镇化推进阶段的做法与成效进行系统总结。

一　统筹试验阶段做法与成效

1. 统筹试验阶段的具体做法

此阶段，安徽大中城市发展不足，实施"以城带乡、以工促农"的条件不够，安徽推进城乡一体化发展的主要做法是：全面支持有条件的地区城乡一体化发展，鼓励有条件的城市基础设施积极向农村延伸，推动城市优质公共服务向农村覆盖，并以设立城乡一体化综合配套改革试验区的形式，在有条件的区域试点推进城乡一体化建设。

2002 年党的十六大报告提出了"城乡统筹"发展，直接带动了安徽城乡发展的实践。2006 年，《安徽省国民经济和社会发展第十一个五年规划纲要》中明确提出"实施城乡统筹战略",促进社会和谐,把经济社会发展转入全面协调可持续发展的轨道。由于安徽省一直都是农业大省,大中城市发展非常滞后,直到2008年,安徽省委、省政府才决定在发展条件好的地级市开展城乡一体化发展试验,以各自的方式设立省级城乡一体化发展试验区,正式实施城乡统筹大战略。2008年4月16日,经省政府同意,省发改委正式批准马鞍山市和芜湖市设立安徽省城乡一体化综合配套改革试验区,开始探索安徽"以城带乡、以工促农"长效机制,安徽省迈出实施城乡统筹大战略的第一步。为做好两市的试点工作,安徽省委、省政府强调,推进城乡统筹发展已成为国家重大战略决策,是现阶段彻底解决"三农"问题、实现城乡经济社会协调发展的现实选择。安徽省要求两市从各自的市情出发,在重点领域和关键环节率先突破,尽快形成有利于城乡一体化发展的体制机制;要大胆试验,勇于开拓,注重实效,争取用3至5年的时间,基本形成城乡一体化发展的新格局。在两市的带动下,在不到一年的时间内,又有合肥、铜陵、淮北、淮南4市提出设立省级城乡一体化综合配套改革试验区试点,得到了安徽省委、省政府的批准。

2011年2月,安徽省人民政府发布的《安徽省国民经济和社会发展第十二个五年规划纲要》中明确提出"稳步推进城乡一体化",通过加快城市基础设施向农村延伸,推动城市优质公共服务向农村覆盖,进一步推进合肥、芜湖、马鞍山、铜陵、淮南和淮北市完成城乡一体化综合配套改革试点,率先在城乡规划、产业发展、基础设施、公共服务等方面实现一体化发展,促进土地向规模经营集中、工业向园区集中、人口向城镇集中,同时指出支持有条件的市县积极开展试点,暂不具备条件的市县编制好规划、逐步实施。很快,2011年5月,宣城市的郎溪县获省政府批准,成为安徽省第一个以县为单位开展的城乡一体化综合配套改革试验区。

2. 统筹试验阶段的发展成效

21世纪前10年,为了探索具有安徽特色的城乡一体化发展模式,安徽省把合肥、芜湖、马鞍山、铜陵、淮北、淮南6个城市和郎溪县作为安徽省城乡一体化综合配套改革试验区。通过4年多的试点，7个试验区切实贯彻城乡一体化政策，推动城乡综合规划，以提高城乡综合劳动生产率和城镇化率、实现经济发展为目标，因地制宜推进一体化发展计划，城乡一体化综合配套改革取得显著成效。

一是推进了城乡规划统筹一体化进程。各试点地区十分重视规划的统筹引导作用，都成立了城乡一体化综合配套改革的领导小组、办公室和工作推进组，编制覆盖市、县、镇、村四级一体化的总体规划和专项规划，广泛覆盖各行政层级，出台配套的改革总体方案、年度工作计划等，初步形成"规划一张图、建设一盘棋、管理一张网"的良好局面。如马鞍山市将城乡一体化规划与马鞍山市"十二五"规划相结合，按层次细分马鞍山承接产业转移集中示范园区总体规划，新区、景区分区规划，"绿线""蓝线""紫线"专项规划，并把土地控制性详细规划与城市设计、县镇规划进行有效衔接。

二是推进了城乡产业发展与就业社保一体化进程。城乡产业发展一体化成果体现为：试验区三次产业比例由2008年的13.3∶60.3∶26.4调整为2012年的7.1∶62.1∶30.8，二三产业比重和增速分别高出全省6.27和2.2个百分点。城乡就业社保一体化成果体现为：近5年间累计培训技术人员46.7万人次，新增就业人数181.8万人，农村劳动力转移就业总人数超1000万人，新农合参保率达98%。

三是推进了城乡基础设施一体化进程。以"三集中"为路径，不断加大对农村基础设施建设投入，改善居民生产生活条件。特别是大力推进农村信息、防洪安保、城镇消防等方面的基础设施建设。如淮北市把农民集中居住区建设作为推进城乡一体化进程切入点，每年安排1亿元专项资金，用于引导、鼓励试点镇（办）推进农民集中居住区、农村清洁工程等城乡一体化基础项目建设，实现水、电、路、气、电信、网络、垃圾处理等基础设施全覆盖。试点区连接城区、覆盖乡村的交通基础设施体系初步建立。

四是推进了城乡公共服务一体化进程。各试点市县以民生工程建设为基点，稳步推进城乡教育、就业、社会保障等制度并轨，建立覆盖城乡的保险、医疗、扶贫等多项公共服务体系。如铜陵市以户籍制度改革为突破口，推动城乡居民共享各项基本公共服务和社会保障，在全省率先实现了城乡义务教育、就业、社保、住房、医疗卫生等全覆盖，多项改革走在全国前列。在开展试点工作的 4 年多时间里，累计投入民生工程资金超过 300 亿元，农村教育全面实现"两免一补"，所有乡镇卫生院和 98.93% 的村卫生室实现标准化建设，农家书屋和农民体育活动场所建设蓬勃发展。

五是推进了城乡社会事业与生态环保的一体化进程。在城乡社会事业方面，试点区域全面完成基层机构改革任务，取消和下放行政审批权 66 项，明确社会事业服务职能 393 项，乡镇机构改革、为民服务全程代理走在全国前列；同时不断加强城乡生态环保一体化，试点区新增绿地 310 万亩，建成区绿化率由 26.3% 提高到 38.2%，人均公共绿地面积由 6.71 平方米提高至 9.3 平方米。

二 城镇化推进阶段做法与成效

1. 城镇化推进阶段的具体做法

以城镇化推进城乡一体化发展，其基本的做法是：全面推进新型城镇化。新型城镇化相对于传统城镇化而言，强调"以人为本"，要求从一味扩大城镇规模转变为提高城镇建设质量，"以人的城镇化为核心，以提升质量为关键"，更加强调农业转移人口市民化、建立健全农业转移人口市民化推进机制与构建城乡基础设施、城乡基本公共服务、城乡统一要素市场建设等一体化新机制和提升村庄规划建设水平、塑造美丽特色乡村的相统一，全面提升城乡一体发展水平。

为扎实推进新型城镇化试点省建设，2015 年 2 月 8 日安徽出台《国家新型城镇化试点省安徽总体方案》。在这个方案中，安徽提出：

以人的城镇化为核心，以提升质量为关键，围绕"人、地、钱、规划、建设、管理"，推进农业转移人口市民化，促进城乡统筹发展和产城融合发展的发展思路。具体做法如下。一是以人为本，探索建立农业转移人口市民化推进机制。分别从深化户籍制度改革、促进创业就业、完善住房供应体系、增强教育保障、提供医疗卫生保障、健全养老服务体系、建立农业转移人口市民化成本分担机制7个方面入手。二是统筹城乡发展，提高城镇化质量和水平。分别从强化规划引导作用、推动县城提质扩容、扎实推进城乡一体化发展、优化行政区划设置、创新社会治理等方面着力。三是推进产城融合，增强城镇综合承载力。从强化产业支撑、增强城镇功能、优化城镇生态环境三方面推进。四是强化要素保障，提高城镇化可持续发展能力。从创新农村土地承包经营权管理机制、发挥开发性和政策性金融作用等8个方面着手。

为贯彻落实《国家新型城镇化试点省安徽总体方案》，2015年6月初，安徽省人民政府制定《安徽国家新型城镇化试点省三年行动计划（2015—2017年）》，提出围绕"人、地、钱、规划、建设、管理"，重点推进农业转移人口市民化"153"行动、城乡统筹水平提升行动、产城融合促进行动和资金保障行动。其中的"153"行动包括"一项户籍制度改革""五有并轨""三权落实"。"五有并轨"是指促进创业就业、增强教育保障、完善住房供应体系、提供医疗卫生保障以及健全养老服务体系五方面并轨；"三权落实"主要是进一步落实进城农民土地承包经营权、宅基地使用权和集体资产收益分配权，鼓励引导进城农民在集体经济组织内部自愿、依法、有偿转让3项权利。城乡统筹水平提升行动主要包括规划引导、中小城市和县城提质扩容、城乡一体化和社会管理创新。产城融合促进行动主要包括产业支撑、功能提升以及生态建设和环境保护等内容。计划要求力争经过3年的努力，部分地区和重点领域试点任务取得阶段性成果，形成可复制、可推广的试点经验，全省新型城镇化质量和水平显著提升，新型城镇化发展的制度体系初步建立，城乡一体化水平快速提升。

2017 年 5 月，为更好地推进安徽新型城镇化健康发展，安徽出台《安徽省新型城镇化发展规划（2016—2025 年）》。该规划强调，以人的城镇化为核心，以城市群为主体形态，着力推进农业转移人口市民化，着力优化城镇化空间布局，着力提升城镇综合吸引力、承载力和可持续发展能力，努力走出一条体现时代特征、具有安徽特色的新型城镇化道路。为实现规划目标，安徽采取了以下做法。一是扎实推进农业转移人口市民化。通过实施全面开放的城市落户政策、引导人口有序迁移，有效推进符合条件的农业转移人口落户城镇；通过保障农业转移人口随迁子女平等接受教育权利、增强农业转移人口就业创业能力、多渠道拓宽农业转移人口基本住房保障、统筹城乡社会保障制度等措施，增强农业转移人口进城落户能力和保障；通过健全农村土地"三权分置"机制、合理确定农业转移人口成本分担机制、完善农业转移人口社会参与机制，建立健全农业转移人口市民化推进机制。二是构建城乡一体新机制。推进城乡基础设施建设一体化，推进城乡基本公共服务均等化，推进城乡统一要素市场建设。三是提升村庄规划建设水平、塑造美丽特色乡村。结合城镇总体规划、土地利用总体规划的调整完善，优化中心村布点，确保布点建设的中心村成为农村人口的永久居民点；分类推进提升美丽乡村建设，从实际出发，加强危房改造、安全饮水等民生工程建设，保障农村群众基本生活需求，加强村庄绿化，加大对古树名木的保护力度，突出乡情美景和田园风貌；全省依据地理和经济条件分为皖北、皖中、沿江、皖西和皖南片区，建设各具特色和魅力的美丽乡村，按不破坏自然环境、不破坏自然水系、不破坏村庄肌理、不破坏传统风貌的原则，引导村庄分类特色布局，从历史挖掘、当地选材、环境协调等方面考虑，倡导建设具有地域乡村特色的绿色农房等。

2. 城镇化推进阶段的发展成效

自党的十八大以来，尤其 2014 年安徽省被列为国家新型城镇化试点省以来，全省以提高户籍人口城镇化率为主要目标，进一步促进农业转移人口进城落户、提升城镇综合吸引力和承载力、完善新型城镇化保障机制，国家新型城镇化试点在安徽取得积极成效。2017 年，全省常住人口城镇化率、户籍人口城镇化率分别由 2014 年的 49.2%、22.7% 提升到 53.5%、31.07%。在这个过程中，安徽走出了从发展小城镇，到大中小城市协调发展，再到建设三大城市群的城镇化道路，城镇体系趋于合理，不仅极大地提升了安徽的城镇化水平，还有力地提高了安徽城乡一体化水平。1978 年底，全省仅有 11 个建制城市以及部分小城镇；到 2008 年末，全省城镇总数为 946 个。从城镇规模等级来看，城镇人口数 100 万人以上的特大城市有 3 个，人口数 50 万 ~ 100 万人的中等城市有 33 个，城镇规模等级序列呈"金字塔"式分布，大中小城市和小城镇基本实现协调发展。城市间的区域融合不断加强，即以沿江与合徐、合芜、芜宣高速公路为城镇发展轴，以合肥都市圈、皖江城市带、沿淮城市群为城镇组合发展地区，以各地级市为发展极核的"两线三片多极"的省域城镇空间结构基本形成。以合肥市为核心的合肥都市圈，以芜、铜、马为核心的皖江城市带建设，以淮北、宿州、蚌埠、阜阳、淮南为核心的沿淮城市群建设成效显著，成为带动区域发展的核心。同时，合肥、芜湖、马鞍山等城市与周边江、浙、沪城市加强联合发展，成为承接长三角产业转移的先行地区。随着新型城镇化的推进，安徽省域城镇体系格局基本形成。在推进城镇化的过程中，大量的农村人口进入了城市，不断健全了城乡发展一体化体制机制，促进了城乡一体化的提升发展。

一是户籍制度改革得到了深入推进。农业转移人口落户城镇门槛全面下降，2014 ~ 2017 年，全省共有 413.6 万名农业转移人口落户城镇。实现了省内户口一站式无证迁移，截至 2017 年底，已办理省内户籍无证迁移 27979 人。全面实施并健全了居住证制度，流动人口在劳动就业、子女教育、证照办理、社会保障等多领域享受市民化待遇；全省登记流动人口 504.68 万人，制发居住证 162 万张。

二是农业转移人口实施了"五有并轨"。组织实施以农业转移人口为重点的就业技能培训，明确将符合条件的农业转移人口纳入住房保障范围。截至 2017 年底，全省有 35.36 万套公租房配租给农民工等住房困难人员，占已配租总量的 47.15%。安徽省建立以居住证为主要依据的农业转移人口随迁子女入学政策，切实保障农民工子女和城镇居民子女"一样就读、一样入学、一样免费"，统一城乡义务教育经费保障机制。截至 2017 年底，全省农民工随迁子女接受义务教育人数已超过 30 多万人。在全省范围建立了全省统一的城乡居民养老保险制度，积极推进跨省异地就医直接结算工作，2017 年，全省新农合共有 5.56 万人次实现跨省异地即时结报，总医药费用 8.88 亿元、补偿金额 3.87 亿元，实际补偿比例达 43.6%。

三是城乡一体化发展融资渠道逐步拓宽。设立省对农业转移人口市民化财政转移支付，根据农业转移人口实际进城落户以及各地提供基本公共服务情况，适当考虑农业转移人口流动、城市规模等因素进行测算分配，2017 年省财政下达农业转移人口市民化奖励资金 10.49 亿元。将市县为持有居住证人口提供基本公共服务等增支情况纳入分配新增政府债券额度时的测算因素，支持各地拓宽城镇建设融资渠道。积极筹措低成本棚户区改造及产城一体化资金，争取政策性银行和开发性银行对城镇化建设的资金支持。2017 年国家开发银行安徽省分行和中国农业发展银行安徽省分行分别向全省城镇化领域发放贷款 478 亿元、351 亿元。创新市场化融资模式，建立全省 PPP 项目储备库。截至 2017 年底，安徽省共有 965 个项目纳入国家发展和改革委员会传统基础设施领域 PPP 储备库，总投资 10942 亿元。

四是农村社会经济快速提升。首先，农村土地制度改革稳步推进。农村土地承包经营权确权登记颁证工作提前一年完成。稳步推进宅基地制度改革和农村土地承包经营权、农房抵押贷款试点工作。金寨县探索宅基地复垦腾退的建设用地指标在省域范围内有偿调剂使用，已成功交易 4 个批次共 10857 亩建设用地指标。积极开展农村集体土地确权和登记发证工作，全省农村集体土地所有权、集体建设用地使用权、农村宅基地使用权的确权登记发证率均在 90% 以上。认真开展"资源变资产、资金变股金、农民变股东"改革试点工作,2017 年安徽省开展农村集体资产股份合作制改革的 824 个村,截至 2018 年上半年,已有 632 个村初步完成改革任务,共量化集体资产 43.31 亿元。其次,现代农业快速发展。通过村庄综合整治和土地合理流转,建设大面积高标准农田,推动耕地向经营能手和种养大户集中,把农民从土地上解放出来,引导农民向县城转移,有序释放城镇化的内需动力。再次,农村管理制度不断创新。安徽省通过农村土地所有权、承包权和经营权的"三权"分离改革,农村资源变资产、资金变股金、农民变股东的"三变"改革,扩大农村规模经营,加快了农民向县城的转移,使更多的农民变市民。最后,农民生产、生活方式转型提升。在不改变土地承包经营权的前提下,推进家庭经营、集体经营、合作经营、企业经营等共同发展的农业经营方式创新,促进更多农民变身"农业股民"和"农业工人",拓宽农民收入渠道,增加就业岗位,为农民变城市居民创造了条件。

五是城乡规划建设水平进一步提升。深化国家和省"多规合一"试点工作,《寿县总体规划》经住房和城乡建设部同意;铜陵、合肥、安庆等试点市均已完成"多规合一"规划成果编制。确定 28 个城市设计(双修)试点市(县)示范项目,对合肥市中德智慧产业园核心区城市设计等项目给予资金支持。全力推进城市综合管廊建设,截至2017 年底,已开工建设 225 公里。合肥市入围全国地下综合管廊试点城市。池州市被列为全国海绵城市试点。开展雨污分流管网新建和改造,截至 2017 年底,全省共有 137 座生活污水处理厂投入运行。大力推进棚户区改造和城中村改造,截至 2017 年底,全省共计新开工棚户区改造 33.91 万套,基本建成各类保障性安居工程 32.43 万套。加快产城融合发展,合肥、滁州获批国家级产城融合示范区。推进国家智慧城市试点建设,探索创建了亳州智慧政务、芜湖智慧社区、合肥数字城管等典型应用项目。推进绿色城市建设,抓好 115 个绿色建筑示范项目建设,推进合肥市滨湖新区、池州市天堂湖新区等 2 个国家级和 15 个省级绿色生态示范城区建设,截至 2017 年底,城镇绿色建筑占新建建筑比例为 31.6%。推进人文城市建设，全面推进历史文化街区划定、历史建筑确定工作。坚持把特色小镇作为新型城镇化的有效载体，出台《关于加快推进特色小镇建设的意见》，评审出第一批 25 个省级特色小镇，并拿出 5 亿元财政资金用于扶持特色小镇建设。

第三节　城乡一体化发展的安徽经验

安徽在城乡一体化试点过程中，结合自身条件进行了积极探索，积累了一些宝贵经验。主要表现在以下方面。

一　结合不同发展阶段和国家政策导向提出合适的城乡一体化策略

党的十六大报告提出了城乡统筹发展，但安徽存在的问题是，安徽经济发展不足，尤其是城市经济发展严重不足，总体上要通过"以城带乡、以工促农"带动区域的城乡一体化难以实现，为此，安徽提出通过设立省级城乡一体化综合配套改革试验区试点来推进城乡统筹。先以部分地区主动申报来做试点，再根据试点地区的情况将一些好的发展经验推广到全省的其他地区，起到以点带面的示范效应。从 2008 年起，先后选取了芜湖、马鞍山、铜陵、淮北、合肥、淮南六市和郎溪县开展试验试点，取得了很好的成效，实验区实现城乡一体化发展，再通过实验经济推广，不断提升整个地区的城乡一体化水平。如马鞍山市将当涂县和花山区列为试验点，以城镇村体系建设、产业功能区建设、农业园区建设为载体，通过"三自愿、三置换"，着力推进"三集中、三转换"，城乡居民公共文化服务、养老保险、基本医疗参保人数等位居全省首位，这些好的做法在其他地区被交流推广。

新型城镇化建设是党的十八大报告中提出的一项方针。根据党的十八大报告精神，城镇化成为中国全面建设小康社会的重要载体。新型城镇化的核心价值是以人为本。党的十八大以后，安徽通过以人为城镇化核心，以新型工业化为城镇化动力，以统筹兼顾为城镇化原则，以全面做好农村人口的城镇化转移为重点，积极推动城市现代化、集群化、生态化，农村城镇化、农业现代化、农民市民化，全面提升城镇城乡一体化发展质量和水平，走科学发展、集约高效、功能完善、环境友好、生态宜居、社会和谐、个性鲜明、城乡一体、大中小城市和小城镇协调发展的城乡一体化发展新道路，形成了都市圈、城市群、经济带、卫星（中心）县城、特色城镇等一体化的城镇空间体系，加速农村人口的城镇化转移，做好转移人口的市民化转型，同时不断推进城乡基础设施的一体化和公共服务的均等化，加强美丽乡村建设，提升农村社会服务与管理水平，减少城乡差别，全方位深化安徽城乡一体化发展。

二 拓展城乡一体化发展空间

统筹城乡发展，推进城乡一体化，需要从城乡融合的角度，不断拓展城乡一体化发展空间。一直以来，安徽大中城市发展较为缓慢，使得安徽"以城带乡、以工促农"的能力不强，为从根本上解决城乡统筹能力不强的问题，安徽全力推进新型城镇化建设，积极拓展城乡一体化的发展空间。新型城镇化推进，使得安徽城镇化空间呈现新格局。合肥都市圈已成为全省的核心增长极和长三角城市群中有较大影响力的区域增长极。合肥都市圈、皖江城市带和皖北城市群竞相发展的城镇化战略格局基本形成。同时，安徽全面对接国家城镇化空间布局，融合"一带一路"、长三角城市群等发展战略，培育形成多个发展轴线，构建出了立体化的城乡一体化发展空间格局。首先，以合肥为中心，以芜湖、马鞍山、滁州、淮南、六安、桐城为重要节点，加快基础设施一体化建设，构筑高铁1小时通勤圈。其次，皖北城市群以推进工业化、信息化、城镇化、农业现代化为基本方向，把皖北地区打造成支撑全省发展的新兴增长极。最后，皖江城市带发挥承东启西区位优势，融合长江经济带等发展战略，全面对接长江三角洲城市群空间布局，健全拥江发展、两岸联动机制，打造引领全省转型发展的特色城镇群。通过发挥区域中心城市在全省城镇化中的辐射带动作用，形成核心引领、中心带动、大中小城市及小城镇协调发展的城镇体系，有效地拓展了城乡一体化的发展空间。

三　增加城乡一体化实现载体

一个地区统筹城乡发展的能力，在一定程度依赖于该地区的工业化和城镇化水平，取决于该地区工业化和城镇化质量。因此，要实现城乡一体化发展，必须增加城乡一体化的载体。一是在承接产业转移中加大城乡一体化发展。2010 年 1 月，国务院正式批复《皖江城市带承接产业转移示范区规划》，明确将皖江城市带承接产业转移示范区定位为合作发展的先行区、科学发展的试验区、中部地区崛起的重要增长极、全国重要的先进制造业和服务业基地。作为首个国家级承接产业转移示范区，皖江城市带既是国家实施区域协调发展战略的重大举措，也应是促进安徽省城乡统筹发展的重要载体。快速发展的示范区，带动了全省的工业化和城镇化发展速度，提高了工业化和城镇化的质量，也大大提升了安徽统筹城乡的能力和空间。同时，示范区工业化、城镇化进程大大加快，不仅使更多农民获得市民或准市民待遇，而且在承接产业转移中，农民逐渐成长为合格甚至优秀的产业工人，进一步为安徽实现城乡统筹培养了大量的人力资源。二是以开发园区为载体有效带动城乡一体化发展。安徽全省各市积极打破行政区划界限，全力支持开发区、工业园区和县域、乡镇工业聚集区合作发展，加快产业集聚，提高开发园区的经济规模和辐射能力，从而形成增长极，有效带动农业及农村经济的繁荣，促进了县域经济的快速发展。三是以壮大县域经济来促进城乡一体化。21 世纪以来，安徽省把壮大县域经济发展作为富民强省、实现城乡统筹的重要战略，发展县域经济促进地区经济崛起，提升县域的城乡统筹能力，促进农民增收，提高城乡一体化发展水平。首先，鼓励各地大规模、高水平承接产业转移，提高县域工业化水平。其次，加快现有各类开发区扩容升级，完善功能，提升产业层次，提高开发区发展水平。最后，深化"省直管县"改革，推进扩权强镇，激发县域城镇经济社会发展的内生活力与动力。

四 推进城乡产业衔接与要素市场融合

从理论上讲，城乡一体化还要体现在城乡产业的衔接与要素市场的融合上。

一是推进工农产业衔接。在城乡一体化的推进过程中，积极鼓励有条件地区，利用农业资源的优势，大力发展农产品加工业，同时促进农民就业就地化、职工化和稳定化。如合肥市大力推进工农产业衔接，利用各种优势和资源，大力发展农产品加工业，建成生态农产品工业园。二是推进要素市场的城乡融合。对原人事、劳动保障部门所属的人才市场、劳动力市场进行整合，深化户籍制度、劳动人事制度、工资福利制度、社会保险制度改革，最终形成城乡统一规范的人力资源市场。在充分尊重农民意愿的基础上，按照"同地、同价、同权"和"两种产权，一个市场"的原则，建立城乡统一的建设用地市场，大力开展土地整治和"双挂钩"试点工作。稳定大中型商业银行的县域网点，扩展乡镇服务网络，强化商业金融对"三农"和县域小微企业的服务能力，切实加大商业性金融支农力度，充分发挥政策性金融和合作性金融作用。

五 完善城乡基础设施对接与公共服务均等工作

为推进全省城乡一体化发展，安徽积极以市、县为单位，不断做好城乡基础设施的对接和完善公共服务的均等工作。一是加大推进城乡基础设施的对接。按照城乡一体化要求，合理安排市、县域城镇建设、农田保护、产业集聚、村落分布、生态涵养等空间布局，大力推动公共交通、电力、供水、通信等基础设施向农村延伸，形成城乡基础设施一体化。加快推进城乡路网建设，发展城乡公共交通建设，加强城乡供水资源统一管理，加快城乡电网建设，加快城乡信息基础设施建设等。二是推进乡基本公共服务均等化。积极构建城乡均等化新机制。健全基本公共服务的财政保障机制和供给机制，加强基层政府和基层公共服务机构的设施和能力建设，建立和完善提供基本公共服务的平台和网络，深化教育、医疗卫生、文化等社会事业体制改革，推进收入分配制度改革，促进符合条件的农业转移人口在城市和城镇落户并享有当地居民同等权益。积极实施新农合制度，增进城乡一体化发展。安徽省在实现居民医保与新农合的统筹管理方面走在全国前列，在实现城乡统筹发展方面积累了丰富的经验。早在2011年安徽省已实现省内"基本药物全覆盖"，基本药物价格平均下降超过50%，国务院医改办称赞安徽模式"为全国医改闯出了一条新路子"，"值得全国其他省区市学习借鉴"。积极推进城乡一体化下的均衡教育。统筹城乡教育发展，是城乡一体化发展的重要内容。为更好地实现教育的均衡发展，促进城乡统筹，安徽省于2010年8月5日下发了《关于深入推进义务教育均衡发展的意见》，文件明确将用5年时间在全省实现义务教育阶段适龄少年儿童入学机会均等化。一直以来，安徽省在强力推进经济跨越式发展的同时，坚持教育优先发展，以办人民满意的优质教育为目标，大幅增加教育投入，强力推进教育改革，实现了区域内学校间的教育教学质量、整体办学水平相对均衡，推行了教育均等化，推进了城乡一体化的发展。

六 改革城乡不合理的行政体制

针对城乡不合理的行政体制，采用制度改革的方法，化解城乡统筹发展的难题，推动财政、金融、土地、户籍等制度的改革，逐渐增强乡村自主发展及与城镇交流的能力，加快城乡一体化发展进程。如发放流动人口居住证，逐步打破城乡二元结构。针对不合理的城乡二元户籍制度，铜陵市利用列为安徽省城乡一体化综合配套改革实验区的契机，通过社区综合体制改革、城乡一体化户籍制度改革，建立了户口登记地与实际居住地统一的户籍管理制度和外来人员居住证制度，并统一为"铜陵市居民户口"，建立户口在居住地登记、随居民流动自由迁徙的统一户籍管理制度，实现户口登记地与实际居住地相一致，成为安徽省首个废除暂住证、实行居住证管理的城市。农民在推进城乡一体化户籍制度改革过程中成为新市民后，不仅可以保留原有的一切权利，还可以获得更多的利益保障，从而逐步缩小城乡待遇差距，促进城乡户籍制度融合。2012年底，铜陵已经全面完成该项改革。又如加快土地流转发展现代农业，促进农业增效农民增收。五河县坚持"依法、自愿、有偿"的原则，采取转包、租赁、入股等多种形式，稳步推进土地向农业产业化龙头企业、农村专业合作组织、种养能手转移，大力发展特色优势产业，有力地促进了农业增效、农民增收，为城乡统筹并一体化发展奠定了较好的基础。又如在重点镇改革上，2012年安徽在总结秦栏、高沟两个国家级试点镇行政体制改革试点经验的基础上，部署全省扩大试点推进工作。目前，安徽省经济发达镇改革试点取得阶段性成效，有力地推进了城乡一体化的发展。

第七章
城市开发区建设的安徽路径

开发区是指经国务院或省、自治区、直辖市人民政府批准，在城市规划区内未被开发的地方，设立的可以实行国家特定政策的区域。开发区建设是我国改革开放的成功实践之一，对促进我国产业经济结构改革、改善投融资环境、引导产业发展集聚、发展开放型经济发挥了不可替代的作用。开发区是对外开放、改革创新、承接产业转移的主要载体，是地区经济建设的主战场和重要增长极，是经济社会发展的强劲引擎，是发展高新技术产业、打造战略性新兴产业的重要平台，是城市发展建设的重要支撑，在地区经济发展中起到示范、带头、辐射作用。对安徽来说，改革开放以来，开发区的建设和发展对于促进安徽省转型发展、加速崛起、富民强省，以及推进城镇快速崛起壮大、城乡一体化发展均发挥了十分重要的作用。

第一节　安徽开发区的兴起与发展

安徽是全国开发区兴办时间较早、发展较快、规模较大的省份之一。1988 年合肥建立全省首个工业园，1991 年 3 月国务院批准合肥科技工业园为国家级高新技术产业开发区，至今，安徽省开发区已经拥有 30 多年的历史，其发展经历了从无到有、由少到多、由多到优的历程，基本形成了以国家级开发区为龙头、省级开发区为支撑的全方位、多层次、纵深化发展的新格局，在地区经济发展中的示范、带头、辐射作用更加明显，为安徽的城市发展和城乡统筹起到了巨大的支撑与推动作用。回顾安徽省开发区的发展历程，大致经历了以下几个阶段。

一　发展起步阶段（1988 ~ 2002 年）

安徽省开发区始建于 20 世纪 90 年代初。1990 年 2 月 16 日，经安徽省人民政府批准，合肥市在西郊建立科技与经济结合的高新技术研究成果商品化开发试验区——合肥科技工业园，同年 10 月，合肥科技工业园奠基；1991 年 3 月，国务院批准合肥科技工业园等 27 个高新技术产业开发区为首批国家级高新技术产业开发区，合肥科技工业园升格为合肥国家级高新技术产业开发区（1992 年 7 月，国家科委才同意将"合肥科技工业园"正式更名为"合肥高新技术产业开发区"，简称"合肥高新区"）。1992 年邓小平南方谈话后，国家对外开放进程进一步加快，我国开发区迎来了蓬勃发展的时期，开发区建设从沿海迅速推进到沿边、沿江乃至内陆省会城市。1992 年 5 月 16 日，中共中央政治局会议通过《中共中央关于加快改革，扩大开放，力争经济更好更快地上一个新台阶的意见》，批准重庆、武汉、岳阳、九江、芜湖 5 个城市为"沿江对外开放城市"。很快安徽也掀起对外开放和引进外资的高潮，国家级开发区飞速发展，安徽省开发区也进入集中建设阶段。1992 年 6 月，全省首个省级开发区——安徽省东部的长江下游北岸滁州经济技术开发区批准设立，一期规划面积 11 平方公里，二、三期规划面积达到了 40 平方公里，比当时的城区面积还要大。同年 8 月，国务院批准合肥市为对外开放城市，实行沿海开放城市政策，国务院特区办在合肥召开沿江和内陆开放城市座谈会。该年年底，合肥市上报安徽省政府要求批准设立合肥经济技术开发区。1993年4月，芜湖经济技术开发区被国务院批准设立为国家级经济技术开发区，从而成为安徽省第一家国家级经济技术开发区。随后，安徽省开发区得以蓬勃发展，安庆经济技术开发区在1993年被省政府批准为全省首个省级开发区，马鞍山经济技术开发区于1995年经安徽省政府批准设立。1997年1月30日，安徽省出台《安徽省省级开发区条例》，明确省级开发区的功能定位、设立和审批程序、管理机构和职责、开发和经营管理以及优惠待遇等。至此，全省开发区建设有了法律法规保障。进入21世纪，安徽各地学习江苏、浙江发展县域经济经验，在县、乡（镇）兴办一批工业园区、物流园区、旅游度假区、农业园区等各类园区，从而形成了安徽开发区的爆发式增长态势。2002年2月，合肥经济技术开发区被国务院批准为国家级经济技术开发区，管辖面积78平方公里，常住居民20万人。

二　快速发展阶段（2003～2010年）

20世纪末和21世纪初两年，全国开发区出现了爆发式增长，尤其是随着国家西部大开发战略的推进，国家批准中西部地区省会城市设立开发区。2000年2月，国务院批准在合肥、西安、郑州、成都、长沙、昆明、贵阳七市设立国家级经济技术开发区。这一时期，安徽省开发区也出现了遍地开花的情况，开发区发展过程中的一些过多过滥问题开始显现。2003年后国务院部署了清理整顿开发区工作。安徽也进行了开发区清理工作。2002年4月和2004年4月，安徽省人民代表大会常务委员会两次通过《关于修改安徽省省级开发区条例的决定》，严格了开发区的审批条件。安徽省开发区经过整顿清理后，数量由原来的333个减少为111个，占地面积由1715平方公里降为525.5平方公里，开发区发展建设进入了良性循环的轨道。

随着开发区的清理整顿，开发区的品质进一步提升，运作也更加规范，很快安徽全省开发区迎来了新一轮产业转移的大好机遇，加快基础设施建设、打造优质投资环境，加大招商引资力度、加快项目建设步伐，开发区的整体实力显著提升。2008 年 11 月，国务院批准启动省级开发区升级为国家经济技术开发区的工作，安徽多个省级开发区升级为国家级开发区。2010 年 1 月 12 日，国务院批复同意皖江城市带承接产业转移示范区规划，安徽省决定大力推进皖江城市带承接产业转移示范区建设。2010 年 3 月 21 日，国务院办公厅正式批复安庆开发区为国家级经济技术开发区。同年，马鞍山经济技术开发区、芜湖高新技术产业开发区、蚌埠高新技术产业开发区、安徽合肥出口加工区被批准设立或升级为国家级开发区。

三 转型发展阶段（2011～2017 年）

皖江示范区成立后，安徽全省加大了承接产业转移的载体建设，开发区扩区升级，开发区迎来了快速发展时期。全省省级以上开发区的数量由 2009 年的 89 个增加到 2015 年 175 个。国家级开发区由 2009 年的 4 个增加到 2013 年的 16 个，全省每个市县均有 1～2 个省级开发区。同样也是在这一时期，我国经济发展方式开始发生转变，安徽省开发区的外部环境发生了重大变化，不同类型、不同情况的开发区先后进入转型发展的新阶段，开发区的优化整合势在必行。安徽省政府 2012 年 10 月 16 日出台了《关于进一步加快全省开发区转型发展指导意见》，要求全省开发区努力实现从投资拉动向创新驱动、从数量扩张向质量提升、从粗放发展向集约发展的三个转变。该意见指出，"十二五"期间，原则上不再新设开发区，依法采取置换、整合等方式扩大开发区规划范围。鼓励各市整合中心城区内相邻开发区，形成布局合理、分工明确、竞争力强的产业集聚区。作为区域经济增长的重要支撑，开发区在安徽省经济社会发展中占有不可替代的重要地位，已成为安徽经济发展的强大引擎、对外开放的重要载体、创新发展的集聚基地。根据 2017 年上半年末的数据，安徽共获批设立了 21 个国家级开发区（具体是 12 个国家级经济技术开发区、5 个国家级高新区、3 个综合保税区、1 个出口加工区）以及 9 个进境商品指定口岸。国家级经济技术开发区数量居全国第 4 位、中西部地区第 1 位，进境商品指定口岸数量居中部六省首位。据统计，2016 年安徽全省开发区实现固定资产投资 11890 亿元、税收 1285 亿元，总量分别占全省的 44%、37%。与此同时，2016 年，全省国家级经济技术开发区地区生产总值、固定资产投资、工业总产值、财政收入、实际使用外资、外贸进出口额分别占全省的 16.6%、8.7%、18.7%、10.1%、17.2%、22.2%。

2017 年 6 月 29 日，安徽省人民政府出台《关于促进全省开发区改革和创新发展的实施意见》，进一步提出以国家级和发展水平高的省级开发区为主体，整合区位相邻相近、产业关联同质的开发区；对小而散的各类开发区进行清理、整合、撤销、建立统一的管理机构，实行统一管理。县（市、区）原则上实行"一县一区"。经过 2017 年下半年的认真准备，2017 年 12 月 4 日，安徽省人民政府办公厅印发《关于推进全省开发区优化整合工作的通知》，按照安徽省人民政府《关于促进全省开发区改革和创新发展的实施意见》文件要求，积极有序推进开发区优化整合工作，并明确开发区整合目标、加大开发区整合力度、认真履行报批程序、规范开发区名称、完善开发区管理体制、强化组织领导，同时要求优化整合工作在 2018 年 6 月底前完成。

四　创新升级阶段（2018～2020 年）

在国家相关部门的大力支持下，经 2018 年上半年的实施，安徽省认真贯彻落实国务院《关于促进开发区改革和创新发展的若干意见》，积极推进安徽省人民政府出台的《关于促进全省开发区改革和创新发展的实施意见》，全省开发区优化整合工作取得阶段性成果。此次共撤销开发区及特别政策区 47 个，优化整合后全省省级及以上开发区（含特别政策区）数量缩减为 130 个。其中，按照"生态优先、绿色发展"

的要求，着力推动皖江 5 市和淮河流域的开发区优化整合工作，皖江 5 市共撤销开发区 16 个，沿淮 8 市共撤销开发区 22 个，另外更名 45 家开发区，改变了开发区命名无序混乱的局面，也为安徽省开发区的创新升级打下了坚实的基础。

习近平总书记在党的十九大报告中明确指出"我国经济已由高速增长阶段转向高质量发展阶段"。这一重大判断明确回答了新时代经济形势怎么看、经济工作怎么干的问题，也为开发区的发展指明了方向。2019 年 5 月，习近平总书记在江西南昌主持召开推动中部地区崛起工作座谈会上提出八点意见，强调中部地区要积极主动融入国家战略，推动高质量发展。对此，作为中部地区重要省份、长三角区域一体化发展重要成员的安徽省，正式驶入了经济发展快车道。作为安徽对外开放、经济发展的主力军，安徽省开发区成为令人瞩目的焦点。

2018 年 9 月 16 日，安徽省委常委、常务副省长邓向阳赴滁州市调研开发区改革和创新发展工作时提出："开发区是全省经济建设的主战场，要以习近平新时代中国特色社会主义思想为指导，认真贯彻中央'六稳'精神，按照省委、省政府的部署和要求，加快推进开发区高质量发展，培育壮大经济发展新动能"；要坚持新发展理念，积极推进"三重一创"建设，大力发展战略性新兴产业，加快产业转型升级步伐；要深化产业分工合作，加大招商引资和招才引智力度，强化资金、土地等要素保障，持续优化营商环境，确保项目落地见效；要加大投入力度，补齐基础设施短板，加强生态环境保护，努力将开发区打造成为产城融合、宜居宜业的绿色园区；要创新体制机制，稳妥有序推进开发区优化整合后续工作，不断提升开发区整体竞争力和辐射带动力，为促进全省经济社会持续健康发展提供强有力支撑。

2018 年 12 月，安徽省人民政府出台《省级以上开发区综合考核评价暂行办法》，全面规范全省开发区综合考核评价的指标体系设定、数据收集、类别评定、结果发布以及开发区动态管理等，对全省开发区在发展实效、创新驱动、开放水平、集聚能力、生态环保和营商环境方面的表现等进行综合考核评价，旨在推进安徽省开发区的高质量发展。安徽省开发区正加快迈向高水平开放、高质量发展与高品位开发阶段。2018年，安徽省开发区经济发展增速明显、综合考评成绩斐然。2018年一至三季度，安徽开发区实现进出口总额313.2亿美元、实际利用外商直接投资92.8亿美元，其中安徽省商务厅服务管理的30家重点开发区实现进出口总额181.5亿美元、实际利用外商直接投资41.4亿美元。在项目合作方面，2018年世界制造业大会共集中签约项目436个，安徽省开发区已真正成为承接项目的重要载体。至2018年底，已有394个项目完成工商注册登记，289个项目开工，分别占项目总数的九成和2/3以上。同时，2018年11月5日至10日在上海举行的首届中国国际进口博览会上，安徽开发区抓抢机遇，签约投资类项目10个，投资总额近60亿元。

2019年5月28日，国务院印发《关于推进国家级经济技术开发区创新提升打造改革开放新高地的意见》（国发〔2019〕11号），进一步明确了国家级经济技术开发区创新提升的指导思想。为深入贯彻落实这一文件和商务部提出的开发区创新提升工程意见，6月13日，安徽省商务厅召开了国发〔2019〕11号文政策宣讲会，结合安徽地区发展实际，以推动经济技术开发区高质量发展为导向，牵头起草制订国发〔2019〕11号文贯彻意见和措施。8月30日，安徽省商务厅在合肥蜀山经济技术开发区召开全省重点开发区工作座谈会。会议主要是征求安徽省《关于推进全省国家级经济技术开发区创新提升 打造改革开放新高地的若干措施》的意见，旨在提升开发区创新能力，做强特色产业，培育龙头企业，提升创新资源集聚功能，全面推动安徽省开发区的高质量发展。

第二节　安徽省开发区的发展成效
及对城市发展的支撑作用

自安徽建立开发区以来，安徽省开发区在省委、省政府的坚强领导下，深入贯彻落实国家相关文件精神，抢抓产业发展、产业转移和产业升级的机遇，不断提高开发区的科学发展、转型发展、集约发展水平，并为全省经济社会又好又快发展提供了原动力，为城市发展提供了强有力的支撑。

一 安徽省开发区的发展成效

经过近30年的发展，尤其是党的十八大以后，安徽省开发区建设飞速发展，取得了巨大的成效。

1. 开发区数量不断整合，发展空间不断拓展

据《安徽省开发区年鉴（2014－2016）》统计，为加快高新技术产业发展，推进皖江示范区和中原经济区规划的实施，"十二五"期间安徽省先后批准设立了26家开发区。1990年合肥高新区的前身——合肥科技工业园奠基，1997年经国务院批准成为安徽省第一家国家级开发区。截至2017年底，安徽省共有各类开发区152个。省级以上开发区117家，数量居全国第9位，占比4.6%，其中国家级开发区共22家，居全国第9位，占比3.9%；国家级经济技术开发区12家，数量居全国第4位，中西部第1位；国家级高新技术产业开发区6家，居全国第12位，占比3.5%；国家级海关特殊监管区4家，全省省级开发区95家，居全国第8位，占比4.8%，实现了市、县、区省级以上开发区的全覆盖。随着开发区的发展，用地、人口等进一步增加，开发区规模不断扩大。据统计，"十二五"末全省开发区占地面积达4479.9平方公里，其中建成区面积1822平方公里，分别为2010年底的1.5倍和1.4倍；区内聚集各类企业8.8万家，其中工业企业3.5万家，分别为2010年底的3倍和2倍。

2. 产业规模不断壮大，综合实力显著上升

全省开发区发展环境不断优化，发展质量不断提高，主要经济指标保持较高增长态势。据统计，2015年，全省开发区实现经营（销售）

收入 37235.9 亿元，比上年增长 11.2%，为 2010 年的 3.1 倍，年均增长 25.2%。其中：19 个国家级开发区 15968.2 亿元，较上年增长 8.5%；71 个省级开发区 15504.2 亿元，较上年增长 14.5%；64 个筹建开发区 5219.1 亿元，较上年增长 9.7%；21 个新型园区 544.4 亿元，较上年增长 16.1%。经营收入超百亿元的有 88 家，比 2010 年增加了 63 家；经营收入超千亿元的有合肥经济技术开发区、芜湖经济技术开发区、合肥高新区、合肥新站试验区、芜湖高新区和安庆经济技术开发区等 6 家。开发区财政收入 1456.9 亿元，为 2010 年的 2.5 倍，年均增长 20.2%，比 2010 年提高 8.2 个百分点；税收总额 1099.9 亿元，为 2010 年的 2.7 倍，年均增长 21.5%，提高 8.6 个百分点。国家级开发区的综合实力显著增强。2012 年，合肥经济技术开发区产值首次达到 2000 亿元，综合财政收入首次超过百亿元。2013 年，有 5 家国家级开发区入选"中国国家级产业园区持续发展竞争力综合排名百强"；2017 年，合肥高新区、合肥经济技术开发区、芜湖经济技术开发区和马鞍山经济技术开发区 4 家国家级开发区进入中国产业园区发展百强榜，其中，合肥高新区、合肥经济技术开发区、芜湖经济技术开发区分别排第 12 名、第 15 名和第 30 名，整体竞争力快速上升。

3. 发展支撑作用明显，带动经济快速提升

开发区在全省的发展支撑作用十分明显，这些从投资、进出口、税收以及招商引资上来看，均能得到很好的体现。从投资看，据统计，2015 年，全省开发区完成固定资产投资 10504.3 亿元，增长 8.4%，总量占全省的 43.8%。其中：工业投资 7118.7 亿元，增长 10.8%；基础设施投资 10554 亿元，增长 0.1%。经过多年的建设，开发区道路、供水、园林绿化等基础设施建设基本完成。从外贸进出口看，据统计，2015 年，全省开发区实现进出口总额 290.5 亿美元，增长 7.9%（全省为下降 0.8%），总量占全省的 59.5%，比上年提高 4.8 个百分点。其中：出口 220 亿美元，增长 14.4%，增幅比全省高 9.2 个百分点，占全省的 66.4%，同比提高 5.3 个百分点；进口 70.5 亿美元，下降 8.3%，降幅低于全省 3 个百分点，占全省的 45%，同比提高 1.5 个百分点。从税收看，据统计：2015 年，全省开发区实现税收总额 1099.6 亿元，增长 11.8%，增幅高于全省 4.8 个百分点；总额占全省的 33.3%，比上年提高 1.4 个百分点；财政收入 1456.9 亿元，增长 6.4%，增幅低于全省 3.1 个百分点，占 36.3%，下降 1 个百分点。另外，从招商引资看，据相关部门统计：2015 年，全省开发区实际利用外商直接投资 96.2 亿美元，增长 17.9%，增幅高于全省 7.5 个百分点；总量占全省的 70.7%，比上年提高 4.5 个百分点；亿元以上省外境内投资项目 2858 项，实际到位省外境内资金 24850.7 亿元，增长 10.3%，占 54.1%。

4. 产业结构不断优化，集约创新力增强

开发区的发展使得地方的产业结构不断优化，产业集约水平、科技创新能力不断增强。从产业结构看：主导产业进一步突出，据统计，2015 年全省开发区主导产业实现经营（销售）收入 20799 亿元，比上年增长 13.3%，增幅高于全区经营（销售）收入 2.1 个百分点，总量占开发区总营收的 55.9%，比上年提高 1.1 个百分点；高新技术产业增长较快，全年实现产值 13329.4 亿元，增长 16.2%，增幅高于规模以上工业 5.3 个百分点，总量占规模以上工业的 50.8%，提高 2.3 个百分点。从集约水平看：2015 年，全省开发区每平方公里（按开发区建成面积计算，下同）经营（销售）收入 20.4 亿元，比上年增加 4864 万元，增长 2.4%；工业产值 14.4 亿元，比上年增加 3112 万元，增长 2.2%；税收总额 6037 万元，比上年增加 173 万元，增长 3%；实际利用外商直接投资 528 万美元，比上年增加 42 万美元，增长 8.6%；亿元以上项目实际到位省外境内资金 2.7 亿元，比上年增加 424 万元，增长 1.6%。从科技创新看：2015 年底，全省开发区拥有科技企业孵化器 155 个，企业技术研发中心 1476 个；全年研究与实验发展（R&D）经费支出 262.4 亿元，比上年增长 13.3%，增幅高于全省 3.5 个百分点，总量占全省的 60.7%，比上年提高 1.8 个百分点；申请专利 7.6 万件，比上年增长 20.4%，总量占全省的 59.2%；授权专利 4.1 万件，比上

年增长 19.5%，总量占全省的 68.9%。

5. 产业升级稳步推进，产业集群初步形成

以吸引外资发展新型制造业为主，致力于发展高新技术产业是安徽省开发区建设的重要指导方针。近年来，安徽省各级开发区在努力扩大引资规模的同时，更加注重提高引资的质量，一批像联宝电子、晶奥新能源等科技含量高的行业领军型企业纷纷落户开发区，促进了全省及各地产业结构调整和升级。战略性新兴产业集聚发展基地建设扎实推进。2016 年，全省 24 个战略性新兴产业集聚发展基地实现工业总产值 5100 亿元，增长 26%，高于全省开发区工业增速 13.5 个百分点。安徽省开发区注重发展比较优势，突出主导产业培育，坚持特色发展的思路，初步形成了合肥电子信息、芜湖汽车及零部件、马鞍山装备制造、铜陵铜基新材料、宿州鞋业、亳州现代中药、两淮矿山机械等一批主导产业集群。合肥新站试验区依托合肥京东方光电科技有限公司积极打造国家级新型平板显示基地，"十二五"末，年产值突破 300 亿元；芜湖市的 15 家开发区中有 8 家围绕汽车及零部件产业进行发展，2014 年开发区内汽车及零部件的规模以上工业总产值占全市的 56.9%。同时，安徽省部分开发区发展重心由"量的积累"向"质的提升"转变，逐步形成了产业集聚的良好局面。

6. 创新驱动深入拓展，集约水平不断提高

在开发区发展过程中，安徽省不断加大科研经费投入力度，着力打造科技创新服务平台。中国科学技术大学先进技术研究院、清华大学公共安全研究院、合肥工业大学智能制造研究院等创新和成果转化平台先后落户开发区。据《安徽省开发区年鉴（2014－2016）》统计："十二五"末的最后一年，全年研究与实验发展经费支出 262.4 亿元，相当于开发区经营收入的 0.7%，比 2011 年提高 0.1 个百分点；申请专利 7.6 万件，为 2011 年的 2.9 倍，年均增长 30.4%；专利授权 4.1 万件，为 2011 年的 2.3 倍，年均增长 25.9%。党的十八大以来，安徽开发区建设更加注重土地的节约、集约使用，积极清理闲置低效土地，推进标准

化厂房建设。2015 年，全省开发区每平方公里（按建成区面积计算）经营收入 20.4 亿元，比 2010 年增加 10.8 亿元，年均增长 16.3%；工业产值 15.5 亿元，增加 7.6 亿元，年均增长 14.4%；税收总额 6037 万元，增加 2740 万元，年均增长 12.9%；进出口总额 1595 万美元，增加 644 万美元，年均增长 10.9%。

二 安徽省开发区对城市发展的支撑作用

30 多年的发展经验表明，开发区已成为安徽经济发展最活跃的区域，其对安徽经济社会的支撑与影响能力正在显著增强。开发区已日益成为安徽经济社会跨越发展的增长极、科技创新的新平台、对外开放的主窗口、产城融合的示范区和体制创新的风向标。

1. 成为跨越发展的增长极

安徽省开发区是全省产业发展的龙头和重要依托，是加快安徽经济发展的巨大引擎，对全省经济总量增长发挥着举足轻重的作用；开发区围绕"工业强区"战略，不断扩大产业规模，注重产业结构升级，成为全省新型工业化的主战场。2015 年全年开发区规模以上企业工业增加值 6527.6 亿元，比上年增长 10%，增幅高于全省 1.4 个百分点，对全省工业增长的贡献率达 76.5%，总量占全省的 66.5%；财政收入 1456.9 亿元，占全省比重为 36.3%。一个显著的特点是主导产业进一步突出。2015 年全省开发区主导产业快速增长，主导产业营业收入同比上一年增长 13.3%，增幅比全省开发区总营业收入增幅 11.2% 高出了 2.1 个百分点。另一个显著的特点是高新技术产业也得到了较快发展。2015 年全省开发区高新技术产业产值同比上一年增长了 16.2%，增幅也远高于规模以上工业总产值 10.9% 的增幅。

2. 成为科技创新的新平台

全省开发区自主创新能力不断提升，成为全省科技创新的重要平台。截至 2017 年底：全省共有 20 家高新技术产业开发区，其中国家级

5 家；各类高新技术产业基地 49 家，其中国家级 24 家；高新技术产业中电子信息、节能环保、新材料、生物等战略性新兴产业加快发展，一批国家级重点实验室、工程技术研究中心建成投入使用。2017 年，规模以上高新技术产业产值比上年增长 20.4%，高新技术产业增加值占全省规模以上工业增加值的比重为 40.2%。全省规模以上高新技术产业对全省规模以上工业增加值增长的贡献率为 63.5%。国家高新技术企业健康发展，到 2017 年底，全省共有高新技术企业 4310 家。其中，营业总收入亿元以上的高新技术企业 1138 家，10 亿元以上的 156 家，百亿元以上的 8 家。高新技术产业载体发展良好，全省共有众创空间 267 家，其中国家级 41 家，省级 98 家。据统计，2017 年众创空间总收入 2 亿元，众创空间总面积 390.7 万平方米，累计获得投融资的团队、企业 1492 个。全省共有科技企业孵化器 161 家，其中国家级 25 家，省级 59 家。

3. 成为对外开放的主窗口

近年来安徽省开发区承接产业转移加速推进，招商引资态势良好，对外贸易增势迅猛。据《安徽省开发区年鉴（2014–2016）》统计：2015 年，全省开发区实际利用外商直接投资 96.2 亿美元，为 2010 年的 2.6 倍，年均增长 21.2%，占全省的 70.7%；亿元以上项目实际到位省外境内资金达 4850.7 亿元，为 2010 年的 3 倍，年均增长 24.6%，占全省的 54.1%，比 2010 年提高 14.3 个百分点；2015 年进出口总额 290.5 亿美元，为 2010 年的 2.4 倍，年均增长 19.4%，占全省的 59.5%，比 2010 年提高了 10.2 个百分点，其中出口 220 亿美元，为 2010 年的 3.2 倍，年均增长 25.9%，占全省的 66.4%，比 2010 年提高了 10.4 个百分点。开展园区合作共建是拓宽开发区国际视野、吸取苏浙沪先进经验的有效途径。其中，中德（安徽）智慧产业园、苏滁现代产业园等实现了快速发展。

4. 成为产城融合的示范区

从产城融合看，随着新型工业化和城镇化的加速推进，开发区建成区面积不断增加，人口不断聚集。2015 年底，全省开发区建成区面积1822 平方公里，总人口 590.6 万人，分别比上年底增长 8.5% 和 5.9%。开发区城市功能不断完善，服务业发展较快，全年服务业增加值1629.5 亿元，比上年增长 16.5%。其中现代服务业增加值 960.3 亿元，比上年增长 21.6%。全省各开发区持续加大基础设施建设力度，道路、厂房、供电、供水、通信等基础设施不断完善，产城整合速度不断加快。"十二五"期间，固定资产投资 40247.7 亿元，年均增长 19.8%，占全省比重由 2010 年的 35.9% 提高到 2015 年的 43.8%。经过多年的建设，全省市辖开发区的基础设施建设标准基本达到"七通一平"，有的开发区甚至达到"九通一平"，项目承载能力进一步加强。开发区与城区基础设施的一体化进程加快，园林绿化、环境保护、企业服务等公用工程和公共服务基础设施基本完备，成为当地新城区的重要组成部分。2016 年 10 月，依托合肥新站高新区、苏滁现代产业园设立的合肥产城融合示范区、滁州产城融合示范区成为首批国家级产城融合示范区。

5. 成为体制创新的风向标

经过多年发展，安徽省开发区在经济和社会发展的体制机制上勇于探索，先行先试，成为全省改革创新的试验区。在国家级经济技术开发区投资环境综合评价中，合肥经济技术开发区、芜湖经济技术开发区连续多年位居中西部国家级开发区前列。当前，安徽正努力将开发区打造成新型工业化发展的引领区、高水平营商环境的示范区、大众创业万众创新的集聚区、开放型经济和体制创新的先行区。全省积极创新开发区服务管理机制，建立了"三个机制、四个清单、三位一体、四轮驱动"的服务管理模式，推动全省开发区转型升级创新发展。全省开发区规模以上工业增加值、固定资产投资、实际利用外商直接投资、进出口总额、财政收入等主要经济指标呈现稳中有进、结构向好、活力增强的良好态势。

第三节 安徽省开发区的创新实践

经过 30 多年的发展，开发区已成为安徽经济发展最活跃的区域，对地方经济的发展起着巨大的支撑作用，这些成就的取得，一方面得益于严格按照国家政策导向，与共和国共同成长；另一方面得益于安徽省委、省政府对安徽开发区发展的积极作为，在实践中不断创新。

一 法律政策创新实践

1. 出台与修订《安徽省省级开发区条例》

1997 年 1 月 30 日安徽省第八届人民代表大会常务委员会第二十九次会议通过《安徽省省级开发区条例》，使得安徽成为出台省级开发区条例较早的省份。2002 年 4 月 4 日安徽省第九届人民代表大会常务委员会第二十九次会议、2004 年 4 月 23 日安徽省第十届人民代表大会常务委员会第九次会议分别对《安徽省省级开发区条例》进行了修正。《安徽省省级开发区条例》共有七章三十九条，对安徽省开发区的设立和审批、管理机构和职责、开发管理、经营管理、优惠待遇等方面做了规定。

《安徽省省级开发区条例》中明确提出如下规定。开发区自批准之日起收取的土地使用权出让金，全部用于开发区的基础设施建设和土地开发。开发区内的外商投资企业，按下列规定享受税收优惠待遇：生产性企业，经营期在 10 年以上的，从获利年度起，第一年和第二年免征企业所得税，第三年至第五年减半征收企业所得税；先进技术企业，除了"两免三减"期满后，仍为先进技术企业的，可按税法规定的税率延长 3 年减半征收企业所得税，减半后的税率低于 10% 的，按 10% 的税率征收企业所得税。产品出口企业，除了"两免三减"期满后，凡当年企业出口产值达到企业产品产值 70% 以上的，可按现行税率减半缴纳企业所得税，减半后的企业所得税税率低于 10% 的，按 10% 的税率缴纳企业所得税。免征地方所得税。开发区内有权经营进料加工的企业为生产出口产品而进口的原材料、零部件、元器件、配套件，免缴进口关税和进口环节税。产品转为内销的，应按有关规定补缴进口关税和进口环节税。开发区内有出口经营权的企业出口自产产品，除国家另有规定外，免缴出口关税。有关部门对开发区内各单位的境外人员和派出境外联系业务的人员，简化出入境审批手续。开发区内的国内外投资者，除享受本条例规定的优惠待遇外，同时享受国家和本省规定的其他优惠待遇。除了《安徽省省级开发区条例》规定的优惠政策外，市县分别根据自己的权限和实际情况，对当地开发区出台了一些优惠政策。

2. 出台《关于促进全省开发区改革和创新发展的实施意见》

安徽省为推动开发区实现新一轮高水平对外开放，把开发区建设成为安徽省对外开放的新高地，2017 年 6 月 29 日安徽省人民政府出台《关于促进全省开发区改革和创新发展的实施意见》，指出作为在经济发展新常态下，针对安徽当前对外开放重点的开发区，要在开放型经济和体制创新上继续先行先试，充分发挥开发区的窗口、示范和带动作用。

安徽省积极出台以下三项政策。一是安徽省委、省政府出台《关于打造内陆开放新高地的意见》，推进各类园区创新发展和转型升级，推动各地以国家级、省级开发区为平台整合工业集中区，鼓励具备条件的开发区设立国际产业合作园区。二是安徽省政府出台《关于进一步做好招商引资工作的意见》，明确了开发区可在法定权限范围内制定出台招商引资优惠政策，支持开发区建立科学合理的用人机制和内部分配机制。三是安徽省商务厅会同相关部门研究制定《关于促进全省开发区改革和创新发展的实施意见》，推进开发区建设、管理和运营模式创新，完善政策体系，强化基本要素、资本和环境保障，全面提升开发区创新能力、增强开发区发展动力、扩大开发区带动力。

3. 出台的其他相关政策

在土地政策方面，安徽省国土厅根据开发区情况，优先审批供地。为节约用地，2013 年安徽省出台多项强化土地节约集约利用的举措，明确了开发区分类规划建设用地构成、新建工业项目供地标准等。同年，安徽省委、省政府出台《关于进一步加快开发区转型发展的若干意见》，省政府出台《关于进一步推进节约集约用地的若干意见》《皖江城市带承接产业转移示范区省级开发区扩区暂行办法》等。总之，安徽省先后出台了一系列政策，通过政策创新加快开发区的发展。

二 管理运营创新实践

1. 开发区管理模式创新实践

在管理模式方面，安徽省开发区呈现出四种模式。一是多功能综合管理模式，管委会作为地方政府的派出机构，其职权由市政府委托授予，统一管理园区经济和社会事务。二是单纯的经济职能管理模式，管委会作为政府的派出机构，主要履行招商引资、土地开发、规划建设等经济管理职能，社会事务统一由所在地行政区管辖。三是政区合一管理模式，开发区和行政区主要负责人交叉兼职，开发区实际上是"一级政府"，同时具有经济管理和社会管理职能。四是公司制模式，如园中园或合作共建园等规模较小的开发区，采用"企业主体"管理体制，成立开发公司，由其负责开发区规划建设、招商引资和经营管理，公司收益主要来源于工业和商业用地开发补偿。

一般情况下，开发区的机构与行政管理模式有关，多功能综合管理模式、政区合一管理模式涉及较多的社会事务，因而内部机构设置较多，而单纯的经济职能管理模式仅涉及经济开发功能，因而内部机构设置较少。另外，开发区根据经济社会发展需要，实行灵活务实的机构编制管理，不断优化组织结构，完善行政运行机制，探索机构编制动态管理的途径。比如合肥经济技术开发区每隔一段时期，要对所属机构进行相应调整，2010 年参照"大部制"方案进行先行先试，撤并功能相近的部门以及不需要独立设置的机构，强化了经济管理、城市管理和社会管理职能，单独设立了纪工委。

开发区的财税体制与管理模式密切相关。在开发区财税体制上也较灵活，具体有三种模式。一是实行财税分成。目前多数开发区采用财税分成的运作机制。地方政府确定开发区一个税收基数，按一定比例收取增额的地方财税，同时对开发区基础设施建设给予一定的资金支持或财税返还。二是政府统管。芜湖高新区财政局是弋江区财政局派出机构，财税全部交给弋江区，开发区所有费用由区里支出。三是财税独立。马鞍山经济技术开发区作为一级财政，财税与雨山区独立，开发区土地出让金自己留用。

2. 综合考核评价创新实践

2017 年 12 月 8 日安徽省人民政府出台《安徽省省级以上开发区综合考核评价暂行办法》，一年后，按照新的文件精神和高质量的改革创新发展要求重新进行了修订，于 2018 年 12 月 3 日印发，全力推进安徽省开发区的高质量创新发展。本次修订有三大亮点，突出了高质量发展的要求，考核着重引导开发区提升整体规模能级、新兴产业贡献率，加速开发区产业集聚和创新发展，加强开发区招商引资和"双创"工作，创优开发区营商环境，创新开发区管理体制。同时增加了生态环境指标。此外，也突出了考核体系指标的动态调整。一套固化的指标不能适应开发区的动态发展，针对考核中发现的问题，及时对考核体系指标进行调整。修订后的办法还进一步强化了约束和倒逼机制，根据当年综合考核评价结果：对综合考核评价中排名前 30 位的开发区，予以通报并给予奖励，在项目、资金、土地、扩区升级等方面给予倾斜；对综合考核评价处于后 5 位的开发区，给予警告，限期整改；对整改不力，特别是长期圈占土地、开发程度低的开发区，予以核减面积或降级、撤销等处分。

该办法修订明确提出，综合考核评价指标体系围绕推动改革和创新发展，重点突出四个方面。首先是推动绿色开发区建设。落实省委、省政府部署，增加"生态环境"一类指标，8 项二类指标。其次是根据实际工作需要，调整加分项。再次是本次修订更注重正向引导。删除扣分项，对违纪违法和发生重大突发事件的，依据相关部门处理意见和通报结果，仍保留一票否决。新增"开发区涉及生态保护红线、永久基本农田控制和城镇开发边界控制线交叉重叠问题且未完成整改"作为一票否决事项。最后是打造对外开放平台。为落实长三角一体化国家战略，该办法将省际合作共建园区也纳入考核体系。同时支持安徽省开发区与粤闽开发区采取多种方式对口合作。

3. 管理体制创新实践

2019 年 2 月 22 日，安徽省政府办公厅印发《关于促进全省开发区规范管理的通知》，进一步巩固开发区优化整合和涉生态保护红线等问题整治成果，规范开发区管理，大力推动全省开发区创新升级。

该通知突出了三个方面。一是突出规范管理。通过规范管理，引导全省开发区建设水平上台阶。二是突出高质量发展。鼓励开发区以创新引领转型升级，加快产业聚集，支持符合条件的开发区创建国家级开发区。三是突出监管和评价。加强对开发区运行情况监测，对考核中居后的开发区加强监管。

该通知有三大亮点。首先是突出规范管理的要求，强化开发区扩区、调区、移区管理，规范开发区名称。规范开发区主导产业变更，并设置不突破当地环境容量、不增加污染物排放量为前提。其次是提升开发区建设标准，逐步建立开发区标准化建设体系，提升基础设施建设标准。最后是强化考核评价导向，不断完善开发区考核评价体系，建立动态评估标准。完善开发区考核奖励制度，加大资金、土地等方面的政策扶持力度，并对综合考核评价中居后的开发区，提出督办整改要求。

4. 营商环境创新实践

开发区是安徽体制改革的试验基地，在法治环境、政务环境、市场环境、社会环境和开放环境五大营商环境方面，进行了很好的实践。一是着力构建公平正义的法治环境。一方面，规范行政执法行为。如合肥市出台了《合肥市开发区行政执法规定》，让开发区在执法时有法可依。另一方面，探索建立综合执法机制。如桐城经济技术开发区成立综合执法局，消除多头执法、多层执法，执法水平显著提高。二是构建透明高效的政务环境。安徽深入推进"放管服"改革，简政放权，权责清单全部公布。此外，安徽省政府出台《关于进一步深化行政审批制度改革的意见》，努力做到园区内重点事项园区内办结。三是构建竞争有序的市场环境。一方面，加强知识产权保护。安徽省商务厅、科技厅等部门共同认定安徽省知识产权示范园区，在省级层面推动知识产权示范园区建设。另一方面，安徽省开发区加强事中事后监管，健全社会诚信体系。四是构建和谐稳定的社会环境。安徽省开发区创新社会治理模式，提高社会安全感，营造稳定的用工环境。如合肥经济技术开发区高度重视社会综合治理，健全防控体系。五是构建互利共赢的开放环境。安徽着力依托大通关建设大平台，大力构建以开放口岸、海关特殊监管区、临港经济区为主体的综合开放平台。"合新欧"国际货运班列延伸至德国汉堡，中国（合肥）跨境电子商务综合试验区全面建设，以合肥综合保税区、合肥出口加工区、空港经济示范区等为支撑的"一核三区"协同发展格局基本形成。

5. 开放发展创新实践

在安徽省的《关于促进全省开发区改革和创新发展的实施意见》中，要求做好深化改革与创新发展大文章。在深化改革方面：支持开发区对标自贸试验区开展服务改革创新，积极复制推广自贸试验区经验成果；建立健全社会信用体系，加强事中事后监管；推动行政管理体制改革，赋予开发区同级政府相应经济管理权限，实行财政独立核算；完善考核管理制度，将开发区考核单独纳入省辖市政府对县（市、区）政府综合考核，考核成绩靠前的，给予优先申报国家级开发区等激励政策；考核排名靠后的，予以警告、通报、退出等处罚。在创新发展方面，鼓励开发区建设各类创新创业平台，符合条件且经认定后给予一定资金支持。支持开发区通过设立风险投资引导基金、创业投资贴息资金、知识产权作价入股等方式，搭建科技人才与产业对接的平台。鼓励开发区在高端人才、境外股权投资、人员落户及配套等方面加大支持力度。

三　合作共建园区创新实践

近年来，安徽省推进开发区合作共建，重点支持省内开发区与沪苏浙等地区开发区合作共建，积极融入"一带一路"建设，从土地指标、资金支持等方面"一事一议"研究具体扶持政策，使得安徽跨省、跨市共建产业园区越来越多。

2009 年国台办批准设立安徽（和县）台湾农民创业园。2010 年皖江城市带承接产业转移示范区成立，设立江南、江北两大产业集中区，兴建了沿江 9 个市承接产业转移示范区。2012 年，安徽省启动《合作共建皖北现代产业园区实施方案》，合肥、芜湖、马鞍山相应分别对接阜阳、亳州、宿州 3 个皖北城市；皖南 4 个县区对接皖北 4 个县区，通过这种方式形成"3 + 4"南北合作共建模式。此外，皖苏合作共建"苏滁现代产业园"，皖浙合作共建"郎溪（中国）经都产业园"，皖沪合作共建"合肥上海产业园"（合肥）和"上海张江现代产业园"（萧县），以及中德合作共建"中德（合肥）智能制造国际创新园""中德（芜湖）中小企业合作区"等。

随着皖江示范区建设发展，安徽正在大规模承接东部沿海地区的产业转移，推进开发区合作制度创新。早在皖江示范区成立不久，安徽省就制定了《关于建立利益分享机制推进园区合作共建的初步设想》，积极推进省级层面的合作、"飞地经济"园区的利益分享，园区社会事务可由安徽方管理，但园区地区生产总值可在沪苏浙统计，设立园区占用的土地指标，安徽方可用土地复垦、村庄整理开发的土地指标优先予以解决。经过几年的实践，安徽省园区合作制度创新取得了一定的成效。

1. 合作园区的合作类型创新实践

合作园区的合作类型按合作开发主体可以归纳为五类：园区与企业（或商会）合作、园区与园区合作、园区与政府合作、政府与企业合作、政府与政府合作。具体情况如下。一是园区与企业合作。园区与企业合作共建产业园是我国最常见的开发模式，也是目前安徽省合作共建的主要开发模式。园区与企业合作共建产业园区时，大多是以"园中园"的形式建立。其特点是园区方面提供土地、资源、政策支持等，吸引企业来园区合作开发，具有很强的针对性，行业特征明显。一个产业园区内，可以有很多园区与企业合作共建的小型园区。这些小型园区的企业可以是一条产业链的上下游企业，也可以是水平方向上的同行业之间有横向交流的公司。如芜湖经济技术开发区与浙江杉杉集团共建的芜湖生命健康城、铜陵承接产业转移示范区与台湾龙鼎集团共建的生态科技园等。二是园区与园区合作。目前，这种模式一般是两个异地的园区，一方处于经济较发达地区，另一方则是正在蓬勃发展、具有人力成本及资源优势的经济欠发达区。有"园中园"和"托管园"两种主要形式，一方将其部分产业转移至另一方，或者是下游为上游服务。其合作园区的产业一般集中在可以进行外包、贸易的行业。如合肥经济技术开发区与上海漕河泾高新技术开发区共建的合肥创新创业园、滁州经济技术开发区与南京高新技术开发区共建的宁滁合作产业园等。三是园区与政府合作。一方是园区，另一方是地方政府。如滁州承接产业转移无锡合作共建园是由琅琊经济开发区和无锡惠山区政府共同建立的，合肥新港工业园是由合肥经济技术开发区和肥西县人民政府共同建立的。四是政府与企业合作。政府与企业合作的共建园区是目前主流的一种合作模式，由政府直接参与企业洽谈合作，一般以"共建园"的模式，也有部分以"园中园"模式的合作产业园。如：苏州工业园股份有限公司与滁州市政府合作建立的苏滁现代产业园，占地 36 平方公里，基础设施投资约 100 亿元，带动区域总投资约 1300 亿元，是滁州市近年来投资规模较大的招商引资项目；郎溪县政府与浙江海宁经编产业园管委会、鸿翔控股集团共建的郎溪十字开发区经都产业园等。五是政府与政府合作。目前，政府与政府合作共建的产业园区不多。其中最有代表性的是2012年3月，安徽省委、省政府印发了《关于合作共建皖北现代产业园区的实施方案》（皖办发〔2012〕9号），决定通过省内发达地区参与共建模式在皖北地区合作共建"三个现代产业园区（省级）"和"四个县域现代产业园区"，即在阜阳、亳州、宿州三个欠发达市，由省与合肥市—阜阳市、芜湖市—亳州市、马鞍山市—宿州市分别共建现代产业园区，蚌埠市（固镇县）与铜陵市、寿县与合肥市蜀山区、濉溪县与芜湖县、凤阳县与宁国市合作共建县域现代产业园区。

2. 合作体制和机制创新实践

合作机制是合作共建园区中最基础也最复杂的环节，需要合作双方根据彼此意愿和要求协商确定。安徽省的共建园区中，合作方式和利益分享机制多种多样，主要是根据合作意向和利益要求，按照一事一议、一例一策的原则建立合作机制。如：在园中园模式中，按照招商到位资金一定比例奖励受托方的政策；在共管园模式中，合作双方按比例享受股权分红的政策，合作方同时还享受人事任免权等法定权利；在托管园模式中，建立园区开发收益分配机制，将前期开发收益全部给受托方享受，后期收益则由合作双方按比例分享等。

省内发达地区参与共建模式在皖北地区合作共建"三个现代产业园区（省级）"，其合作体制机制如下。其一，在园区规划方面。"三个现代产业园区"依托城区和现有开发区，各规划建设一个面积为25～30平方公里的产业与城市一体、宜居宜业的现代新城，其中约30%用于公共设施及生态绿化建设，约50%用于产业项目建设，约20%用于生活设施配套。"三个现代产业园区"均纳入所在城市总体规划和土地利用总体规划。其二，在建设用地方面。在严格执行土地利用总体规划和土地整治规划的基础上，探索现代产业园区建设用地与吸纳农村人口进入园区就业定居的规模挂钩。成立专业化土地整治机构，对农民按依法自愿有偿原则置换出来的宅基地进行整治，保证土地整治质量和耕地面积不减少。"三个现代产业园区"建设用地指标实行单列，2012 年到 2016 年每年每个园区安排不低于 2500 亩建设用地指标。其三，在融资方面。"三个现代产业园区"各成立一个资本金 30 亿元的投融资公司，由省财政、援建市和受助市共同出资组建。其中：省财政每年每个园区各投入 2 亿元，连续投入 5 年（共 10 亿元），由省担保集团公司作为出资人；阜阳和合肥、亳州和芜湖、宿州和马鞍山 6 个市每年各投入 2 亿元，连续投入 5 年。同时，与中国农业发展银行等金融机构合作，争取每个园区每年信贷投入不少于 9 亿元，5 年累计各投入信贷资金 45 亿元。每个园区资本金与信贷资金合计不少于 75 亿元。此外，将合作共建园区土地收储出让收益、投资收益和税收留成的一部分作为投融资公司收入，主要用于偿债、回购合作方投资和滚动发展。其四，在管理体制方面。"三个现代产业园区"为省级开发区，管委会主任由援建市选派并按副厅级干部（高配一级）配备，其管理队伍（含园区投融资公司）以援建市选派干部为主。为了便于统筹协调，园区党工委第一书记由所在受援市市委书记兼任，管委会主任挂任所在市市委常委，并要求园区所在市、区两级成立相应的协调机构，专为园区建设发展服务。园区独立运作，管委会负责规划编制、公共基础设施建设、招商引资、企业注册登记及服务管理等事宜。征地、拆迁、安置的组织工作由园区所在市负责，费用由园区投融资公司承担。

合作共建县域现代产业园区合作体制机制，总体上按照"三个现代产业园区"形式，在受援县现有的省级开发区基础上，各规划建设一个 10～15 平方公里的产城一体、宜居宜业的现代新城。每个园区各成立一个投融资公司，每个投融资公司资本金不少于 6.5 亿元，其中省财政在原每年补助 2000 万元基础上，再投入 3000 万元，连续投入 5 年，由省担保集团公司作为出资人；受援县每年投入不少于 5000 万元，援建市、县（市、区）每年投入不少于 3000 万元，连续投入 5 年。省政府协调国家开发银行、中国农业发展银行等金融机构，争取每个园区每年信贷投入不少于3亿元，5年累计投入信贷资金不少于15亿元。省政府在用地指标和安排土地增减挂钩指标上予以适当支持。在管理体制上，园区管委会职能比照"三个现代产业园区"设置，园区党工委第一书记由受援县县委书记兼任，管委会主任按正县级配备，由援建市县（市、区）选派，并挂任所在县县委常委，园区管理队伍主要由援建方选派。

第八章
安徽城市治理与居民生活品质提升

新中国成立以来，尤其是改革开放以来，安徽在城市治理方面进行了大量的探索实践，通过改革创新，与时俱进，安徽城市治理水平不断提高，城市治理更趋精细化，居民生活品质也得以显著提升。

第一节　安徽城市治理的发展历程

新中国成立以来，安徽城市治理水平也随着改革开放的深入和经济社会的发展而提升，从整个过程来说，主要经历了以下几个阶段。

一　不断探索期（1949～1991年）

新中国成立后，全国在城市基层社会逐步建立了以"单位制"为主、以基层地区管理"街居制"为辅的管理体制。国家通过"单位制"体系管理员工，通过"街居制"体系管理社会闲散人员、民政救济和社会优抚对象等，实现了对城市全体社会成员的整合，达到了稳定社会的目的。

城市的治理与城市发展紧密联系，而城市的发展又同经济社会发展水平紧密相关。一个时期的经济体制一定程度上决定了城市的规模，城市规模的大小又同城市管理正相关。改革开放以前，我国实行计划经济体制，"以单位管理为主、以基层管理为辅"的城市社会管理体制较好地适应了当时计划经济的特点和要求。1978 年 12 月，党的十一届三中全会后，我国开始实施市场取向的改革。20 世纪 80 年代，我国经济体制开始确立为"计划经济为主、市场调节为辅"的"有计划的商品经济体制"。直到 1992 年，党的十四大报告正式提出建立社会主义市场经济体制。1980 年 1 月，全国人大常委会重新颁布了 1954 年通过的《城市居民委员会组织条例》，1982 年通过的《中华人民共和国宪法》首次以国家根本大法的形式明确了居民委员会作为城市群众性自治组织的性质、地位、职责、作用等，以适应改革开放之初的形势发展和历史要求。随着我国经济发展和社会转型，"单位制"体系逐渐被打破，单位管理模式趋于失效。"街居制"也由于基层社会的巨大变化而面临很多现实难题，在管理上陷入困境。因此，安徽也在沿着党和国家指明的方向开始积极探索和推进城市管理体制的改革。在安徽的实践过程中，安徽街道居委会逐步建立城市基层社会管理体制，由原来的"单位制为主、街居制为辅"逐步演变为"单位制 + 街居制"。1989 年，第七届全国人民代表大会常务委员会第十一次会议通过的《中华人民共和国城市居民委员会组织法》，为城市居民自治提供了法律保障，为城市居委会成为城市治理中的自治组织奠定了基础，这对城市社区自治具有里程碑意义。很快，安徽城市社会治理在实践中不断探索，也确立了城市居民委员会的自治地位，社会治理主体的一元格局被打破，政府包办一切的状况开始松动，社会活力明显增强。但是，从总体上看，这个阶段政府的社会管理和公共服务职能尚未得到充分有效履行。

二 稳定发展期（1992～2001 年）

经济体制发展不完善，必然对城市管理造成影响，各种城市管理的问题开始出现，城市基层社会急需建立一种新的组织形态和管理体制来解决出现的问题和各种矛盾，承担起重新整合社会的功能。1992 年 10 月，中国共产党第十四次全国代表大会胜利召开。会议明确我国经济体制改革的目标是建立社会主义市场经济。随着经济体制改革的深入推进，其他领域的改革也相继展开，社会也步入快速转型时期。1998 年 3 月，在第九届全国人大第一次会议上，国务委员兼国务院秘书长罗干在《关于国务院机构改革方案的说明》中，首次明确提出了"社会管理"的概念。他指出，要把政府职能切实转变到宏观调控、社会管理和公共服务方面来。此后，安徽省委、省政府按照党中央、国务院的部署和要求，把社会管理创新提到重要议事日程，在加强经济建设的同时，出台相关社会政策，以促进社会领域各项事业发展。城市管理开始进行转型变革。

随着"单位制"趋向解体，"单位人"开始向"社会人"转变，而"街居制"又面临着职能超载、职权有限和角色尴尬等现实问题。这时，"社区制"的城市管理体制逐渐开始试行，2000 年 11 月，民政部《关于在全国推进城市社区建设的意见》，标志着我国城市"社区制"建设正式启动。从此，同全国其他城市一样，安徽城市社区建设开始得以全面展开。社区建设的模式层出不穷，如试验区的设立、研讨会的召开、规章制度的出台、评比活动的开展等，全国上下高度重视社区自治工作和建设。2001 年 7 月，民政部召开了全国城市社区建设工作会议，同月，民政部下发《全国城市社区建设示范活动指导纲要》，全面推进社区自治与建设。2002 年 9 月，民政部召开全国城市社区现场会，命名了 175 个全国社区建设示范市区。合肥市蜀山区（行政区划调整前的西市区）先后荣获"全国民政工作先进区""全国社区服务示范城区"

"全国社区建设联系点""全国社区建设实验区"等荣誉称号。

从总体上看,这一阶段出现的"社区制"是社会发展的必然要求,它更新了城市基层社会管理的理念和方法,对我国当时的城市社会经济发展起到重大的推进作用。经过这一阶段的摸索,安徽城市治理体制基本上摆脱了计划经济的影响,社会治理制度不断完善,政府不再是社会事业的包揽者,社会组织逐渐参与到社会公共事务的管理中来。但是,政府职能转变不能满足社会发展需要,政府在社会管理中仍然处于主导地位,基层自治组织和社会组织仍然处于附属地位。

三 深入推进期(2002年至2012年10月)

2002年11月,中国共产党第十六次全国代表大会胜利召开。党的十六大报告提出了全面建设小康社会的目标,并进一步明确政府职能定位,即经济调节、市场监管、社会管理和公共服务。2004年,党的十六届四中全会明确提出要依托"构建社会主义和谐社会"为基础,建立健全党委领导、政府负责、社会协同、公众参与的社会管理体系格局。由此,中国特色社会主义事业发展总体布局结构由"三位一体"发展为经济建设、政治建设、文化建设、社会建设"四位一体"。2006年,党的十六届六中全会专门就社会主义和谐社会建设做出战略部署。2007年,党的十七大报告明确提出要加快以改善民生为重点的社会建设,完善社会管理。这一阶段,安徽不断推进城市管理体制改革创新,城市社会治理全面加强,"社区制"城市治理得以全面拓展,深入推进。

为进一步提高城市公共管理和服务水平,安徽不断推进城市社区管理体制改革。2010年7月,铜陵市铜官山区全面启动了以"减少层级、加强基层、提升效能、强化服务、推动自治"为目标的社区管理体制改革,撤街并居,将原来的"区—街道—社区"三级管理结构调整为"区—社区"两级。铜陵市因此成为全国第一个全部撤销"街道"的地级市。铜陵市铜官山区的改革是城市基层政府的体制机制创新、社会管理创新的一次成功尝试，为全国提供了第一个在城区范围内统筹街道和社区体制改革的鲜活样板。2011年7月，民政部批复同意铜官山区为全国首个"社区管理和服务创新实验区"，这也是全国唯一的社区管理和服务创新实验区。2011年8月24日，安徽省人民政府办公厅印发《关于积极稳妥推进户籍管理制度改革的意见》，稳妥推进户籍管理制度改革，根据该意见精神，安徽坚持"积极稳妥，分类有序引导，统筹兼顾，完善配套政策，坚持自愿，保障农民权益"的原则，分类明确户口迁移政策，切实解决户口管理中的突出问题，并完善相关配套政策措施，稳妥推进户籍管理制度改革，促进人口合理有序流动，推动城乡社会经济协调发展。户籍管理制度的改革，放低了户口迁移门槛，使流动人口在劳动就业、医疗卫生、教育等方面享受与市民同等的权利和待遇，体现公民平等和城市文明进步。2012年3月，安徽进一步出台了有关增加社区管理体制改革试点的指导意见，号召"从2012年起，各市可选择自己辖区内的1～2个区进行有关削减社区管理层次，实行区级政府直接管理社区，为其提供公共服务与产品的制度改革"。目前，这一新型治理结构改革仍在安徽多个地区相继推行，城市治理全面深入推进。

四 精细管理期（2012年11月至2020年）

2012年11月，中国共产党第十八次全国代表大会胜利召开。党的十八大报告提出，加强社会建设，必须加快推进社会体制改革。"要围绕构建中国特色社会主义社会管理体系，加快形成党委领导、政府负责、社会协同、公众参与、法治保障的社会管理体系格局。"党的十八届三中全会中明确提出"要通过改进社会治理方式，激发社会组织活力，创新有效预防和化解社会矛盾体制，健全公共安全体系来创新社会治理体制，提高社会治理水平"。党的十九大进一步为新时代加强和创新社会治理指明了方向。

党的十八大以来，安徽在全面深化改革中不断加强和创新社会治理，城市治理不断走向精细化，使得安徽城市社会安定有序，城市居民安居乐业。具体工作主要是：安徽精细推进"区直管社区"综合体制改革和"网格化、信息化、扁平化"社区治理体制改革；在2004年和2010年的基础上，2014年和2015年分别又印发了《关于加强社会治安防控体系建设的指导性意见》，精准推进社会治安防控体系建设；精准推进建设社会矛盾多元化解机制；2016年4月习近平总书记视察安徽时明确要求"着力打造生态文明建设的安徽样板，建设绿色江淮美好家园"，为安徽城市建设指明了发展方向与目标，2016年12月22日安徽省委、省政府出台《关于进一步加强城市规划建设管理工作的实施意见》，推进以人为核心的新型城镇化进程，以城市规划建设管理工作为内容，精准开创城市现代化建设新局面，加快建设创新协调绿色开放共享的美好安徽；2019年8月1日，安徽省人民政府出台《关于进一步加强城市精细化管理工作的指导意见》，进一步提升安徽城市精细化管理水平，增强城市综合服务功能，推动安徽城市的高质量发展。

总之，党的十八大以来，安徽通过精准推进城市管理体制改革和其他多项改革，基本形成基层党组织领导、基层政府主导的多方参与、共同治理的城市治理体系，使得城市治理体制更加完善，治理能力显著提升，公共服务、公共管理、公共安全得到有效保障，从而为加快建设现代化五大发展美好安徽奠定了坚实基础。

第二节　安徽城市治理的做法与成效

安徽城市治理随着安徽城市的发展而得以不断提升，也为安徽城市发展起到了巨大的推动作用。一直以来，在国家相关部门的指引下，安徽不断探索城市治理的方法，积极推进"街居制"向"社区制"变革，并进一步进行社区管理和服务创新实验，取得了相应的成效。尤其在党的十八大以后，安徽在推进精细化城市治理方面有许多好的做法，取得了不错的成效。本节重点总结党的十八大以后安徽城市治理的做法与成效。

一 安徽城市治理的做法

在党的十八大以后，安徽城市治理方面的做法，概括起来主要是在全面推进城市治理改革和精准构建治安防控体系与矛盾化解机制等方面，进一步加强城市规划建设管理工作，全面提高城市精细化管理水平，增强城市综合服务功能，推动城市高质量发展，同时提升城市及街区的形象，打造魅力城市。具体做法主要体现在以下方面。

1. 全面推进社区治理体制改革

党的十八大以来，继铜陵市铜官山区"区直管社区"综合体制改革后，安徽以网格化、信息化、扁平化为方向，全面推进社区治理体制改革。全省各地因地制宜，进一步转变城市政府职能，积极探索有效服务社区居民的管理体制，科学调整社区规模，优化管理幅度和管理层级，强化社区功能。芜湖、蚌埠、滁州等地减少行政层级，成立公共服务中心，将直接面向基层、面向群众多级居民办事流程压缩到公共服务中心一个流程，提供"一站式"服务。合肥、马鞍山、宿州等地形成了社区党组织、居委会、社会组织、驻社区单位、居民等共同参与的社区治理格局。黄山、蚌埠、芜湖、六安等市在部分城区撤销街道办事处，整合组建大社区，探索"大社区"管理模式。目前，全省市辖区（含县级市）社区治理体制改革覆盖面达70%，改革模式也是异彩纷呈。

推进城市基层民主建设，不断扩大城市社区居委会直接选举覆盖面。从2012年起，全省各地级市80%以上的社区居委会逐步实行直选，创新民主管理、民主决策和民主监督的形式，切实保障社区居民享有更多更切实的民主权利。2013 年，铜陵市铜官山区 18 个社区首次通过居民直接投票选举产生新一届社区居委会班子成员，其中天井湖和阳光社区在全省率先实行"海选"试点。芜湖市积极推进基层民主选举新模式，进一步推进观察员制度、定岗选举和"一票制"选举三项改革，2015 年，芜湖市 234 个参加换届选举的社区居委会全部一次性选举成功。

建立人财物向社区投入的机制。全省各地采取切实有效措施，整合社区资源，强化社区工作，将社区服务设施、社区信息化建设及正常工作经费和人员报酬等多项经费纳入本级政府基本建设投资规划和财政预算，不断完善政府投入和社会投入相结合的基层经费保障机制，社区管理服务能力逐渐增强。目前，基本实现从解决社区有人办事、有钱办事、有地方办事和有章理事的"四有"问题，到设施优等、管理优化、服务优质、环境优美的和谐社区建设"四优"的转变，全省 2700 多个城市社区实现综合服务设施全覆盖。

2. 构建立体化、信息化社会治安防控体系

建立信息化、立体化城市管理系统。深化城市智慧管理行动，推进基础设施运行安全管理的智能化，设区城市建成地下管网地理信息系统，市县全面建成数字化城市管理平台。全面完成城管执法体制改革任务，界定城市管理职责、公布权责清单，综合设置城市管理领域执法机构。完善城市治理机制，畅通公众参与规划制定、实施渠道，推进规划编制、项目审批、规划实施公开公示制度；建立城市重大建设项目征集群众意见制度；建立城管执法评议制度，引导市民多渠道积极参与城市管理。综合提高社区治理水平，建立社居委、业委会、物业企业"三位一体"的物业服务机制；建立条块结合、以块为主、多方协同的工作机制。

完善立体化社会治安防控体系，是维护公共安全的骨干工程，也是建设平安安徽的基础工程。党的十八大报告明确指出，要完善立体化社会治安防控体系。党的十九大报告进一步强调，要加快社会治安防控体系建设。安徽在推进社会治安防控体系建设过程中，坚持与时俱进，根据不同阶段的实际情况，确立不同阶段的目标和任务，在 2014 年和 2015 年又两次印发《关于加强社会治安防控体系建设的指导性意见》，精准推进社会治安防控体系建设。全省各地将治安防控体系建设与城乡规划、旧城改造、社区建设、基层综治中心建设等方面工作统筹推进，进一步织紧、织细、织密"社会面、城乡社区、单位内部和行业场所、公共安全、视频技术、网络社会"六张防控网。不断加强新形势下群防群治工作，广泛吸纳网格管理员、村（居）民、平安志愿者、出租车司机、环卫工人、快递员等加入群防群治队伍，形成由 87 万余人 3 万余支队伍组成的群防群治网络。2016 年以来，安徽按照党中央决策部署，通过加快"雪亮工程"建设，进一步推进社会治安防控体系建设，提升社会治安综合治理智能化水平和快速处置能力。党的十八大以来，安徽社会治安防控体系建设取得了显著成绩，每十万人命案发案数始终保持全国最低水平，八类暴力犯罪案件数量逐年下降，连续 13 年没有发生特大案件，为全省经济社会发展创造了良好环境。

3. 创新矛盾纠纷多元化解机制

党的十八大报告提出，加强和创新社会管理，深化平安建设。党的十八届三中全会要求，提高社会治理水平，全面推进平安中国建设。党的十九大报告再次强调，建设平安中国，加强和创新社会治理，维护社会和谐稳定，确保国家长治久安、人民安居乐业。

维护社会和谐稳定，重在预防和化解各种社会矛盾。党的十八大以来，安徽紧紧围绕解决影响社会和谐稳定的源头性、根本性、基础性问题，对矛盾纠纷多元化解机制的创新发展进行了一系列有益的探索。一是高位谋划，引导多元主体积极参与。2016 年，省委办公厅、省政府办公厅印发了《关于完善矛盾纠纷多元化解机制的实施意见》，对完善矛盾纠纷多元化解机制做出全面部署。省人大将其纳入立法调研，推动工作在法治轨道运行。各级党委、政府把矛盾纠纷多元化解工作作为"一把手"工程进行谋划和部署。各部门、各单位以及社会各界主动作为，积极配合，形成多方参与、各方联动的工作格局。二是协调联动，实现多元化解方式优势互补。各地充分发挥人民调解的独特优势，及时就地化解邻里关系纠纷、婚姻家庭纠纷等传统类型的矛盾纠纷，成功率达98%以上，提高行业性专业性调解的针对性，化解非传统类型矛盾纠纷，探索推出灵活多样的调解方式，如宣城市探索形成"自选式调解"等七大调解法，桐城市将传统文化基因融入矛盾纠纷化解工作，推出"六尺巷"调解法，合肥市率先引入"e调解"服务平台。三是畅通渠道，发挥多元化解平台基础性作用。充分发挥基层综治中心第一道防线作用，主动服务基层群众，有效化解基层矛盾，努力维护基层稳定。进一步加强人民调解委员会规范化建设，全省共有人民调解委员会2.1万个，形成遍布城乡的人民调解组织网络。充分发挥行业主管部门、人民团体、社会组织优势，建立医疗纠纷、劳动争议、交通事故、物业管理等各类行业性专业性调解组织1096个。

实践证明，矛盾纠纷多元化解机制能够从源头上有效防范和化解大量社会矛盾。据统计，近年来全省96%以上的矛盾纠纷在基层和一线得到及时有效化解。2016年4月，中央综治办将"矛盾纠纷多元化解工作创新项目"中的"诉调对接平台规范化建设"项目交付给马鞍山市。2017年8月，中央综治办专程赴安庆市了解传统文化现代实践的成功经验，拟向全国推介。

4. 加强城市规划建设管理

2016年2月6日，中共中央、国务院印发了《关于进一步加强城市规划建设管理工作的若干意见》，提出了城市规划建设管理工作的指导思想、基本原则、总体目标和重点任务，为加强城市工作的纲领性文件。习近平总书记视察安徽时明确要求"着力打造生态文明建设的安徽样板，建设绿色江淮美好家园"，为安徽城市建设指明了发展方向与目标。2016年12月22日，安徽省委、省政府出台《关于进一步加强城市规划建设管理工作的实施意见》，指出"进一步加强城市规划建设管理工作，努力开创城市现代化建设新局面，加快建设创新协调绿色开放共享的美好安徽"。以"五大发展"理念，"一尊重、五统筹"为根本，提高城市规划建设管理水平，加快转变城市发展模式，提升城市的综合治理能力，必将对彰显徽风皖韵城市特色、加快现代化城市建设发挥重要推动作用。

该实施意见分别从六个方面提出了加强城市规划建设管理的重点任务。一是强化城市规划工作。落实国家、区域、省域规划战略布局和要求，推动形成"两圈两带一群"城镇空间发展格局。通过编制跨市域城镇的体系规划，促进安徽城市组群发展。尽快编制完成省、市、县三级空间规划，统筹城市开发边界、生态红线和永久基本农田的划定工作。同时牢固树立"规划即法"的意识。二是塑造城市特色风貌。要全面开展城市及重要片区城市设计工作，确定体现徽州文化、皖江文化、淮河文化等地域文化特色的城市风貌定位。加强城市历史文化街区划定和历史建筑确定工作，加强老城区的更新改造工作力度，优先开展历史文化街区和传统文化街区整治复兴行动。三是提升城市建筑水平。改进建筑市场监管，加快建筑市场信用体系建设，推行工程履约担保、施工企业银行保函制度。提高建筑工程质量，落实建设、勘察、设计、施工和监理五方主体质量安全责任。大力推广新技术、新材料。加强建筑安全监管，实施工程全生命周期风险管理。发展新型建造方式，大力推广装配式建筑，加快推进建筑产业现代化。大力推进建筑节能，进一步提高新建建筑节能标准，严格执行强制性标准。四是完善城市公共服务。大力推进棚改安居，深化城镇住房制度改革，开展"两治三改"三年专项行动。建设地下综合管廊，加强地下空间综合利用，统筹兼顾城市新区和老旧城区。优化街区路网结构，加快形成快速路、主次干路和支路级配合理的道路网系统。优先发展公共交通，统筹公共汽车、轻轨、地铁等多种公共交通协调发展。增强公共服务供给，优化公共服务设施空间布局，促进公共服务设施共建共享。五是营造城市宜居环境。完善城市生态网络，加强城市生态修复，积极创建园林城市和森林城市。推进海绵城市建设，城市新区、各类园区、成片开发区要全面落实海绵城市建设的基本要求。强化城市污水治理，综合整治城市扬尘和餐饮油烟污染，禁止城市及近郊区燃烧高污染燃料。加强垃圾综合治理，推进建筑垃圾资源化利用。六是创新城市治理方式。推进依法治理城市，加强重点领域法规规章的立改废释，完善城市规划建设管理标准体系。改革城市管理体制，推进市、县政府城市管理领域的机构综合设置制度，加强跨部门综合执法能力。完善城市治理机制，积极提升企业、社会组织和市民参与城市治理的能力和意识，实现城市共治共管。加快建设智慧城市，推进城市综合管理智慧化。

该实施意见很好地结合了安徽实际，紧扣国家重大决策部署。它是在认真领会、落实党中央、国务院关于城市规划建设管理工作一系列决策部署，深入学习贯彻习近平总书记系列重要讲话特别是视察安徽重要讲话精神基础上制定的，突出"五大发展"理念，在宏观布局上注重与"一带一路"倡议、长江经济带、长三角城市群、中原经济区等国家、区域战略紧密结合，提高城市工作的全局性、系统性；在目标上着力于"四创一建"，创新城市发展方式、创建城市特色风貌、创造城市优良环境、创优城市管理服务，着力打造城市生态文明建设安徽样板，建设绿色江淮美好家园。同时，它关注了民生改善，提升人居环境水平。为改善居民住房条件和环境，实施意见提出深化城镇住房制度改革，大力推进棚改安居工程，在全省开展"两治三改"三年专项行动；提出推动社区用房、中小学、幼儿园、超市、菜市场以及社区养老、就业服务、医疗卫生、文化体育、公共交通等设施与地块开发同步进行，打造城市便捷生活系统；合理规划建设居民文化广场、公园等公共活动空间，加强居民之间互动交流；强化绿地服务居民日常活动的功能，使市民在居家附近能够见到绿地、亲近绿地；提出推动城镇基本公共服务常住人口全覆盖。

5. 提升城市精细化管理水平

2019年8月1日，安徽省政府出台《关于进一步加强城市精细化管理工作的指导意见》，旨在坚持以人民为中心的发展思想，牢固树立高质量发展理念，以建设高效便捷、整洁有序、美丽宜居城市为目标，着力改善城市功能品质，提高城市治理能力，提升城市管理水平，不断增强广大人民群众的获得感、幸福感和安全感，促进现代化五大发展美好安徽建设。

该指导意见通过"补短板、强弱项、提品质、抓长效"，完善城市功能，优化管理服务，改善人居环境，提升治理能力，持续完善城市建设管理长效机制，推进城市治理体系和治理能力现代化，力争到2021年年底，城市功能与品质进一步提升，城市环境与秩序进一步改善，城市形象与魅力进一步彰显。一是补短板，完善城市功能。优化城市道路交通体系，完善主次路网，加快构建步行和自行车等慢行网络体系，支持有条件的城市建设健身步道和自行车专用道，建设一批城市公共停车场；完善市政公用基础设施；实施城市污水处理提质增效三年行动；有序推进城市生活垃圾分类，加快推进垃圾收运网络与再生资源回收利用网络"两网融合"，加快餐厨垃圾处理设施建设，推进以焚烧方式处理其他垃圾；推进房屋建筑节能、光纤化改造、"适老化"改造，有条件的可加装电梯，加快推进充电设施建设。二是强弱项，优化管理服务。在城市环境卫生治理方面：加大道路清扫保洁机械化作业推进力度；持续推进城镇公厕提升行动；开展人行道净化行动，清除各类废弃杆桩、线缆等障碍，探索实施路灯杆与其他各类杆线并杆减量、多杆合一，提高道路平整度和通畅性，严禁擅自占用、损毁无障碍通道，清理非机动车道、人行道不符合设置要求的停车泊位。三是提品质，改善人居环境。将以社区为中心，着力打造一批便利群众生活的"15分钟生活圈"；进一步完善城市绿色开放空间体系，打造街头绿地游园。四是抓长效，提升治理能力。建成省级智慧城管平台，加快推进市、县数字城管平台智慧化升级改造；实现省、市、县三级平台互联互通，逐步实现对城市黑臭水体水质、生活垃圾和污水处理排放指标等关键数据的实时监测和互联共享；加快城市地下管网地理信息系统和安全运行监测系统建设，设区的市基本建成城市地下管网安全运行监测系统；推进城市管理社会化，探索群众公议等矛盾化解、权益保障新模式；搭建"城管服务超市"、城管岗亭、社区工作站、便民窗口等便民服务平台。

二　安徽城市治理成效

在党的十八大后，安徽深入贯彻创新、协调、绿色、开放、共享发展理念，主动适应经济新常态，坚持以人为本创优城市管理与服务，开拓进取，攻坚克难，城市服务与管理取得新成就、新进展。

1. 规划引领作用得到新加强

深入推进国家和省"多规合一"空间改革，在寿县、铜陵市建成"多规合一"空间数据库和项目审批运行平台，市、县空间规划已全面编制，生态保护红线、永久基本农田、城市开发边界"三线"基本衔接一致。寿县国家"多规合一"试点任务顺利完成，宣城市城市总规改革试点深入推进，得到住建部高度肯定。编制完成合肥都市圈、芜马宣、皖北城镇体系规划并实施，建立城镇体系规划实施协调机制，促进区域城市联动发展。编制安池铜城镇体系规划。开展城市特色风貌塑造，16个城市基本完成特色风貌规划（总体城市设计）编制，开展重要区域、主要轴线和关键节点的城市设计，推进合肥、黄山等全国城市设计与"双修"试点，开展亳州市设立城市永久绿带省级试点。加强历史文化资源保护，完成《皖南区域性历史文化资源保护规划》，在黄山市建成徽派建筑数据库，加强历史文化名城名镇名村保护，省政府颁布《安徽省历史文化名城名镇名村保护办法》，推进历史文化街区划定、历史建筑确定与挂牌工作，开展皖南区域性历史文化资源保护规划全国试点。推进城市公共服务设施综合规划，实施一张图管理。强化规划实施监管，加强城乡规划督察，在全国率先出台《安徽省领导干部城乡规划实施管控责任离任审计办法（试行）》，为城乡规划执行立下规矩。推进利用卫星遥感监测技术辅助规划督察试点。已完成第三批省城乡规划督察员派驻，已有16个省辖市向所辖县派驻城乡规划督察员。

2. 城市功能品质实现新提升

积极推进海绵城市，贯彻海绵城市建设理念，加强层级规划管控，推进海绵城市建设，全省5%的城市建成区面积达到海绵城市建设要求，池州市海绵城市建设国家试点成效显著，走在全国前列；实施城市排水防涝三年行动，2017年和2018年的重点建设计划任务已顺利完成，全省136处城市主要易涝点完成整治，有力保障了强降雨和主汛期城市运行安全；稳步推进城市地下综合管廊建设，2016年实施74个城市黑臭水体项目整治工程，开工建设地下综合管廊123.8公里，2017年新开工建设地下综合管廊103.6公里；扎实开展"城镇三治三增三提升"，深入实施六项整治行动；加快城市道路、轨道交通基础设施建设，全省在建城市轨道交通7条。合肥轨道1、2号线开通运营，3号线正在试运营，2016年改造绿地1.1亿平方米，新建城市绿道1200公里，14个市、20个县建成城市公共自行车系统；加强市、县应急供水保障能力建设，实现省辖市备用水源全覆盖，持续实施城镇园林绿化提升行动，2017年建成绿道813公里，新增、改造提升绿地面积8244万平方米。

3. 城市治理能力取得新突破

省委、省政府对城市执法体制改革、改进城市管理做出重大部署，不断提高城市管理水平。宿州、广德等6市1县改革试点取得初步成果。加强智慧城市建设，编制《智慧城市建设指南》，15个城市建成数字化城市管理平台。保障城市运行安全，全面开展城市供排水、燃气、道桥和人员密集场所等重点行业、重点领域和重要部位安全隐患排查；扎实开展城镇规划建设管理"六项行动"，市容环境"脏、乱、差"得到有效治理；大力开展"强基础、转作风、树形象"专项行动，城市管理执法队伍呈现新貌，管理和服务水平明显提升；加强燃气管网、供水管网、桥梁等城市重要基础设施动态安全监测，基本建成省辖市地下管网地理信息系统，合肥市建立城市生命线安全运行监测中心。

4. 工程建设改革迈出新步伐

推进工程建设管理改革。研究起草《关于推进工程建设管理改革促进建筑业持续健康发展的实施意见》，提出工程总承包、政府投资项目全过程工程咨询服务、探索建立建筑农民工创业孵化园等一系列重要改革措施，经省政府常务会、省委深改组审定出台。加强建筑工程项目监管，推进建筑劳务用工制度改革试点，启动工程总承包试点。持续推进工程质量两年治理行动，落实五方主体责任，全省建设行业安全生产迈出新步伐。推进"放管服"改革。编制省级政务服务事项3个实施清单。推进"互联网＋政务服务"，实现窗口办理的行政权力事项（企业资质类）和公共服务事项网上办理全覆盖。深入推进"平安建设"。推进建筑施工领域安全生产风险管控"六项机制"建立，实施工程质量安全提升行动，扎实开展"百日除患铸安"、电线电缆、城市轨道交通等质量安全专项整治行动，全省建设行业安全生产形势总体平稳。

5. 建筑业实现持续新发展

加快建筑业改革发展。扎实推进建筑市场综合改革和建筑劳务用工制度改革国家试点，强化建筑市场信用信息在招投标中的应用，推进建筑市场管理体制机制创新。2017年建筑业实现总产值7676亿元、增长14％，实现增加值1993.4亿元，占全省同期GDP的7.24％，全年建筑业上缴税收267亿元，占全省税收7.12％；全省建筑业特级企业增加至24家，居全国第6位。大力发展绿色建筑、装配式建筑。成立装配式建筑产业联盟，2016年推广绿色建筑面积3400万平方米。发展装配式建筑，全省装配式建筑面积、建造能力均突破1000万平方米。2017年新开工绿色建筑面积8134万平方米，装配式建筑面积累计达到3104万平方米。加快工程建设标准体系建设，发布13项工程建设地方标准，适应城乡建设发展方式转变。推进建筑业企业"智慧审批"，精简行政审批材料，促进"减证便民"，实行窗口办事"最多跑一次"，目前，安徽省建设厅"最多跑一次"事项共计31项，占窗口办理事项的 81%。

第三节　安徽城市发展全面提升居民生活品质

安徽城市发展 70 多年，安徽城市建设与管理水平得到了明显的提升，一直以来，安徽省委、省政府深入贯彻习近平总书记提出的"城市是人民的，城市建设要坚持以人民为中心的发展理念，让群众过得更幸福"的城市发展宗旨，积极推进安徽城市发展，不断提高居民生活品质，提升居民幸福指数。

一　实施规划规制引领，推进城居科学发展

安徽城市发展 70 多年尤其是改革开放 40 多年以来，安徽省坚持规划先行、管建并重，依法编制城乡发展规划，城乡规划工作有效适应了国情省情和快速城镇化发展的各项要求，成为城市发展、建设和管理中的一项全局性、综合性和引领性的工作，从根本上实现了城市建设先编规划的要求，城市规划成为重要的公共政策调整手段。规划编制坚持自上而下与自下而上相结合的工作方法，既注重制度顶层设计又鼓励基层"摸着石头过河"的大胆探索，体现了从城市"管理"到城市"治理"理念的转型，提高了资源配置的市场化程度，推动了城市发展要素合理布局，实现了对土地和空间资源的高效配置，推进了城市与居住的科学发展，促进了城乡社会和谐发展。全省多地开展"多规合一"试点，加强城镇体系规划，推动城镇由传统的"中心 – 腹地"的均衡发展模式为主，向大城市带动的城市群极化发展模式转型，突出合肥中心城镇地位。通过规划优化城镇空间布局，逐步形成以城市群为主体，以中心城市为核心，以县城和有发展潜力的县域重点特色小镇为基础的城镇发展格局。妥善处理保护与利用、开发与提升的关系，通盘考虑城镇布

局，包括产业布局、交通网络布局、功能分区布局，以及工业区、农业区、绿化带的布局，通过提高城镇规划的前瞻性、稳定性、科学性和完整性，为减少"城市病"，增强城市、城镇的容纳力，推进了人居的科学合理性，促进了城市、城镇的可持续发展。

二 加快保障住房建设，改善居民居住条件

扎实推进棚户区改造。编制五年规划和三年实施计划，会同有关部门制定棚户区改造财政、土地、税费减免等支持政策，创新棚改融资模式，因地制宜推进棚改货币化安置，超额完成2013～2017年棚改规划目标任务。2017年新开工棚户区改造33.91万套，基本建成32.4万套。在全国率先将老旧小区整治改造列入民生工程，整治改造老旧小区371个；2018年争取中央财政资金118.4亿元、省级财政补助资金5.64亿元，提前下达新增建设用地指标6075亩，新增棚改专项贷款授信730亿元，发行棚改专项债券471亿元。加快公租房竣工交付和分配。开展公租房分配专项行动，对违规享受住房保障开展集中清理，加快公租房项目配套设施建设，推进公租房货币化保障，将新市民逐步纳入保障范围。2017年新增公租房分配18.21万套，其中政府投资公租房新增分配16.9万套，位居全国前列。2018年全省保障性安居工程全面完成国家下达安徽省的目标任务，新开工建设29.42万套，基本建成29.17万套；同时加大公租房建设保障力度，2018年全省政府投资公租房新增竣工5.12万套，累计竣工57.57万套，竣工率98.66%，新增分配6.18万套，累计分配55.74万套、分配率95.53%，超额完成国家下达的政府投资公租房分配率90%的年度目标任务。加强公租房盘活处置，完善保障方式，仅2018年盘活处置242个项目11.78万套公租房。开展政府购买公租房运营管理服务试点，合肥、淮北、安庆和巢湖市、宿州市埇桥区成为国家级试点城市（区）。大力培育和发展住房租赁市场，加快建设省、市两级政府住房租赁交易

服务平台，与省建行签订支持住房租赁市场发展战略合作协议，获得五年意向性综合授信 1500 亿元，积极有序推进了合肥市国家住房租赁试点建设和芜湖市、蚌埠市省级住房租赁试点建设。切实强化住房公积金的监管。

三 保持地产市场稳定，保障居民住房改善

加强房地产市场调控。坚决贯彻落实中央房地产调控部署及省委、省政府要求，坚持因城施策、一城一策，建成全省房地产市场监测平台，加强市场监测分析和预警，2017 年向有关城市发放风险提示函 26 件次，着力保持房地产市场稳定。2017 年全年商品住房成交均价 5777.1 元/平方米，同比上涨 1.5%，合肥市单月成交均价基本稳定在上年 10 月水平。2017 年全年销售商品房面积 9200 万平方米，较上年增长 8% 以上，达到历史新高，超过 100 万个家庭通过购房改善了居住条件。商品房库存比上年末减少 520 万平方米，去化周期由上年末的 16 个月降至 13.2 个月。启动合肥市租赁住房全国试点，编制试点方案。完善相关政策措施。加强土地和商品房供应管理，会同省自然资源厅建立房地产开发项目意见书制度，强化对市县住宅用地年度供应计划编制和实施工作的监督指导，严控非住宅用地的供应，增加商品住房供给，满足市场需求。完善促进住房消费政策，开设惠农安居贷款，为进城农民购房提供支持，加快农业转移人口市民化。大力规范房地产市场秩序。按照"双随机、一公开"的要求，组织开展房地产类企业市场行为检查，发现问题及时督促整改。会同省物价局联合部署开展商品房销售价格行为检查。指导各地持续开展查处房地产开发企业发布虚假房源信息等"九大类"不正当经营行为和房地产中介机构"十大类"违法违规行为专项行动。会同有关部门开展规范购房融资和反洗钱工作，严厉打击提供"首付贷"等房地产领域金融违法违规行为，房地产市场秩序得到有效治理。

四　遵循宜居宜业优先，满足居民美好生活需要

城市让生活更美好。改革开放以来，全省积极探索城市发展新路径，切实做到以人为本，把提高市民生活质量放在城市发展的首位。在开发区建设、新区建设、大学城建设以及老城区改造中，将人居环境改善使之更加宜居宜业作为核心工作，全面加大老旧小区改造、整修背街后巷、活化文化街区和历史建筑。加快农民工市民化，推进城镇常住人口基本公共服务均等化、普惠化，推动城镇发展从单纯注重城镇扩张、经济增长向注重民生发展和城镇品质提升转型，实现人与自然、人与人的和谐发展。全省不断深化户籍制度改革，加快提高户籍人口城镇化率，让进城农民工及其家庭真正融入城镇，享受同等的社会保障、义务教育、保障性住房等基本公共服务。在制定相关政策中强调农业转移人口市民化、基本公共服务水平、城镇环境质量等指标，全力推进宜居宜业的城市或城镇建设。对于与市民生产生活息息相关的道路、供水排水、环卫、公共交通、园林绿地建设，包括住房保障、物业管理等，充分考虑城市或城镇未来的承载力，让市民生活起来更舒适方便。安徽积极加强城镇治理、提升城镇发展质量。在推进城镇化过程中，更加注重发展过程的协调性，兼顾经济效益、社会效益、环境效益以及城乡和区域的协调，综合考虑人口、空间、经济、社会、文化、生态、环境等各方面的发展要求，注意协调城镇化发展中的各种关系，重视城镇化与人口、空间、经济、社会、资源、环境等方面的相互适应，统筹城乡和区域发展，统筹经济社会发展，统筹人与自然和谐发展，力求在城镇化过程中实现"生产、生活、生态"空间的合理布局，实现区域经济、社会和生态环境的全面协调发展。积极创新城镇治理方式，加强城镇管理的精细化、智能化、网格化，引导和鼓励企业、社区、居民、社会组织等各类主体，通过各种方式共同参与城镇的规划、建设和管理，实现城镇治理模式的转变，不断提高城镇管理的能力和水平。

五 创造城市优良生态，建设优美人居环境

大力推进生态文明建设，贯彻"绿水青山就是金山银山"的理念，围绕资源节约型和环境友好型城市建设，以"生态优先、绿色发展"理念引领城镇化，建设一批园林城市、海绵城市、田园城市、生态城市，进一步尊重自然、保护文化，把文化作为城镇的灵魂，以文化彰显城镇的底蕴，让绿色成为城市的底色，把绿色发展贯穿于城镇建设管理全过程。全面加强环境突出问题整改。扎实抓好中央环保督察、中办回访调研报告、国家"水十条"督导等反馈问题的整改落实。开展城乡生活垃圾、污水、建筑施工扬尘专项治理，全面启动"两治三改"专项行动，完成淮河、巢湖流域城镇污水处理设施提标改造，为全省整体环境改善做出了积极贡献。打好污染防治攻坚战。全力推进城市黑臭水体治理，持续改善生态环境质量。2018 年全省设区市 226 个黑臭水体已累计消除 187 个，消除比例达 82.7%，超年度目标任务 2.7 个百分点。开展县城黑臭水体排查与治理，全省 138 个县城黑臭水体项目已开工治理 91 个。宿州市、马鞍山市入选国家首批黑臭水体治理示范城市。持续推进建筑施工扬尘污染防治，切实加强重污染天气预警及管控工作。推动中央环保督查反馈意见整改，加强督查督办，开展全省住建领域突出环境问题整改督查"回头看"行动，加快推进全省住建领域生态环境保护整改任务落实，持之以恒创造城市优良环境。实施交通秩序整治、经营秩序整治、增绿提质、市容市貌整治、垃圾治理"五大工程"。坚决推进"两治三改"行动，落实规划管理要求，改善老城区环境、提升老城区功能，全面启动城镇规划区内以及乡村重点地区的违法建设、违法用地集中治理。实施绿色建筑推广行动，加大绿色生态城市综合试点工作力度，提升装配式建造能力等，全面建设优美人居环境。

六 加快城乡共建共享，推进城乡发展

以共享发展理念提升"城镇温度"，注重提升城乡居民的生活品质。加快推进基本公共服务均等化，完善社会保障制度，解决影响城乡百姓生活的教育、医疗、住房、养老等问题。全面改革城乡规划及其管理体制，着眼于把城乡建成创新、协调、绿色、开放和共享的发展示范区。安徽始终把推进安徽从农业大省向农业强省转变、补齐"四化同步"中的农业现代化这一短板作为城乡统筹一体化发展的重中之重。改革开放以来，安徽省积极探索消除城乡二元结构，加速推进城乡一体化规划建设，以乡村振兴战略为导向，打通城乡要素市场，使土地、资本、劳动力等要素形成对流，通过产业关联、项目带动等形式形成城市与农村产业联动，推进城乡结合、以工促农、以城带乡，实现城乡之间产业的合理布局，加大对城乡之间基础设施的"城乡共建、城乡联网、城乡共享"，推进城镇的道路、供水、污水管网、垃圾处理、电力、电信、环保、信息化等基础设施向农村延伸覆盖，初步实现"无缝对接"、互联互通，让农民享受现代文明的生活。

参考文献

侯永主编《当代安徽简史》，当代中国出版社，2001。

优保兴：《追求繁荣和舒适——转型期间城市规划、建设与管理的若干策略》，中国建筑工业出版社，2002。

黄岳忠主编《当代安徽经济概论》，安徽人民出版社，2004。

安徽省历史学会编《安徽六十年（1949—2009）》，合肥工业大学出版社，2009。

郭万清、倪发科主编《安徽城市六十年》，安徽人民出版社，2009。

程必定：《从区域视角重思城市化》，经济科学出版社，2011。

孙自铎主编《安徽经济》，安徽文艺出版社，2011。

国家统计局农村社会经济调查司编《中国建制镇统计年鉴（2012）》，中国统计出版社，2013。

郭万清主编《安徽地区城镇历史变迁研究（上下卷）》，安徽人民出版社，2014。

郭万清、倪学鑫、杨俊龙主编《制度创新与安徽崛起——"安徽现象"的经济学思考》，安徽人民出版社，2014。

邢军、徐本纯主编《安徽省开发区年鉴（2006—2014）》，合肥工业大学出版社，2015。

程必定等：《安徽与长三角："双城战略"》，安徽人民出版社，2015。

程惠英：《新常态下安徽产业转型升级研究》，安徽人民出版社，2015。

中华人民共和国住房和城乡建设部：《中国城市建设统计年鉴2015》，中国计划出版社，2016。

吕连生：《"五大发展理念"下的安徽后发赶超研究》，安徽人民出版社，2016。

中华人民共和国住房和城乡建设部：《中国城市建设统计年鉴2016》，中国计划出版社，2017。

邢军、徐本纯主编《安徽省开发区年鉴（2014—2016）》，合肥工业大学出版社，2017。

安徽改革开放40年成就与经验研究课题组：《改革开放的"安徽样本"——安徽改革开放40年成就与经验研究》，安徽人民出版社，2018。

夏少权主编《中国改革开放全景录·安徽卷》，安徽人民出版社，2018。

国家统计局：《中国统计年鉴2017》，中国统计出版社，2018。

郭万清主编《安徽城市发展报告》（2008～2018），安徽人民出版社，2008～2018。

孙自铎：《城市郊区行政组织亟须改革》，《安徽决策咨询》2001年第3期。

赵霞：《南京市卫星城市发展的实证研究》，南京航空航天大学硕士学位论文，2005。

张汉：《城市文化对城市化和城市现代化的作用研究——以三个城市街区为个案》，《城市》2006年第3期。

王开泳、陈田：《对我国大城市行政区划调整的思考——以广州市近年来行政区划调整为例》，《城市问题》2006年第7期。

刘厚良：《杭州城市管理存在的问题及对策》，《城市》2007年第

3 期。

张登国、孙晓岩：《城市定位塑造城市品牌》，《经济研究导刊》2007 年第 9 期。

徐浩程：《安徽 20 年叩问长三角》，《决策》2008 年第 4 期。

吴子敏、陆列嘉：《我省实施城乡统筹大战略》，《安徽日报》2008 年 4 月 17 日。

鞠正江：《我国社会管理体制的历史变迁与改革》，《攀登》2009 年第 2 期。

孙自铎、张谋贵：《加快安徽城市发展的若干思考》，《安徽日报》2009 年 2 月 20 日。

刘文先、徐恺：《安徽县域经济实证分析与发展研究》，《江淮论坛》2009 年第 6 期。

倪虹：《改革创新谋跨越当代"徽匠"谱新篇》，《城乡建设》2009 年第 11 期。

崔执树：《激发县域活力促进科学发展》，《经济与社会发展》2009 年第 12 期。

韩心灵：《统筹城乡发展，促进安徽城乡一体化研究》，《安徽商贸职业技术学院学报》（社会科学版）2010 年第 9 期。

尚正永、张小林、李闻：《安徽省城镇人口规模结构及其演变的分形研究》，《西北人口》2010 年第 9 期。

崔转娣：《浅论市场和政府在皖江城市带产业承接中的作用》，《科技信息》2010 年第 12 期。

宋华：《因地制宜以点带面走安徽特色的城乡一体化道路》，《安徽行政学院学报》2011 年第 4 期。

刘晶：《皖江城市群产业特征研究》，《经济研究导刊》2011 年第 4 期。

张峰：《安徽省城乡一体化目标评价体系与发展路径》，《江淮论坛》2011 年第 6 期。

陈俊峰、宋雨洁：《安徽省城乡一体化现状与发展路径研究》，《华东经济管理》2012 年第 2 期。

李霞、同敏玺绕：《西藏昌都地区发展县域经济的现实意义》，《西藏发展论坛》2012 年第 2 期。

韩梅：《安徽省小城镇改革发展反思》，《合肥工业大学学报》（社会科学版）2012 年第 3 期。

李明：《安徽特色新型城镇化的内涵和路径》，《安徽日报》2012 年 3 月 14 日。

许成宽：《我省再添"振兴皖北"新政》，《安徽经济报》2012 年 3 月 18 日。

金昌龙、闵泽未、张逸潇：《创新，驱动芜湖率先崛起》，《江淮》2012 年第 3 期。

张书华：《江北产业集中区管理体制创新研究》，安徽大学硕士学位论文，2012。

吴骏、程瑶瑶：《皖江示范区园区合作共建体制机制创新现状分析及对策研究》，《合肥工业大学学报》（社会科学版）2013 年第 4 期。

吕连生：《安徽城乡一体化发展的特色和经验》，《安徽日报》2013 年 4 月 15 日。

宋雨洁：《安徽省城乡一体化水平评价与发展路径研究》，安徽大学硕士学位论文，2013。

余茂辉、傅先兰：《安徽省推进城乡一体化发展的战略思考》，《经济研究导刊》2013 年第 9 期。

杨军：《加快安徽城乡一体化综合配套改革试验区发展》，《宏观经济管理》2013 年第 10 期。

赵秀玲：《中国城市社区自治的成长与思考——基于与村民自治相参照的视野》，《江苏师范大学学报》（哲学社会科学版）2013 年第 11 期。

刘惠金：《安徽省城乡一体化发展的现状及路径分析》，安徽农业大学硕士学位论文，2013。

林斐：《新型城镇化背景下安徽城镇空间结构优化战略》，《上海城市规划》2014年第2期。

王娟：《安徽城镇化发展的历史阶段及特点》，《中国经贸导刊》2014年第2期。

吕连生：《安徽城乡一体化的特色与发展新对策》，《江淮时报》2014年5月9日。

李淑霞、袁桂华：《做大做强县城加快赤峰市城镇化进程》，《赤峰学院学报》（汉文哲学社会科学版）2014年第6期。

郑莉：《四项试点推进"人的城镇化"》，《安徽日报》2015年2月17日。

张彪：《加快推进安徽城乡一体化统筹发展对策研究》，《中国经贸》2015年第2期。

江六一：《新型城镇化视角下皖江城市带转变城市发展方式研究》，《中国名城》2015年第2期。

杨新华：《安徽城镇化的评价与思考》，《安徽农业科学》2015年第5期。

张永梅：《安徽省小城镇建设的路径选择与对策研究》，安徽农业大学硕士学位论文，2015。

张峰：《"十三五"时期皖江示范区转型发展的对策》，《安徽日报》2015年8月24日。

陈扬年：《城乡规划创新助推安徽省新型城镇化发展》，《中国浦东干部学院学报》2015年第11期。

陈国俊：《安徽省新型城镇化对城乡居民收入差距的影响研究》，安徽财经大学硕士学位论文，2016。

陈政高：《加强城市规划建设管理工作 开创城市现代化建设新局面》，《中国有色建设》2016年第6期。

冯珉：《共同打造绿色美好家园》，《安徽日报》2017年2月16日。

郑莉：《产业集聚开发区从量变到质变》，《安徽日报》2017 年 3 月 22 日。

冯珉：《打造区域增长新引擎》，《安徽日报》2017 年 4 月 13 日。

顾利民：《以"五大发展理念"引领特色小镇的培育建设》，《城市发展研究》2017 年第 6 期。

杨霁帆：《我国经济技术开发区对区域经济增长的溢出效应研究》，深圳大学博士学位论文，2017。

王晓：《构建"五大环境"优化开发区营商环境》，《国际商报》2017 年 7 月 24 日。

樊明怀：《安徽特色小镇良性发展的思考》，《安徽日报》2018 年 7 月 24 日。

王晓：《安徽：把开发区建成开放新高地》，《国际商报》2017 年 7 月 28 日。

王仕刚：《岳西县温泉特色小镇建设策略研究》，安徽建筑大学硕士学位论文，2017。

王晨、陈俊：《安徽：用好用活"创新""开放"新名片》，《金融世界》2018 年第 5 期。

李红兵、肖玲玲、李南凯：《改革开放引领科技创新之路——改革开放 40 年来安徽科技事业发展综述》，《安徽科技》2018 年第 7 期。

成长春、叶磊：《对标世界级城市群实现长三角高质量一体化发展》，《商讯》2018 年第 11 期。

廖海业：《融入"长三角"领跑安徽省——加快建设皖江经济带》，《党史纵览》2018 年第 12 期。

王莉：《安庆市城镇化发展路径研究》，《现代职业教育》2018 年第 12 期。

郑莉：《推进开发区高质量发展》，《安徽日报》2018 年 12 月 27 日。

高玉玲：《关于旅游特色小镇的几点思考》，《旅游纵览》（下半月）2019 年第 2 期。

许广永、郝红美：《高新技术产业创新效率及影响因素研究——基于安徽省与东部 11 省市的比较分析》，《安徽工程大学学报》2019 年第 4 期。

邓九平：《放大优势构建城市联动发展格局》，《安徽经济报》2019 年 8 月 8 日。

罗敏：《垃圾分类今年有望在全省铺开》，《合肥晚报》2019 年 8 月 14 日。

祝君壁：《聚焦振兴大战略建设江淮好家园》，《经济日报》2019 年 8 月 15 日。

周晓东：《让城市的脚步轻盈起来》，《江淮时报》2019 年 8 月 23 日。

何珂：《管理多下功夫 城市少些烦恼》，《安徽日报》2019 年 8 月 25 日。

樊明怀、徐振宇、周燕林：《安徽 70 年经济建设的历程与主要经验》，《安徽日报》2019 年 9 月 17 日。

后　记

2019 年 8 月 21 日，习近平总书记在甘肃考察期间强调：城市是人民的，城市建设要坚持以人民为中心的发展理念，让群众过得更幸福。新中国成立 70 多年来，安徽城市发展取得了巨大的成就。本书的撰写，在全面贯彻习近平总书记提出的"以人民为中心"城市发展理念基础上，研究了安徽这个欠发达省的城市崛起之路。本书坚持城市发展为人民的宗旨，以安徽省域经济社会发展为背景，以安徽"城市发展脉络与走向—城市群与长三角一体化—大中城市—中小城市—小城镇—城乡一体化—城市开发区建设—城市治理与城市居民生活品质提升"为主线，总结安徽城市发展 70 多年来的成就和经验，为未来安徽城市建设与发展指引方向。本书的内容结构框架和作者如下。

第一章，总论：安徽城市发展的脉络与走向（孙自铎、张亨明）。全面回顾安徽城市 70 多年建设的巨大成就，总结出安徽城市发展与改革的基本脉络，并在长三角一体化发展趋势下指明了安徽城市发展的未来走向。第二章，安徽三大城市群建设与长三角一体化发展（储昭斌）。系统梳理安徽城市空间格局演变，在回顾分析安徽三大城市群形成与建设历程的基础上，全面总结了长三角的一体化下安徽城市的发展。第三章，安徽大中城市的兴起与发展（储昭斌）。在全面分析安徽大中城市兴起历程的基础上，总结了安徽大中城市建设的成效与经验，并全面展示了安徽各具特色的大中城市发展与提升。第四章，安徽县级城市的壮大与跨越（储昭斌）。在全面分析安徽县域经济崛起历程的基础上，明晰了安徽县域经济发展让多数县城得以向中小城市快速迈进，指出了安徽县城发展推进县城向中小城市转型的方向与路径，并全面展示了安徽以县城为基础的各类中小城市发展与转型。第五章，安徽小城镇发展的历程与成就（储昭斌）。全面回顾了安徽小城镇发展的历程，系统总结了安徽小城镇发展的成就与经验，分析了新型城镇化下安徽小城镇建设与发展导向，并部分展示了安徽特色小城镇的发展实践。第六章，安徽城乡一体化发展的实践与经验（储昭斌）。在回顾安徽城乡一体化发展历程基础上，全面总结了安徽城乡一体化发展的做法与成效，并进一步探讨了城乡一体化发展的安徽经验。第七章，城市开发区建设的安徽路径（储昭斌）。安徽省开发区建设已成为城市发展的重要支撑。在全面回顾安徽省开发区建设历程基础上，总结了安徽省开发区发展的成效及对城市发展的支撑作用，进一步探讨了安徽省开发区的创新实践，为开发区的进一步发展提供借鉴。第八章，安徽城市治理与居民生活品质提升（李芳）。安徽城市发展70多年，城市治理水平得到了巨大提升，本章在研究安徽城市治理发展历程基础上，探讨了安徽城市治理的做法与成效，进一步总结了安徽城市发展中的居民生活品质提升，从而回归到习近平总书记要求的"城市发展为人民"，城市"让人民群众过得更幸福"。主要参考文献和后记（储昭斌）。

本书由安徽省社会科学院和安徽省城市研究中心研究人员及部分院外专家研究与撰写：安徽省政府原参事、安徽省城市研究中心执行主任、安徽省社会科学院孙自铎研究员进行总体结构设计，《江淮论坛》副主编张亨明研究员对全书进行策划、构思并对全稿进行了润色、修改，储昭斌副研究员进行主撰，并在写作过程中做了大量的组织和协调工作。

在本书出版之际，感谢安徽省人大常委会原副主任、安徽省城市研究中心主任郭万清研究员为本书作序，感谢社会科学文献出版社责任编辑对本书出版付出的辛勤劳动。

2020 年全面建成小康社会，使得安徽城市发展有了一个更新的起点，在中部崛起和长三角一体化等国家战略的推动下，安徽城市进一步提升发展将是安徽发展的重大研究课题。本书是对安徽城市 70 多年发展的经验总结，由于作者研究水平有限，对总结高度与过程阐述中的不足之处，敬请广大读者多提宝贵意见。

储昭斌

2020 年 9 月 18 日

图书在版编目（CIP）数据

新中国城市发展．安徽卷／孙自铎，张亨明，储昭斌等著． -- 北京：社会科学文献出版社，2021.9
（新中国城市发展研究丛书）
ISBN 978 - 7 - 5201 - 7938 - 6

Ⅰ.①新…　Ⅱ.①孙…　②张…　③储…　Ⅲ.①城市建设 - 研究 - 安徽　Ⅳ.①F299.2

中国版本图书馆 CIP 数据核字（2021）第 029717 号

·新中国城市发展研究丛书·

新中国城市发展·安徽卷

著　　者／孙自铎　张亨明　储昭斌 等

出 版 人／王利民
责任编辑／陈　颖
责任印制／王京美

出　　版／社会科学文献出版社·皮书出版分社（010）59367127
　　　　　地址：北京市北三环中路甲 29 号院华龙大厦　邮编：100029
　　　　　网址：www. ssap. com. cn
发　　行／市场营销中心（010）59367081　59367083
印　　装／三河市尚艺印装有限公司

规　　格／开　本：787mm × 1092mm　1/16
　　　　　印　张：15.5　字　数：223 千字
版　　次／2021 年 9 月第 1 版　2021 年 9 月第 1 次印刷
书　　号／ISBN 978 - 7 - 5201 - 7938 - 6
定　　价／128.00 元

本书如有印装质量问题，请与读者服务中心（010 - 59367028）联系